THEODOR VERWEYEN · GUNTHER WITTING

DIE PARODIE
IN DER NEUEREN DEUTSCHEN LITERATUR

THEODOR VERWEYEN · GUNTHER WITTING

DIE PARODIE IN DER NEUEREN DEUTSCHEN LITERATUR

EINE SYSTEMATISCHE EINFÜHRUNG

1979

WISSENSCHAFTLICHE BUCHGESELLSCHAFT
DARMSTADT

CIP-Kurztitelaufnahme der Deutschen Bibliothek

Verweyen, Theodor:
Die Parodie in der neueren deutschen Literatur:
e. systemat. Einf. / Theodor Verweyen; Gunther
Witting. — Darmstadt: Wissenschaftliche Buch-
gesellschaft, 1979.
ISBN 3-534-07075-5

NE: Witting, Gunther:

ⓦ Bestellnummer 7075-5

© 1979 by Wissenschaftliche Buchgesellschaft, Darmstadt
Satz: Druckerei A. Zander, 6149 Rimbach
Druck und Einband: Wissenschaftliche Buchgesellschaft, Darmstadt
Printed in Germany
Schrift: Linotype Garamond, 9/11

ISBN 3-534-07075-5

INHALTSVERZEICHNIS

VORBEMERKUNG

Es ist gewiß ein etwas riskantes Unterfangen, eine „Systematische Einführung" in einen Gegenstandsbereich zu versprechen, über den zum Teil nicht einmal elementare Übereinstimmungen bestehen.

Nach den Gepflogenheiten einer „dialogischen Wissenschaft" haben wir jedoch versucht, die berechtigten Skrupel durch zahlreiche Gespräche, auch im Rahmen von Seminarveranstaltungen, zu mildern.

Dementsprechend schulden wir Dank: den Teilnehmern der „Parodie"-Seminare des Wintersemesters 1973/74 und des Sommersemesters 1976 sowie Brigitte Bargmann, Uwe Baur (Graz), Hellmut Klocke, Dieter Mertens (Freiburg i. Br.), Martin Seel, Hans Rainer Seibel, Burkhart Steinwachs, Thomas Wörtche und nicht zuletzt Margret A. Rose (Melbourne), deren interessante Arbeit ›Parody/Meta-Fiction‹ wir hier leider nicht mehr berücksichtigen konnten.

Für die kritische Lektüre des Manuskripts danken wir unserem Konstanzer Literaturlehrer Wolfgang Preisendanz.

Konstanz, im Oktober 1977   Th. Verweyen
G. Witting

I. EINLEITUNG

Auch diese Einführung in die Theorie und Praxis der Parodie kommt nicht umhin, darüber zu klagen, daß ihr Gegenstand am Rand des literaturwissenschaftlichen Interesses angesiedelt ist; ganz zu Unrecht übrigens, wie sich zeigen soll. Diese schon topisch anmutende Beteuerung ist in der Folge der Antworten zu sehen, die im Hinblick auf den Stellenwert der Parodie im literarischen System der kanonisierten Schreibarten und Formmöglichkeiten, auf ihre Funktion im Prozeß der literarischen Evolution und ihre Leistung im Rahmen ästhetischer Wahrnehmung und lebensweltlicher Erfahrung gegeben worden sind. Nach jedem dieser Aspekte galt und gilt weithin noch immer die Parodie als ein ephemeres Phänomen:

Die P(arodie) nimmt unter den literarischen Gattungen zweifellos eine niedrige Stelle ein: sie ist nicht nur abhängig von dem ernsten Vorbild, sie ist auch ihrem Wesen nach verpflichtet, diesen Ernst herabzuziehen und ins Triviale und Lächerliche zu verkehren

— so lautet beispielsweise der Befund eines die Normen der klassischen Ästhetik und Poetik ungewollt tradierenden Artikels über die Parodie im ›Reallexikon der deutschen Literaturgeschichte‹ Ende der zwanziger Jahre (H. Grellmann, 1926—1928, II. Bd., S. 633). Aber auch nach weniger traditionsgesättigten, gleichwohl nicht voraussetzungslosen Einsichten gilt es weiterhin als ausgemacht,

daß die Parodie niemals als zentrales künstlerisches Genre auftreten kann, und daß nicht sie es ist, die den Kampf mit den Klischées eröffnet. Damit eine Parodie in ihrer vollen künstlerischen Bedeutung rezipiert werden kann, müssen in der Literatur bereits Werke vorhanden und dem Leser bekannt sein, die zugleich mit der Zerstörung ästhetischer Klischées diesen eine Struktur von größerem Wahrheitsgehalt entgegenstellen, eine Struktur, die ein angemesseneres Modell der Wirklichkeit schafft

— dies das Urteil Ju. M. Lotmans über die Parodie als Element einer — erst noch zu schreibenden — „Ästhetik der Gegenüberstellung" (1972, S. 415). Die hier im Grunde nur als sekundär bestimmte Leistungsfähigkeit der Parodie bei der Aufdeckung und dem Abbau automatisierter Sehgewohnheiten, verfestigter Auffassungsnormen und Wertvorstellungen findet eine vergleichbare Einschätzung in der rezeptionsästhetischen Interpretation des ›Ulysses‹ von James Joyce, wenn dessen ins Profane verzerrenden Partien eine andere Bedeutung „als die einer bloßen Parodie" zugewiesen wird, wenn ihnen vielmehr die Aufgabe und Bedeutung zugesprochen wird, „die Begrenztheit aller eindeutigen Formulierungen herauszuheben und dadurch ihre Überschreitbarkeit zu suggerieren" (W. Iser, 1972, S. 311). Die Parodie scheint einer rezeptionsästhetischen Funktion dieser Art offenbar nicht fähig. Es liegt die Annahme nahe, daß auch eine gestaltpsychologisch und wahrnehmungstheoretisch inspirierte Rezeptionsästhetik für die Parodie lediglich die traditionelle Bestimmung einer rein literaturimmanenten „Abwertung" vorsieht.

Freilich wäre es falsch, im Gegenzug gegen die geläufige literaturwissenschaftliche Auffassung die Parodie in demselben Maße für zentral zu erklären, wie sie ansonsten Geringschätzung erfahren hat. Dies hieße wiederum, an die Parodie eben die Anforderungen zu stellen, denen sie sich implizit als Form und explizit in ihrer Theorie gerade zu entziehen sucht: ein Teil hoher, gar autonomer Poesie zu sein. Wie es dem Verständnis der Parodie wenig dienlich sein kann, sie bloß als „Kunstersatz" oder als „parasitäre Gattung" aufzufassen, so muß es ihr kaum weniger abträglich sein, sie für das Paradigma literarischer Evolution schlechthin zu halten, wie dies in extremer Weise im Russischen Formalismus mit seinem weiten Parodiebegriff geschehen ist.

Zu der Diskussion der Bewertung und Funktionsbeschreibung kommt als spezieller Teil der Definitionsproblematik die Frage nach der Rolle des Komischen. Man braucht beispielsweise nur das Phänomen unfreiwilliger Komik zu streifen, um an Probleme der Parodie zu erinnern, die weniger aus den Texten selber als vielmehr im Blick auf geschichtlich sich wandelnde Rezeptionsbedingungen auf der Seite des Lesers und — was möglicherweise zur Überraschung der einen oder anderen gegenwärtigen literaturwissenschaftlichen Schulrichtung als methodisches Gebot wieder aufzunehmen ist — auf die Autorintention lösbar erscheinen. Daß es insbesondere der Autorintention bedarf, die Geschichte der literarischen Parodie als Geschichte einer spezifischen Form kritischer Textverarbeitung zu beschreiben, wird vor allem dann zu erörtern sein, wenn nach den Funktionen der parodistischen Schreibweise gefragt wird.

Die Auffassung der Parodie als einer spezifischen Form kritischer Textverarbeitung hat sich nicht zuletzt mit dem ästhetischen Vorbehalt auseinanderzusetzen, die Parodie vergehe sich an den Denkmälern eines Kulturraumes, die im Grunde unantastbar seien. In einem solchen Vorurteil wird die Persistenz ästhetisch vermittelter Normen und Wertvorstellungen sichtbar; ob sich darin zugleich ihre Konfliktanfälligkeit ausdrückt und ob darin gewissermaßen die Bedingung der Möglichkeit von Parodie liegt, gehört in den Umkreis der Probleme, die diese Einführung behandelt.

Ihr Programm könnte sie — mit einer entscheidenden Differenz freilich — in den 1819 erschienenen ›Noten und Abhandlungen‹ J. W. v. Goethes vorformuliert finden:

Dichtarten.

Allegorie, Ballade, Cantate, Drama, Elegie, Epigramm, Epistel, Epopöe, Erzählung, Fabel, Heroide, Idylle, Lehrgedicht, Ode, Parodie, Roman, Romanze, Satire.

Wenn man vorgemeldete Dichtarten, die wir alphabetisch zusammengestellt, und noch mehrere dergleichen methodisch zu ordnen versuchen wollte, so würde man auf große, nicht leicht zu beseitigende Schwierigkeiten stoßen. Betrachtet man obige Rubriken genauer, so findet man, daß sie bald nach äußeren Kennzeichen, bald nach dem Inhalt, wenige aber einer wesentlichen Form nach benamst sind. Man bemerkt schnell, daß einige sich nebeneinander stellen, andere sich andern unterordnen lassen. Zu Vergnügen und Genuß möchte jede wohl für sich bestehen und wirken; wenn man aber zu didaktischen oder historischen Zwecken einer rationelleren Anordnung bedürfte, so ist es wohl der Mühe wert, sich nach einer solchen umzusehen (5. Bd., S. 223 ff.).

Aus dieser profunden Einsicht können wir allerdings nicht mehr die Annahme Goethes ableiten, es gäbe „nur drei echte Naturformen der Poesie". Unser Vorgehen ist demgegenüber nur darauf angelegt, die Grundlagen für einen sinnvollen Wortgebrauch des Ausdrucks „Parodie" zu geben.

II. „PARODIE": PROBLEME EINER BEGRIFFSGESCHICHTE

Gegenstand der Einführung ist die Parodie in der neueren deutschen Literatur. Die Einschränkung auf den genannten historischen Gegenstands- und Geltungsbereich darf freilich nicht den Verzicht einschließen, geschichtlich frühere Bezeichnungen und Bestimmungen des Phänomens zur Kenntnis zu nehmen. Selbst wenn, wie jüngst betont worden ist, zutreffen sollte, daß etwa „der antike Parodiebegriff (. . .) weder für systematische noch für interpretierende Arbeiten Verbindlichkeit beanspruchen" kann (E. Pöhlmann, 1972, S. 146), ist der historische Rekurs schon aus zwei Gründen angebracht: Zum einen kann er die Bemühungen um eine wissenschaftlich brauchbare Verwendung des Ausdrucks „Parodie" — seine terminologische Klärung — *legitimieren*. Darüber hinaus kann mit dem historischen Rekurs schon ein Teil der Probleme vorgeführt werden, die auch in der neueren und gegenwärtigen Parodie-Diskussion ungelöst geblieben sind und einen *Normierungs*vorschlag für den Wortgebrauch zumindest nahelegen.

1. Zum antiken und klassizistischen Parodiebegriff

Die Feststellung H. Kleinknechts zugrunde legend, daß „von der Antike weder eine einheitliche, noch eine aufs Ganze gehende ausreichende Begriffsbestimmung der Parodie gegeben worden" ist (1937, S. 14), kann nur die verschiedene Verwendung des Ausdrucks „Parodia" notiert werden. Das griechische Kompositum mit seinen wichtigsten Begleitformen „Parodos" und „parodeo" hat einen Bedeutungsumfang, der aus der unterschiedlichen Bedeutung des präpositionalen Elements „para" resultiert. Dieses kann die äquivoke Bedeutung „entsprechend", die adversative Bedeutung „wider" und die additive Bedeutung „zuzüglich zu" annehmen. In jedem Fall scheint es eine bestimmte Intentionsrichtung auszudrücken. Den drei grundlegenden Bedeutungen der Präposition entspricht eine dreifache Verwendungsmöglichkeit des Gesamtausdrucks für „Nebengesang", „Gegengesang" und „Beigesang", wobei der nominale Bestandteil des Kompositums — „ode" — das Medium des 'Parodierens' bezeichnet. Schwierigkeiten einer eindeutigen Zuweisung bereitet allerdings auch dieser Bestand-

teil. Denn die neuere Parodie-Diskussion in den Altertumswissen-
schaften hat seine bisher relativ feste Zuordnung zum Bereich des
sprachlichen Kunstwerks aufgegeben, den Gesamtausdruck als ursprünglich musikalischen Terminus erörtert und überdies die Möglichkeit mimetischer Vortragsqualitäten zu bedenken gegeben. Wie im
Falle der semantischen Ambiguität von „para" wirft auch dieser Befund die Frage auf, ob eine Terminologisierung, die beispielsweise am
inhaltlichen Moment der Komik als einer der Grundannahmen für
'Parodieren' festhalten will, nicht allein den Bedeutungsumfang unzulässig einschränkt, sondern überhaupt die historisch faktische Verwendung von „Parodia" in bezug auf verschiedene Medien verläßt —
was den systematischen Ansatz dieser Einführung insofern erheblich
beeinträchtigen müßte, als dadurch jegliche Anschlußmöglichkeit an die
Tradition von vornherein vereitelt würde.

(1) Quintilians ›Institutio oratoria‹

Der terminologische Gebrauch des Wortes „Parodia" im Sinne von
„Nebengesang", dem „para" in der äquivoken Bedeutung „entsprechend, nach dem Vorbild von" zugrunde liegt, ist in der ›Institutio
oratoria‹ aus dem 1. Jh. n. Chr. belegt. Quintilian sucht dort den Ursprung des Wortes in der Musik und setzt seine Übertragung auf die
Vers- und schließlich auch auf die Prosaliteratur voraus:

(. . .) παρῳδή, *quod nomen ductum a canticis ad aliorum similitudinem mo-
dulatis abusive etiam in versificationis ac sermonum imitatione servatur*
(Inst. or. 9, 2, 35: „(. . .) 'Parodie' (. . .), eine Bezeichnung, die von den Liedern stammt, die anderen Mustern nachkomponiert worden sind, und sich
mißbräuchlich auch für die Nachahmung von Versbau und Redewendungen
im Gebrauch erhält").

Es scheint dabei nicht entscheidbar zu sein, ob Quintilian in der Bezugnahme auf die Musik ältere Zeugnisse verwertete oder etymologi-
sche Erwägungen anstellte; er selbst hatte für die Parodie jedenfalls nur
noch die Lesedichtung vor Augen, wie die andere Stelle belegt, in der
einzelne sogenannte „Parodie"-Typen nach der Art ihres Zustande-
kommens unterschieden sind:

(. . .) *Adiuvant urbanitatem et versus commode positi, seu toti ut sunt* (. . .),
*quod fit gratius, si qua etiam ambiguitate conditur, (. . .) seu verbis ex parte
mutatis, (. . .) seu ficti notis versibus similes, quae* παρῳδία *dicitur* (Inst. or.
6, 3, 96 f.: „Auch geschickt angebrachte Verse unterstützen den witzigen Ton,

ob sie nun ganz so, wie sie sind, verwendet werden (. . .); wörtliche Zitate wirken noch besser, wenn sie ihre Würze noch in einer Doppeldeutigkeit haben (. . .), oder in teilweise verändertem Wortlaut (. . .), oder ob es bekannten Versen ähnlich nachgebildete sind, die sogenannte παρῳδία").

Strittig ist die Interpretation der aufgeführten Stellen im Hinblick auf die Frage nach der Intentionsrichtung, ob sie das Moment der Komik, der Ironie, „literarischer Polemik" einschließen oder nicht.

Während für E. Pöhlmann Quintilian mit „Parodia" allein das Verhältnis von „Modell und Imitation" bezeichnet (1972, S. 147 f.), freilich schon für H. Kleinknecht über „Nachahmung eines Vorbildes" hinaus auch „eine gewisse Gegensätzlichkeit" mitgemeint zu sein scheint (1937, S. 12), worin ihm E. Rotermund folgt (1963, S. 10), nimmt F. W. Householder mit Blick auf Inst. or. 6, 3, 96 f. ausdrücklich an, Quintilian erörtere "the three ways in which verse may be used by an orator with humorous effect" (1944, S. 7). Überdies interpretiert F. J. Lelièvre Inst. or. 9, 2, 35 dahingehend: "What seems important (. . .) is the particular effect created by imitating the style of the original, and some of the implications of the normal non-rhetorical or humorous sense of παρῳδή may well be present: but the connotation 'irony' rather than 'humour' is appropriate (. . .)" (1954, S. 72). Dabei greift F. J. Lelièvre zugunsten seiner Deutung auf J. Cousin zurück: « (. . .) Parodie: Terme qui désigne proprement un air fait à l'imitation d'un autre air et qui en rhétorique se rapporte à une sorte de travestissement ironique ou burlesque d'un texte » (1936, S. 117). Demgegenüber nimmt E. Pöhlmann, ohne sich mit F. W. Householder und F. J. Lelièvre explizit auseinanderzusetzen, ältere Befunde auf, versteht mit A. Roemer den Sprachgebrauch einschlägiger Aristophanes-Scholien dahingehend, daß „die Parodie dort in der Regel mit παρά im Sinne von 'nach dem Vorbild von' angezeigt" wird, und findet in weiteren Belegen zur „Parodie von Sprichwörtern" auch, daß lediglich auf die Vorlage angespielt wird, nicht „mit Notwendigkeit die ausgesprochene Absicht des Spottes und der Verhöhnung", nicht selten „weder eine offene noch eine versteckte Absicht des Spottes" vorliegt (A. Roemer, 1908, S. 247). Das erhelle zugleich das Verständnis von „Parodia" in der Rhetorik, wonach das „freie, nicht streng wörtliche Zitat" gemeint ist. Die Ergebnisse A. Roemers sind, soweit ersichtlich, nicht bestritten worden. Sie stellen solche Deutungen in Frage, welche den Parodiebegriff Quintilians harmonisierend auf eine "modern conception of parody" bringen wollen (F. W. Householder, 1944, S. 7, Anm. 25). E. Pöhlmann kann zudem darauf hinweisen, daß dieser in ein repräsentatives altertumskundliches Lexikon der Neuzeit eingegangen ist, in den ›Thesaurus Graecae Linguae‹: „Παρῳδέω, Canticum vel carmen ad alterius imitationem compono" (³1842—1847, Bd. 6, S. 560). In bezug auf diese lexikalische Version aber hatte selbst F. J. Lelièvre feststellen müssen: „There is no humorous intention here" (1954, S. 71).

Als Resümee der referierten Auseinandersetzung um das Verständnis der Quintilian-Stellen kann man feststellen, daß hier der Parodie-begriff in Richtung auf die Imitation eines Musters verwendet wird.

(2) Voraristotelisches und aristotelisches „Parodie"-Verständnis

Der terminologische Gebrauch des Wortes „Parodia" im Sinne von „Gegengesang", dem „para" in der adversativen Bedeutung „wider, entgegen" zugrunde liegt, wird für einen Zeitraum angesetzt, in dem Wort- und Tonkunst noch nicht geschieden waren, sondern eine Einheit, die Kunst der Musen, die μουσική bildeten. Ein Ausdruck griechischer Theorie des zu Ende gehenden 5. Jh., scheint „Parodia" eine besondere Art der Kunstdarbietung bezeichnet und ursprünglich eine rein technische Bedeutung gehabt zu haben: Er müsse „eine bestimmte Aufführungspraxis griechischer Dichtung bezeichnen, in der in irgend-einer Weise 'gegen die ᾠδή' verstoßen wird". Zu diesem Verständnis des Wortgebrauchs kann man aufgrund der Überlieferung bei dem Grammatiker Athenaios aus dem 3. Jh. v. Chr. kommen (Deipnoso-phistai 407 a). Danach soll der Homer-Rezitator Hegemon von Thasos (vor 400 v. Chr.) dadurch ganz neue Wirkungen erzielt haben, daß er „von der üblichen, gesungenen Rezitation dazu überging, die Verse 'ganz gewöhnlich' und 'wie der Schauspieler' im Dialog zu sprechen". Das Entscheidende an der Deutung ist, daß mit dieser Art des „Par-odie" genannten Veränderns die formale Seite der Darbietung, die Aufführungspraxis selbst, keinesfalls aber eine „im Inhaltlichen" vorgenommene Neugestaltung der Rezitationsvorlage gemeint sei. Dabei habe die ungewohnte Aufführungspraxis das Ethos, d. h. die Affektstufe der Dichtung „in der Richtung des neueren Begriffes der Parodie" verändert. Diese Erwägungen H. Kollers (1956, S. 18 f.) sind fachwissenschaftlich akzeptiert worden, insoweit sie den Ausdruck „Parodia" als ursprünglich „musikalischen" Terminus reklamieren. Probleme wirft indes seine adversative Bestimmung auf.

E. Pöhlmann sucht, anders als H. Koller, die musikalische Grundbedeutung von „parodein" im Rückgriff auf vergleichbare Bedeutungsentwicklungen verwandter Komposita zu erschließen und kommt zu dem Ergebnis, „parodein" bezeichne „das Singen einer Begleitstimme, die parallel zur Hauptstimme verläuft und deren Bewegungen in einigem Abstand nachvollzieht. Das Ver-hältnis von Hauptstimme und Begleitung ließe sich leicht aus dem Bereich der Musik in den der Literatur übertragen; es entspräche dem (...) Vorbild-Abbild-Verhältnis von Vorlage und Parodie" (1972, S. 149 f.). E. Pöhlmann verwirft also die adversative Bedeutungsfestlegung des musikalischen Terminus „Parodia". Demgegenüber hält R. Schröter (1967, S. 22 f.) grundsätzlich an ihr fest, stellt unter Hinweis auf gewisse andere Zeugnisse indes in Frage, daß sich der parodistische Effekt im neueren Sinne des Begriffs allein aus der formalen Gestaltung der rezitativen Aufführungspraxis herleiten lasse. Dem widerspräche neben dem Zeugnis aus der ›Poetik‹ des Aristoteles und den erhaltenen Fragmenten der „professionellen Eposparodie" beispielsweise ein von Athenaios (Deipnosophistai 699 c) überliefertes Epigramm des Alexander Aitolos (um 285 v. Chr.) auf den Paroden Boiotos von Syrakus, dem darin nachgerühmt wird, Schuster, Diebe und auch Straßenräuber entsprechend der homerischen Pracht dargestellt zu haben; dieses Epigramm aber umschreibt nach R. Schröter auf originelle Weise, „daß der Prunk des homerischen Epos zugleich *nachgeahmt und (thematisch) herabgestimmt* wurde". Der These H. Kollers widerspräche ferner auch, daß „das Erheiternde, Komische" als Wesenszug der Parodie des Hegemon von Thasos herausgestellt werde. Schließlich lasse die Deutung der griechischen Ausdrücke für „ganz gewöhnlich" und „wie der Schauspieler" durchaus zu, nicht weniger an mimetische Vortragsqualitäten als an spezifische Veränderungen der Rezitationsweise zu denken.

Die unterschiedlichen Einwände E. Pöhlmanns und R. Schröters gegen H. Kollers These sind nicht unvereinbar. Denn E. Pöhlmann sucht hier die Bedeutung von „Parodia" vor der Trennung von Ton- und Wortkunst, also die streng musikgeschichtliche Bedeutung im altgriechischen Sinne zu bestimmen, während sich R. Schröter auf Verwendungen des Wortes bezieht, die im Zuge des Auseinanderfallens der „musikalischen" Einheitskunst üblich geworden zu sein scheinen.

Die Zäsur für die verschiedenen Bestimmungen stellt, so verwickelt der begriffsgeschichtliche Sachverhalt dabei im einzelnen auch ist, offensichtlich Aristoteles dar. Denn bei ihm findet die in der 1. Hälfte des 4. Jh. einsetzende Verfestigung des Ausdrucks „Parodia" zum literarischen Terminus ihren Abschluß (E. Pöhlmann, 1972, S. 151). Zugleich zeigt die um diese Zeit beginnende Heuremata-Forschung von Aristoteles bis Polemon (2. Jh. v. Chr.), daß der literarische Terminus sowohl adversativ gebraucht worden ist als auch den Wandel von einem Gattungs- zu einem „Stilbegriff" durchgemacht hat. Er greift über auf Gattungen wie die Komödie (in Aristophanes-Scholien) und den Sillos (beispielsweise bei Diogenes Laertios 9, 111 über Timon von Phleius: „er schmäht und verhöhnt die Dogmatiker in Form der Parodie"), und er umfaßt darin sowohl Momente des Lachens als auch des Verlachens. „Parodia" ist demnach „schon im Hellenismus zu jenem Allerweltsbegriff geworden, mit dem man es noch in der Gegenwart zu tun hat" (E. Pöhlmann, 1972, S. 156).

In der Skizze dieser antiken Wortverwendungsgeschichte hat „Parodia" als festen begrifflichen Kern das Verhältnis von Muster und Imitation, von Vorlage und Adaption. Weniger eindeutig ist es, welche Intentionsrichtung dieses Verhältnis bestimmt. Allem Anschein nach ist sie von der Entwicklung des Ausdrucks vom musikalischen zum literarischen Terminus vorgezeichnet. Die „Parodie" genannte Adaption einer Vorlage nähme dann erst im Zuge dieses Vorgangs die adversative Bedeutung „wider, entgegen" an. Damit ist durchaus noch nicht geklärt — und nach Lage der Dokumente ist dies wohl auch nicht entscheidbar —, wogegen sich die „gewisse Gegensätzlichkeit" richtet, von der H. Kleinknecht spricht, ob gegen das Muster selbst oder unter Ausnutzung desselben gegen anderes.

Gegenüber den verschiedenen Rekonstruktionen der Wortverwendung von „Parodia" kann das Zeugnis des Aristoteles vergleichsweise als gesichert gelten: In der ›Poetik‹ geht es um die Analyse der Arten der Mimesis, die er mit Beispielen aus der Malerei, Musik, dem Drama und insbesondere der epischen Dichtung belegt. In diesem Zusammenhang heißt es:

> So hat Homer bessere Menschen nachgeahmt, Kleophon uns ähnliche und Hegemon von Thasos, der als erster Parodien dichtete, sowie Nikochares, der Verfasser der ›Deilias‹, schlechtere (Poetik 1448 a 11—14; Übers. nach M. Fuhrmann, 1976, S. 41).

In dieser exemplarischen Einführung — mit Hegemon als Erfinder der Parodie von Dichtungen und als Verfasser einer bei Athenaios bezeugten ›Gigantomachie‹ sowie mit Nikochares als Verfasser einer Parodia der ›Ilias‹ — beschränkt Aristoteles den Terminus auf den Bereich der Epos-Parodie, überliefert ihn also als Gattungsbegriff, der zugleich — wie R. Schröter betont — auch das Moment der thematischen Herabstimmung zu beinhalten scheint.

(3) J. C. Scaligers Poetik

Anscheinend ist der terminologische Gebrauch des Wortes „Parodia" im Sinne von „Beigesang", dem „para" in der additiven Bedeutung „zuzüglich zu" zugrunde liegt, später, klassizistischer Herkunft, belegt in den 1561 erschienenen ›Poetices libri septem‹ des J. C. Scaliger, der folgenreichsten Poetik des Humanismus.

In ihr widmet der Verfasser dem in der lateinischen Antike Fremdwort gebliebenen und wohl deshalb auch im lateinischen Mittelalter unbekannten griechischen Ausdruck ein eigenes Kapitel, was in der Folge des wiedererwachten Interesses an griechischer Sprache und Literatur in der Renaissance zu sehen ist. Dafür ist bezeichnend, daß die eklektischen Bemerkungen über die Parodie zu großen Teilen auf Aristoteles (Poetik 1448 a 12 f., 1448 b 30 bis 1449 a 2) und Athenaios (Deipnosophistai 697 f—699 c) zurückgehen und mit einer Bestimmung beginnen, die von Aristoteles angeregt worden ist. Diese nun lautet: *Quemadmodum Satyra ex Tragoedia, Mimus e Comedia: sic Parodia de Rhapsodia nata est. Quum enim Rhapsodi intermitterent recitationem, lusus gratia prodibant qui ad animi remissionem omnia illa priora inverterent* (Poetik I/42, 46: „Wie die Satyra von der Tragödie, der Mimus von der Komödie abstammt, so die Parodie von der Rhapsodie. Wenn nämlich die Rhapsoden den Vortrag unterbrachen, pflegten wegen des Zeitvertreibs welche aufzutreten, die zur geistigen Erholung all das Vorige verkehren sollten"; vgl. Aristoteles, Poetik 1448 a 5 ff. und b 32 ff.).

J. C. Scaliger faßt hier mit der antiken Tradition die Parodie als ein Zwischenspiel in der Rhapsodie auf. Und danach — folgt man E. Pöhlmann (1972, S. 144) — richtet sich auch seine Etymologie des Wortes „Parodia". Sie versteht das „para" im Sinne von „zuzüglich zu (praeter)": *Hos idcirco παρῳδοὺς nominarunt: quia praeter rem seriam propositam alia ridicula subinferrent. Est igitur Parodia Rhapsodia inversa mutatis vocibus ad ridicula sensum retrahens. Erat enim veluti Epirrhema aut Parabasis, quasi auctarium actus: ut sit παρὰ τὴν γνησίαν ᾠδὴν, et προοῦργου, ipsa πάρεργος* (Poetik I/42, 46: „Diese nannte man aus dem Grund Paroden, weil sie zu dem vorgetragenen ernsten Stoff noch etwas zum Lachen anfügten. Die Parodie ist also eine verdrehte Rhapsodie, die durch Veränderung der Laute die Bedeutung auf das Scherzhafte verkürzt. Sie war nämlich [wie die Ansprachen des Chorführers der Tragödie an das Publikum] gleichsam ein zusätzlicher Akt, damit sie [sc. die Parodia] neben dem ursprünglichen Gesang als beigegebener ebenfalls förderlich sei").

Die Interpretation der Scaligerschen Etymologie von „Parodia" stützt E. Pöhlmann mit dem Hinweis darauf, daß in die aristotelische Grundanregung poetologische Bestimmungen einer anderen Autorität der humanistischen Dichtungslehre eingegangen sind. Denn was J. C. Scaliger im einzelnen über das Verhältnis von Rhapsodie und Parodie sagt, hat keine Parallele in der ›Poetik‹ des Aristoteles, sondern entspricht genau den Ausführungen über das Verhältnis von Tragödie und Satyrspiel in der ›Ars poetica‹ des Horaz (AP 220—224). Danach ist das ernste Geschehen der Tragödie mit dem Treiben naturhafter Wesen „komisch kontrastiert" worden (E. Schäfer, 1972, S. 46) zu dem Zweck, die „betrunkenen und außer Rand und Band" geratenen Festspielteilnehmer mit dem Lockmittel eines „derben" Spiels im Theater festhalten zu können (H. Rüdiger, 1961, S. 57). Dem Verhältnis von Tragödie und Satyrspiel entsprechend wären Epos und Eposparodie zu verstehen. Und demnach hätte bei J. C. Scaliger der Ausdruck „Parodia" eine additive Bedeutung, wäre die Parodie ein Parergon.

Den Konsequenzen, die wir aus E. Pöhlmanns andeutender Scaliger-Interpretation gezogen haben, widerspricht indes eine ins Detail gehende Exegese des „Parodia"-Kapitels. Denn ist in der zweiten Stelle „praeter" auch im Sinne von „zuzüglich zu" zu verstehen, so ist damit die Parodie keineswegs als irgendein intermezzohaftes Beiwerk oder Parergon aufzufassen, wie es E. Pöhlmann nahelegt, sondern durchaus als ein mit dem Haupttext verschränkter Text: *omnia illa priora*, also das soeben vom Rhapsoden Rezitierte, soll verkehrt werden (erste Stelle); die Rhapsodie soll durch gezielte Veränderungen im Wortlaut eine scherzhafte Bedeutung erhalten (zweite Stelle); beide Male ist das Stichwort *invertere*, das Objekt der Verkehrung der *ernste* (Haupt-)Text, die Richtung der Verkehrung das Unterhaltsame bzw. *Scherzhafte*. Diese Auslegung läßt sich dadurch stützen, daß man die ›Ars Poetica‹ über Vers 224 hinaus einbezieht. Die Satire zur Tragödie schreiben, heißt nämlich bei Horaz (AP 226): *vertere seria ludo* — und damit ist gemeint, daß „dieselben Figuren, die eben (*nuper*, AP 228) in dem ganzen Pomp tragischer Inszenierung sich hatten sehen lassen, jetzt herniedersteigen in die Sphäre der Satyrn" (R. Heinze, 1957, S. 330). Horaz geht also davon aus, daß derselbe Gott und derselbe Held, der in der Tragödie auftrat, auch im Satyrspiel auftritt. Der kontrastierenden Verschränkung von Tragödie und Satyrspiel bei Horaz aber entspricht bei Scaliger — das belegt der Parallelismus in der ersten Zitatstelle — in gleicher Weise die Zuordnung von Epos und Eposparodie.

Nach dem bisher Dargelegten ergibt sich, daß der Wortgebrauch von „Parodia" in J. C. Scaligers ›Poetik‹ zu schwach interpretiert ist, wenn er rein additiv, lediglich nach dem präpositionalen Element „para" im Sinne von „zuzüglich zu" bestimmt wird. Einer Auslegung dieser formalen Art entgeht das „ad ridiculum . . . retrahere". Dem widerspricht ferner die Tatsache, daß J. C. Scaliger selbst zur Bekräftigung seiner Parodie-Definition das Epigramm des Alexander Aitolos anführt. Dieses nämlich — es ist bei uns II. (2) erwähnt — legt eine Verwendung des Ausdrucks nahe, die von der thematisch herabstimmenden Adaption einer Vorlage ausgeht (R. Schröter, 1967, S. 22). Gleiches meint auch W. Hempel, wenn er bei Scaliger die Parodie als „komische Verzerrung" des Epos definiert sieht (1965, S. 154) und dazu auf dessen eigenes Textbeispiel verweist: „Aber auch ich selbst habe einst mit meinen Studiengefährten in der Zeit des Karnevals eine solche Parodie „ex divinitate Maroniana" (also auf die Vergilsche ›Aeneis‹) verfertigt, die mit den Worten *Prela merumque cano* (Kelter und Wein besinge ich) begann" (J. C. Scaliger, Poetik I/42, 46; vgl. Vergil, Aeneis 1, 1: *Arma virumque cano*).

Danach hat man anstelle einer additiven eine adversative Bedeutung des Ausdrucks anzunehmen.

Die offensichtliche Unsicherheit, den Wortgebrauch von „Parodia" in den ›Poetices libri septem‹ eindeutig zu bestimmen, fordert zu einer weiteren Detailexegese heraus. Denn Scaligers eigenes Beispiel — es dient der exemplarischen Einführung des Terminus — zeigt einen Begriff von Parodie, der hier in folgender Weise aufgenommen ist: als Gattungsbezeichnung im aristotelischen Sinne — „Eposparodie"; als Kennzeichnung eines Verfahrens — „nach der erhabenen Art" Vergils bzw. laut Aitolos „nach dem Vorbild" des homerischen Prunks; als Richtungsbestimmung — „Verkehrung ins Scherzhafte". Unklar ist dabei aber immer noch, ob Scaligers eigenes Beispiel als eine Parodie „auf" im Sinne von „wider" das Epos Vergils gemeint ist. Zwei Argumente sprechen dagegen.

Zunächst hat man erneut die ›Ars Poetica‹ über V. 224 hinaus in die Auslegung einzubeziehen. Danach tritt, wie schon gesagt, derselbe Gott und derselbe Held, der in der Tragödie auftrat, auch im Satyrspiel auf. Zugleich kann es nach Horaz aber nicht die Absicht des Dichters sein, durch seine Satyra die Wirkung seiner Tragödie zu vernichten, indem er sie der Lächerlichkeit preisgibt. Aus diesem Grunde wird dem Satyrdichter die größte sprachliche Vorsicht auferlegt (AP 225 bis 233 bzw. 250). Entsprechend argumentiert auch Scaliger in der zweiten Zitatstelle: Die παρὰ (. . .) ᾠδή soll ebenso wie die γνησία ᾠδή förderlich (προῦργου) sein, aber sie nicht in der Wirkung aufheben. Die Parodia — gewissermaßen ein „unehelicher" Sproß — soll mit dem „ehelichen" Gesang kontrastieren, indem sie, wie die Satyra im Verhältnis zur Tragödie, gegenüber der Feierlichkeit und dem Ernst des Epos auf einer niedrigeren Stilebene spielt (lusus bei Scaliger, ludus bei Horaz, AP 226), zugleich aber von der niedrigsten Stilebene (AP 229) wegen ihrer aufhebenden Wirkung Abstand nehmen soll. Das im Konstrastieren liegende adversative Moment ist demnach deutlich auf das spielerisch Scherzhafte, das „ridiculum", eingeschränkt.

Eine darüber hinausgehende, das adversative Moment überbetonende Interpretation verbietet sich auch deshalb — und damit kommen wir zum zweiten Argument —, weil in der literarischen Gattungs- und Werthierarchie J. C. Scaligers das Epos Vergils — es ist noch nicht die Zeit der „Querelle des anciens et des modernes" — den obersten Platz einnimmt: ut intelligas non immerito Poetarum regem a nobis ubique Maronem praedicari (Poetik III/16, 100: „auf daß du erkennst, daß von uns überall mit vollem Recht Vergil als König der Dichter gerühmt wird"; dazu vgl. A. Buck, 1964, Einleitung, S. XVIII). Nach dieser Bewertung Vergils ist es kaum denkbar, Scaligers eigene ›Aeneis‹-Adaption als eine Parodie wider das Epos zu beurteilen. Im Gegenteil, auch sein Karnevalsscherz ist nützlich; denn sich und seine Studiengefährten an dieses Epos als höchstes Bildungsgut selbst im Karneval zu erinnern, ist der Bildung ebenso förderlich wie dem Karneval der Scherz.

Nach dem Dargelegten ergibt sich, daß der Wortgebrauch von „Parodia" in J. C. Scaligers ›Poetik‹ zu stark interpretiert ist, wenn mit ihm im streng adversativen Sinne eine gegen das Muster oder Modell selbst gerichtete kritische Adaption bezeichnet sein soll. Man kommt dem Wortgebrauch J. C. Scaligers mit F. J. Lelièvre wohl am nächsten (1954, S. 77 f.). Nach ihm beginnt mit dem humanistischen Poetiker die Diskussion der „comic epics".

Dafür kann, bis zu einem gewissen abweichenden Punkt, auch der weitere Text der Poetik einstehen — er ist übrigens weder in den Interpretationen W. Hempels und F. J. Lelièvres noch von E. Pöhlmann berücksichtigt worden. J. C. Scaliger bringt seine ›Aeneis‹-Adaption in Zusammenhang mit einem anderen antik-lateinischen Muster — dem der Jugenddichtung Vergils zugeschriebenen ›Catalepton 10‹ (›Sabinus ille‹) —, das seinerseits eine Adaption des 4. Carmen Catulls (›Phasellus ille‹) darstellt. Der Hinweis auf Vergils Catull-Benutzung dürfte dabei folgenden Stellenwert haben: Die beiden eingangs aufgeführten Scaliger-Zitate gehen von der Vorstellung aus, daß die

Darbietung von Ernst und Scherz, Tragödie und Satyrspiel, Rhapsodie und Parodie in der Antike eine Einheit war, nämlich bei derselben Gelegenheit aufgeführt oder vom selben Dichter verfaßt oder mit denselben Gestalten ausgestattet. Wenn er, Scaliger, zu dem Epos Vergils nun eine „Parodia" verfaßt, ist das deshalb etwas ganz anderes, weil nur noch der Scherz explizit gegeben ist, der Rhapsode und sein „Parodist" eben nicht mehr beisammen oder identisch sind. Daß das „Parodieren" genannte Ummodeln einer Vorlage trotz dieser veränderten Bedingungen gleichwohl legitim ist, soll das Beispiel Vergils belegen: einer darf zum Werk des andern auch ohne dessen Wissen (bzw. nach dessen Tod) eine „Parodia" verfertigen. Der Humanist faßt die von Grund auf veränderte Konstellation ins Auge und beglaubigt seine scherzhaft kontrastierende ›Aeneis‹-Adaption mit einem anderen — und nicht weniger „komischen" — Exempel jener antiken Autorität, dem er selbst unter dem Titel ›Boletus ille‹ sogleich noch ein eigenes Muster zur Seite stellt.

Nach dem (aus Gründen abweichender Auslegung nötigen) Exkurs halten wir die rein additive Bestimmung für eine zu schwache, die streng adversative Bedeutungsfestlegung für eine zu starke Interpretation des Wortgebrauchs in Scaligers ›Poetik‹. Der wäre darüber hinaus zu eng verstanden, wenn er im Sinne des aristotelischen Gattungsbegriffs allein auf die Eposparodie bezogen würde; dagegen spricht Scaligers eigener Versuch im Anschluß an Vergils Adaption von Catulls ›Phasellus ille‹.

Diese musterbildende Adaption legt eine weitere terminologische Überlegung nahe. Unabhängig von J. C. Scaliger ist Vergils „Spottgedicht" auch in neuerer und neuester Zeit zwar „Parodie" genannt worden (beispielsweise von H. Blümner, 1881, S. 394 ff.; R. Holland, 1925, S. 62; F. Umlauft, 1928, S. 278; F. Zimmermann, 1932, S. 1128; R. E. H. Westendorp Boerma, 1963, S. 30; R. P. Falk/N. Beare, 1965, S. 601; R. Hanslik, 1965, S. 2226; C. J. Fordyce, 1970, S. 784; J. und M. Götte, 1970, Nachwort, S. 433 f.); Vergils Gedicht läßt sich aber — der Wortgebrauch ist nun einmal unausgewiesen — allenfalls als eine das ironische und spöttische Moment verstärkende Übernahme des von Catull bereitgestellten Musters in kritischer Bezugnahme auf anderes interpretieren (so F. Umlauft, 1928, S. 278, F. Zimmermann, 1932, S. 1128), indes nicht als kritische Bezugnahme auf das Muster selbst — was in gleicher Weise eben auch von der Adaption des Humanisten selbst zu sagen ist. Eine solche Art der Adaption einer Vorlage sollte dann aber nicht mit dem Terminus „Parodie" bezeichnet werden (vgl. Kap. IV unter „Kontrafaktur"). So hat jüngst auch E. Schäfer J. C. Scaligers „Parodia" zu Catulls Gedicht beurteilt (1976, S. 93); er sieht in ihr das „Kontrafakturprinzip" Vergils übernommen und angewendet.

Zusammenfassend kann gesagt werden, daß die klassizistische Begriffsgeschichte zusammen mit den verschiedenen Beispielen einen Spielraum von „Parodie"-Auffassungen zuläßt, die vom „Komischen Epos" bis zur „Kontrafaktur" reichen. Substantielle Elemente sind dabei die textmaterielle Bezugsbasis und das Moment des scherzhaften Kontrastierens.

2. Zur Rezeption des antiken und klassizistischen Parodiebegriffs

Vor dem Hintergrund der umfänglicheren Erörterungen des antiken und klassizistischen Parodiebegriffs ist eine kursorische Darstellung im folgenden legitim: Zum einen, weil eine lückenlose Beschreibung der neueren Geschichte der Wortverwendung den Rahmen der dargelegten Parodieauffassungen kaum verändern dürfte — wenn es auch nicht befriedigend sein kann, daß das begriffsgeschichtliche Kapitel E. Rotermunds (1963, S. 9—28) bislang das einzige dieser Art geblieben ist. Zum anderen, weil das kursorische Vorgehen den systematischen Ansatz dieser Einführung hinreichend stützen kann, zumal die verschiedenen Parodiebegriffe — und sei es mit unterschiedlichem Gewicht — auch in der neueren Geschichte der (deutschen) Literatur gültig geblieben sind.

(1) Zur Geltung des rhetorischen Wortgebrauchs

Unter dem Gesichtspunkt der neueren geschichtlichen Verwendung ist der bei Quintilian überlieferte rhetorische Wortgebrauch von „Parodie" am wenigsten bedeutsam. Wohl hat noch im 20. Jh. der Ausdruck als Bezeichnung von Zitaten und Anspielungen gedient: so beispielsweise in ›Deutsche Stilistik‹ von R. M. Meyer (²1913, S. 148) oder in der Monographie über die lateinische 'Parodie' im Mittelalter von P. Lehmann (²1963, S. 22, 29, 36 u. ö.), teils auch noch in der Untersuchung ›Das Zitat in der Erzählkunst‹ von H. Meyer (1961, S. 44). Diese Verwendung im „partialen" Sinne, wie sie E. Rotermund genannt hat (1963, S. 11), ist im ganzen aber seltener. Sie wurde bereits vor der Mitte des 19. Jh. in einer renommierten Enzyklopädie kritisiert. Darin hält der Artikel-Verfasser F. A. Eckstein im historischen Abriß zwar den antik-rhetorischen Wortgebrauch fest:

... haben die Rhetoren es (sc. das Wort „Parodie") auf die Sitte der Redner bezogen, den Vers eines Dichters nur theilweise anzuführen, das übrige aber entweder in prosaische Rede umzugestalten oder mit ihren eigenen Worten den Gedanken zu vollenden;

im systematischen Teil des Artikels jedoch — und in diesem geht es schon vor E. Rotermund um die Unterscheidungen von „Parodie" und „Travestie", „Cento", „Palinodie", „Wortspiel", „Anspielung" — lehnt F. A. Eckstein unter anderem die Bedeutungsgleichheit von „Parodie" und „Anspielung" ab:

> Anspielungen können sich zuweilen der Parodie nähern, doch sind sie durch ihren Zweck bestimmt von derselben geschieden, weil diese die Worte des parodirten Gedichts in Anspruch nimmt, jene besonders auf das Materielle, auf den Inhalt, geht (1839, S. 266 bzw. 267).

Auch wenn diese Unterscheidung wegen der Inhalt—Form—Problematik nicht ganz zu überzeugen vermag, betont sie dennoch mit Recht für die Parodie das spezifische Moment der Teilidentität von Vorlage und Adaption.

Das Zurücktreten des rhetorischen Wortgebrauchs von „Parodie" hat zumindest zwei Gründe. Den einen hat E. R. Curtius formuliert: „Die Rhetorik hat in unserer Bildungswelt keine Stelle. Ein angeborenes Mißtrauen gegen sie scheint dem Deutschen eigen" (1963, S. 71).

Dazu sei wenigstens angemerkt, daß E. R. Curtius — und darin ist er gegen den Vorwurf ungeschichtlicher Toposforschung zumindest hier zu verteidigen — zunächst auf eine empirisch nachprüfbare Tatsache hinweist: „Dürftige Brocken rhetorischen Wissens wurden dem deutschen Gymnasiasten des 19. Jahrhunderts noch vorgesetzt, wenn er zur Anfertigung deutscher Aufsätze angeleitet wurde". Wenn er dann an I. Kants ›Kritik der Urteilskraft‹ von 1790 erinnert, in der die „Rednerkunst" beurteilt wird als eine „Kunst, sich der Schwächen der Menschen zu seinen Absichten zu bedienen" (KdU § 53), so bezieht er sich auf die Anfänge eines kulturgeschichtlichen Prozesses, in dem es zur völligen Umwertung von Redekunst und Dichtkunst gekommen ist. Exemplarisch hierfür kann Goethes Urteil in den ›Noten und Abhandlungen‹ von 1819 angeführt werden: „Poesie ist, rein und echt betrachtet, weder Rede noch Kunst: (. . .); sie ist keine Kunst, weil alles auf dem Naturell beruht, welches zwar geregelt, aber nicht künstlerisch geängstigt werden darf; auch bleibt sie immer wahrhafter Ausdruck eines aufgeregten, erhöhten Geistes, ohne Ziel und Zweck. Die Redekunst aber, im eigentlichen Sinne, ist eine Rede und eine Kunst (. . .) Sie verfolgt ihre Zwecke und ist Verstellung vom Anfang bis zu Ende. Durch jene von uns gerügte Rubrik (sc. schöne Redekünste) ist nun die Poesie entwürdigt, indem sie der Redekunst bei-, wo nicht untergeordnet wird (. . .)" („Verwahrung" in ›Noten und Abhandlungen‹, S. 222).

Diese wenigen Hinweise — bei einer ausführlicheren Diskussion

wäre besonders auf W. Jens' programmatischen Vortrag ›Von deutscher
Rede‹ (1969, S. 16 ff.) und W. Barners Untersuchung (1970, S.
11—16) einzugehen — können zeigen, daß in dem umfassenderen Vorgang
der Abwertung der Ars oratoria der eine Grund auch für das Schwinden des rhetorischen Wortgebrauchs von „Parodie" zu sehen sein
dürfte.

Den zweiten Grund hierfür hat man in einer Auffassung von Kunst
und Dichtung zu sehen, die in der klassischen deutschen Ästhetik und
Poetik kanonische Geltung erlangt hat. Es braucht hier nur an G. W. F.
Hegels Begriff des „freien poetischen Kunstwerks" (Ästhetik, Bd. II,
S. 358—362) erinnert zu werden, an seine Definition des Kunstwerks
„als totales und freies Ganzes, das eine abgeschlossene Welt für sich
ausmacht, (an) seine Bestimmung des Verhältnisses von Teilen und
Ganzem als organische Totalität" (W. Preisendanz, 1968, S. 347), um
einsichtig zu machen, daß eine solche Auffassung vom Kunstwerk als
„integraler Einheit" ebenso als Grund für das Schwinden des Begriffs
der Parodie im Sinne der „partialen" Verwendung der Rhetorik anzu-
setzen ist.

(2) Die Wiederaufnahme des antiken musikalischen Wortgebrauchs

Im Unterschied zur Rezeption des rhetorischen Wortgebrauchs
scheint dagegen von dem erst jüngst erschlossenen antik-musikalischen
Terminus eine gewisse Faszination auszugehen. Hierbei sei dahingestellt, ob die autochthone musikgeschichtliche und -wissenschaftliche
Wortverwendung von „Parodie", wie sie L. Finscher und G. v. Dadelsen für die Neuzeit dargelegt haben (1962, Sp. 815—834), eine Rolle
spielt. Jedenfalls ist zu beobachten, daß zum einen die — nicht unum-
strittene — Rekonstruktion H. Kollers einen in der Altertumskunde
lange gehegten Wortgebrauch zurückzudrängen beginnt. So übernimmt
sie R. Hanslik in einem neueren Lexikon: der Ausdruck „Parodie"
bedeute „ursprünglich nicht etwas Inhaltliches, die komisch übertreibende, verspottende Imitation eines früheren Dichters, sondern ein
stilistisches, formales Vorgehen der musikalischen Aufführungspraxis,
das Singen gegen die ᾠδή" (1965, Sp. 2224 f.; zuvor schon G. v. Wilpert,
1959, S. 431; ferner .W. Hempel, 1965, S. 151 f.; J. v. Stackelberg,
1972, S. 166; E. Rosenstrauch-Königsberg, 1975, S. 118). Es steht zum
anderen fest, daß die Überlegungen H. Kollers auch angewendet worden sind — und zwar gegen die generelle Skepsis E. Pöhlmanns (1972,
S. 146), antike Parodieauffassungen der Interpretation neuzeitlicher

Texte zugrunde zu legen. So hat E. Bahr den Anspielungsreichtum der Alterswerke Goethes mit der musikalischen Technik der Transponierung einer Melodie in eine andere Tonart verglichen und unter Hinweis auf H. Koller als Parodie verstanden:

Die zugrundeliegende Melodie läßt sich noch erkennen, aber die Variation hat ihr Eigenrecht und ihre Eigenbedeutung gewonnen. Es handelt sich hier um Parodie im ursprünglichen Sinne des Wortes: um die Nachahmung eines Vorbildes bei gleichzeitiger formal-stilistischer Änderung der Darstellungsweise, die in einem Werk eigener Geltung resultiert, aber auf keinen Fall Verspottung des Vorbildes bedeutet (1972, S. 38).

Die Anwendung des musikalischen Terminus auf literarische Phänomene ist in mehrfacher Hinsicht problematisch.

Einmal ist festzuhalten, daß E. Bahr den von H. Koller rekonstruierten antik-musikalischen Wortgebrauch um das adversative Moment verkürzt, wonach ja die Änderung der Aufführungspraxis einen „in der Richtung des neueren Begriffes der Parodie" zielenden Effekt erreiche (1956, S. 18).

Außerdem stellt sich die Frage nach der Vereinbarkeit dieses Wortgebrauchs (1972, S. 38 f.) mit Goethes Parodiebegriff aus den ›Noten und Abhandlungen‹ auf eine Weise, daß darin zugleich die Frage nach der Intentionsrichtung mitgestellt ist. Denn Goethe spricht dort von drei Epochen der Übersetzung. Mache die erste „uns in unserm eigenen Sinne mit dem Auslande bekannt", stelle die dritte und vollkommene diejenige dar, „wo man die Übersetzung dem Original identisch machen möchte", so sei die zweite eine solche, „wo man sich in die Zustände des Auslandes zwar zu versetzen, aber eigentlich nur fremden Sinn sich anzueignen und mit eignem Sinne wieder darzustellen bemüht ist. Solche Zeit möchte ich im reinsten Wortverstand die *parodistische* nennen". Im folgenden betont Goethe an einem Werk aus der zweiten Epoche dann noch eigens das „Paraphrastische" und „Suppletorische" der Aneignung („Übersetzungen" in ›Noten und Abhandlungen‹, S. 303—306). Daraus ist nun nicht nur einsichtig, daß dieser — im übrigen die humanistisch-klassizistische Bedeutung bewahrende — Wortgebrauch von „Parodie" das kritische Moment in bezug auf die adaptierten Muster ausschließt, sondern daraus folgt auch, daß mit diesem Parodiebegriff der erschlossene antik-musikalische unvereinbar erscheint.

Schließlich muß wohl davor gewarnt werden, diesen Parodiebegriff Goethes zu überdehnen und mit einer gewissen Beliebigkeit auf Teile seines Alterswerks anzuwenden. Exemplarisch hierfür ist E. Bahrs Interpretation von Lenardos Tagebuch in ›Wilhelm Meisters Wanderjahre‹ als „eine Parodie im ursprünglichen Sinne des Wortes" (1972, S. 117). Es ist indes wenig sinnvoll, Materialverarbeitungen und — mit Fr. Schiller gesprochen — „symbolische Operationen" der Art, wie sie Goethe in Lenardos Tagebuch vorgenommen hat, „parodistisch" zu nennen.

Als Resümee kann gesagt werden, daß die Übernahme und interpretative Anwendung des antik-musikalischen Terminus dahin tendiert, einem Parodieverständnis Vorschub zu leisten, das mit der Auffassung literarischer Verfahrensweisen überhaupt zusammenfällt und in gewisser Weise an das Parodieverständnis im Russischen Formalismus erinnert.

(3) Das 18. Jahrhundert

Wie schon angedeutet, beginnt der antik-musikalische Terminus den von J. C. Scaliger eingesetzten Wortgebrauch zurückzudrängen, nach dem eine Parodie eine umgekehrte Rhapsodie, eine „Rhapsodia inversa" ist. Die rezeptionsgeschichtliche Bedeutung zumindest dieses Teils von Scaligers Parodiebegriff hat F. J. Lelièvre neuerlich belegt (1954, S. 78 f.).

Danach nimmt noch O. Delepierre die Auffassung des Humanisten in einer Anmerkung eigens auf: « Lorsque les Rhapsodes chantaient les vers de l'Iliade ou de l'Odyssée, et qu'ils trouvaient que ces récits ne remplissaient pas l'attente ou la curiosité des auditeurs, ils y mêlaient, pour les délasser, et par forme d'intermède, des petits poèmes composés des mêmes vers à peu près, qu'on avait récités, mais dont ils détournaient le sens, pour exprimer une autre chose, propre à divertir le public. C'est ce qu'ils appelaient « parodier », de παρά et ᾠδή, «contre-chant » » (1870, 8: „Wenn die Rhapsoden die Verse der ›Ilias‹ oder ›Odyssee‹ sangen und ihnen auffiel, daß der Vortrag nicht die Erwartung oder das Interesse der Zuhörer befriedigte, dann durchsetzten sie ihn zur Aufmunterung mit kleinen, einem Zwischenspiel ähnlichen Gedichten, deren Verse den zuvor rezitierten glichen; den Sinn aber wendeten sie um mit dem Ziel, etwas anderes, für das Publikum Unterhaltsames, auszudrücken. Das nannten sie 'parodieren': von „para" und „ode", „Gegengesang"). Nicht weniger kommt F. W. Householder der Auffassung J. C. Scaligers nahe, wenn er „Parodia" zu „Rhapsodia" stellt und abwechselnde Darbietungen von Rhapsoden und Paroden für wahrscheinlich hält: "The first παρῳδοί were probably amateurs, who would improvise brief poems in mock-epic style for the amusement of their fellow-citizens after the professionals had given a performance" (1944, S. 8). Schließlich geht die durch J. C. Scaliger begründete Überlieferung in die repräsentative Enzyklopädie der Altertumskunde ein; dort vermutet der Artikel-Verfasser P. Maas: „Die Darbietungen der P(aroden) werden sich zu denen der Rhapsoden verhalten haben wie das Satyrspiel zur Tragödie" (1949, Sp. 1684).

Allerdings zeigt die Skizze auch die Probleme dieser Wortverwendungsgeschichte. Denn sie ist antiquarisch insoweit, als ihr schon lange keine Realität mehr zu entsprechen scheint. Und danach bietet sie für

eine systematische Begriffsbildung auch nur sehr geringe Anschlußmöglichkeiten an die Tradition.

Jedoch verändert sich die Einschätzung dieses Wortgebrauchs erheblich, wenn man die folgende autobiographische Notiz J. G.
Sulzers in seinem „Parodie"-Artikel aus den 70er Jahren des 18. Jh. hinzunimmt:

In den neuern Zeiten haben die Parodien vorzüglich in Frankreich ihre Liebhaber gefunden. Scarron hat die Aeneis parodirt; aber erst lange nach ihm
sind die förmlichen Parodien der Tragödien aufgekommen, eine der frevel-
haftesten Erfindungen des ausschweifenden Witzes. Ich habe auf einer sehr
gepriesenen französischen Schaubühne das nicht schlechte Trauerspiel Orestes
und Pylades aufführen sehen, wobey die Logen und das Parterre sich ziemlich
gleichgültig bezeigten. Beyde wurden gegen das Ende des Schauspiels immer
mehr angefüllt; und gleich nach dem Stük wurde eine Parodie von demselben
vorgestellt, wobey der ganze Schauplatz äußerst lebhaft, und das Hände-
klatschen oft allgemein wurde (1775, S. 394).

In dieser Notiz ist zum einen eine theatergeschichtliche Situation angedeutet, die partiell von der neueren Forschung ausführlich dargestellt
und bestätigt werden konnte (vgl. W. Hempel, 1965, S. 155—157;
J. v. Stackelberg, 1972, S. 157 ff.; anschließend insbesondere an V. B.
Grannis, 1931, und an J. Lough, 1957). So ist bei den "theatrical parodies" eine Zahl von 700 bis 800 belegt (vgl. V. B. Grannis, 1931, S. 1 f.),
während demgegenüber beispielsweise in P. Larousses ›Grand Dictionnaire universel du XIXᵉ siècle‹ von 1874 (12. Bd., S. 313) nur noch
einige wenige Paradigmen der « parodie dramatique » des 18. Jh.
genannt worden waren. In der Notiz J. G. Sulzers ist ferner mit der
Wendung „förmliche Parodie" etwas wie ein institutioneller Rahmen
umrissen, in dem sich dieses Parodieren unter anderem realisiert: der
Darbietung einer Tragödie folgt auf dem Fuße ihre Inversion. Darin
aber erinnern zumindest Teile der parodierenden und travestierenden
Theaterpraxis des 18. Jh. in Frankreich auffällig sowohl an das antike
Modell der Tetralogie, nach dem die Tragödiendarbietungen in dem
komisch kontrastierenden Satyrspiel auslaufen, als auch an das antike
Modell der „Rhapsodia inversa". Und demnach wäre diese Tradition
der Wortverwendung von „Parodie" weit weniger antiquarisch, als es
zunächst den Anschein hatte.

Nun erscheint eine derartige Annahme angesichts der Forschungslage ver-
messen. Läge nicht die Notiz eines Augenzeugen, J. G. Sulzers, vor, mutete der
Gedanke an einen vergleichbaren institutionellen Rahmen parodistischer
Praxis von Antike und Moderne reichlich abwegig an. Denn weder die ›Observations sur la Parodie‹ (1736) des Leiters des „Nouveau Théâtre Italien"
in Paris, L. Riccoboni, noch der ›Discours sur les Parodies‹ (1738) des Par-

odienschreibers, Theaterpraktikers und Hauptherausgebers der Parodien dieser Bühne, L. Fuzelier, — den „fundamentalen" Charakter der Studien hinsichtlich einer Theorie der Parodie im Zeitalter der Aufklärung hat J. v. Stackelberg (1972, S. 204 ff.) hervorgehoben — reflektieren jenen spezifischen institutionellen Rahmen der « parodie dramatique » der Zeit. Und spätere, gleichwohl noch zeitgenössische Nachrichten gehen von einer gewissermaßen arbeitsteiligen Theatersituation aus, wonach beispielsweise in Paris die Comédie Française die Sujets für die Parodien der Opéra comique liefere (C. F. Flögel, 4. Bd., 1787, S. 272). Entsprechend dürfte die folgende Passage aus dem „Parodie"-Artikel der ›Encyclopédie‹ Diderots und d'Alemberts zu verstehen sein: « (. . .) Hegémon de Thasos, (. . .), lui (sc. l'Abbé Sallier 1733, S. 403 f.) paroit incontestablement l'auteur de la parodie dramatique qui étoit à-peu-près dans le goût de celles qu'on donne aujourd'hui sur nos théatres » (Vol. 12, 1765, S. 74: „(. . .) Hegemon von Thasos, (. . .) erschien ihm (sc. dem Abbé Sallier, 1733, 403 f.) unbestreitbar als Verfasser der Dramenparodie, die ungefähr dem Geschmack entsprach, in dem man heutzutage Dramenparodien in unseren Theatern aufführt").

Dem sind nun andere Zeugnisse an die Seite zu stellen: zunächst die Kritik J. C. Gottscheds an den Aufführungen des Théâtre Italien, sie machten „in Paris Parodien auf die ernsthaftesten Stücke, mitten zwischen ihren anderen Scenen" (1751, S. 639); sodann insbesondere die Ansicht C. F. Flögels im 1. Band seiner ›Geschichte der komischen Litteratur‹: „Die Parodien der Tragödien auf dem französischen Theater sind hierin den griechischen Parodien gleich; daß wie bey den Griechen die Parodien hinter ernsthaften Stücken abgesungen wurden, so auch bey den Franzosen die Parodien gleich hinter den Tragödien aufgeführt werden" (1784, S. 362). Belegt wird diese Ansicht nun mit der autobiographischen Bemerkung J. G. Sulzers. Sollte sie aber durch Forschungen erhärtet und generalisiert werden können, müßte sie deshalb noch an Bedeutung gewinnen, weil sie sich integrieren ließe in die von Jean Paul entworfene Theorie des Komischen, an die W. Preisendanz (1974, Sp. 1233) erinnert hat. Für sie nimmt J. Paul in der ›Vorschule der Ästhetik‹ (von 1804/ 1812) u. a. folgende Beispiele in Anspruch: „Nach der Tragödie gibt der Engländer daher noch den humoristischen Epilog und ein Lustspiel, wie die griechische Tetralogie sich *nach* dem dreimaligen Ernste mit dem satyrischen Drama beschloß (. . .) oder wie nach den Rhapsodisten die Parodisten zu singen anhoben (. . .)" (§ 33, 1963, S. 130).

Die zweifellos interessante autobiographische Notiz J. G. Sulzers hinterläßt eine Reihe von Fragen, auf welche die künftige Forschung Antwort geben muß: auf Fragen nach der Genesis jener Theaterpraxis, nach ihren poetologischen Begründungen (ob darin z. B. J. C. Scaligers „Parodia"-Kapitel eine Rolle spielt), nach ihren Zwecken und Funktionen, nach den Gründen für den Wechsel von der Eposparodie zur Theaterparodie vom 17. zum 18. Jh. usw.

Es ist dann auch zu klären, ob jene spezifische Theaterpraxis an der „Verwienerung des Olymp" (O. Rommel) vom Ende des 18. bis weit ins 19. Jh. beteiligt war, um so die Frage nach den Ursprüngen der umfänglichen Mythenkenntnis der Wiener Vorstadtbürger hinlänglich zu beantworten. Folgt man nämlich M. Dietrich (1967, S. 8), genügen die wenigen Vorbilder des ernsten Theaters, des Wiener Opern- und Schauspieltheaters der Zeit, auf die sich einzelne der Parodien und Travestien beziehen, nicht; vielmehr dürften dafür wichtige Quellen in der Ballett-Kultur und in den Traditionen des Komischen Theaters, der Commedia dell'arte, der Comédie italienne, der Théâtres de la Foire, der Hans-Wurst- und Kirmesbühnen zu suchen sein (1967, bes. S. 7 bis 81). Darin formuliert M. Dietrich wohl eine realistische Gegenthese gegen die einseitige Herleitung der Travestienlust aus dem „Wiener Volksgeist", die der großartige Kenner des „Alt-Wiener Volkstheaters", O. Rommel (1930, S. 8), vornimmt (dazu vgl. auch J. Hüttner, 1972, S. 110 f.).

An dem hier angedeuteten Vorgang zu einer — wie abkürzend vielleicht gesagt werden darf — „Tragoedia inversa" muß darüber hinaus der begriffsgeschichtliche Wandel im Wortgebrauch von „Parodie" hervorgehoben werden. Wie unser Kap. II.1 gezeigt hat, ist mit ihm etwa bei J. C. Scaliger keinesfalls eine gegen das Muster oder Modell selbst gerichtete, kritische Adaption belegt; vielmehr kommt dort eine Dichtungsauffassung und -praxis in Betracht, für die ein Vers aus der 12. Epode Conrad Celtis' bezeichnend ist: *Sed neque ego Latios me dicam aequasse poetas* („Doch behaupte ich nicht, die Dichter Roms erreicht zu haben"; vgl. E. Schäfer, 1976, S. 347). Deren zentrale Kategorien sind — selbst im scherzhaften Kontrastieren — *imitatio* und *aemulatio*, Weisen wetteifernder Aneignung antiker Muster und Modelle. Demgegenüber hat der Wortgebrauch von „Parodie" bei J. G. Sulzer die adversative Bedeutung in dem von uns gemeinten strengen Sinne angenommen.

Das sei, da Sulzer ja insbesondere das französische Theater im Auge hat, mit einem Zitat aus der Studie L. Fuzeliers bestätigt, in der die Kritik H. de la Mottes an der Parodie u. a. mit folgenden Worten zurückgewiesen wird: « (. . .) les Auteurs Parodistes n'ont jamais eu intention de blesser *personnellement* les Auteurs Parodiés. Ils ont cru se livrer à un badinage innocent, permis par les loix, créé par le goût, avoué par la raison, et plus instructif que bien des Tragédies. Loin d'être le corrupteur des pièces de Théâtre, il en est la pierre de touche; en dissequant les Heros de la Scene, il distingue le bon or du clinquant. Enfin voici toute la seule question réduite dans une seule et courte phrase: *bien des Tragédies déguisent les vices en vertus, les Parodies leur en arrachent le Masque* » (1738, 1. Bd., S. XXXI: „(. . .) Die parodierenden Autoren hatten niemals die Absicht, die parodierten Autoren persönlich zu verletzen. Sie glaubten, sich einem unschuldigen Scherz hinzugeben, der vom Gesetz erlaubt, vom Geschmack geschaffen, von der Vernunft zugestanden und lehrreicher ist als manche Tragödie. Weit davon entfernt, die Theaterstücke zu zersetzen, gereicht er ihnen vielmehr zum Prüfstein; in der

Analyse der Bühnenhelden nämlich scheidet er den echten Glanz vom trügerischen. Schließlich läßt sich die ganze Frage auf einen einzigen Satz zurückführen: viele Tragödien verkleiden Laster als Tugenden; Parodien reißen ihnen die Maske herunter").

Dieser grundlegende Satz aus der Verteidigung der Parodie von 1738 gegen das Verdikt des Tragödiendichters H. de la Motte ist im Zusammenhang damit zu sehen, daß die humanistisch-klassizistischen Weisen der Aneignung der Antike, die *imitatio* und *aemulatio*, zugunsten der aufklärerischen Form der Adaption, der Kritik in der Art der « badinage », zurücktreten. Noch deutlicher geht dies aus J. J. Eschenburgs Bestimmung der Parodie hervor, die ebenfalls an die französische Diskussion — hier insbesondere an den ›Discours‹ von l'Abbé Sallier — anschließt:

Eine besondre Art der Satire ist die Parodie, welche entweder den einzelnen Versen oder dem ganzen Gedichte eines bekannten Dichters durch Änderung einzelner Wörter, oder durch Anwendung derselben auf einen anderen Gegenstand, einen veränderten Sinn giebt, oder die ganze Manier eines Dichters nachbildet, um dadurch sein Gedicht oder den Gegenstand desselben zu belachen. Gemeiniglich wählt man dazu ernsthafte Gedichte, um sie durch die Parodie komisch zu machen (. . .) (1783, S. 87 f.).

Damit ist der begriffsgeschichtliche Wandel im Wortgebrauch von „Parodie" in Richtung auf die Bezeichnung einer spezifischen Form *kritischer* Textverarbeitung vollzogen.

(4) Zur Tradition des humanistischen Wortgebrauchs

Man muß sich freilich vor Teleologisierung hüten. Denn die unter den zentralen humanistisch-klassizistischen Kategorien der *imitatio* und *aemulatio* verlaufende Geschichte des Wortgebrauchs von „Parodie" ist mit dem eben skizzierten Vorgang keineswegs zu Ende. Ihren Ausgangspunkt nimmt sie mit J. C. Scaligers Adaption von Catulls ›Phasellus ille‹. Die uneingeschränkte Geltung jenes Wortverständnisses beweist die „Welle der Parodiapoesie" der Neulateiner insbesondere seit 1575, dem Jahr des Erscheinens der ›Parodiae morales‹von H. Estienne (vgl. E. Schäfer, 1976, S. 92 ff.). Für seine Dauer können neuere und gegenwärtige Bestimmungen der Parodie einstehen.

An einem rezeptionsgeschichtlich interessanten Beispiel sei zunächst belegt, was hier unter „Parodie" verstanden worden ist. Bei dem Beispiel handelt es sich um eine 1642 publizierte Sammlung von ›Parodiae‹ genannten Catull-

Nachahmungen u. a. des Typs „In Christum Redemptorem", die mit den Versen beginnt:

> Redemptor ille, quem videtis, Angeli,
> Ait fuisse pauperum miserrimus,
> Neque ullius querentis indigentiam
> Nequisse praevalere . . .

(Nr. 49, S. 79 f.: „Der Heiland, Engel, den ihr seht, sagt, er sei der Elendeste der Armen gewesen und habe jedes Klagenden Bedürftigkeit noch unterboten . . .")

Der Typ der „Parodia sacra" ist nur eine Sonderform der „parodia seria", welche die Sammlung prägt. Aber selbst die wenigen Stücke der „parodia iocosa" lassen erkennen, daß das Moment „ad ridiculum retrahere" nur noch für die Geschichte der Parodie eine relevante Kategorie darstellt, nicht mehr für die 'parodierende' Praxis der Zeit selbst. Die Vorlage ist kein Gegenstand der Kritik, sondern ein bewundertes Muster, ein Gegenstand der Nachahmung und Nacheiferung. Das machen explizit die der Sammlung als Anhang beigefügten ›Notae philologicae‹ A. Senftlebens deutlich. Darin wird die „Parodia" — wie etwa auch die Übersetzung — als eine Unterart der Nachahmung klassifiziert („ Dedicatio", S. 3: [. . .] de optimorum Poetarum felici imitatione, cuius quaedam species est Parodia [. . .]); zugleich gelten für den „parodierenden" Autor als unabdingbare Forderungen die inventio alterius materiae und die venusta applicatio, nicht aber das ridiculum, und „Dedicatio", S. 4: Genus hoc scribendi olim hodieque altius quiddam requirebat, nimirum et argutam alterius materiae inventionem & venustam ad primum ectypum applicationem, adeo ut materia quidem plane sit diversa, numeri tamen et phrasis fermè eadem, nisi quod aliis quodammodo constructa sit oporteat Vocabulis. Fassus est hanc in Parodia difficultatem, Hercules ille literarum alioquin invictissimus, Julius ipsa Scaliger [. . .] („Diese Literaturgattung pflegte früher und heute doch etwas mehr zu erfordern, nämlich sowohl die scharfsinnige Erfindung eines anderen Stoffes als auch die anmutige Anpassung an die erste Vorlage bis zu dem Grad, daß zwar der Stoff gänzlich ein verschiedener ist, die Versfüße aber und die Ausdrucksweise fast dieselbe, außer wenn etwas mit anderen Wörtern gewissermaßen zusammengebaut werden muß. Diese Schwierigkeit bei der Parodie hat der sonst unbesiegte Hercules der Literatur, Julius Scaliger selbst, eingestanden [. . .]").

Ein solches — wie gesagt worden ist, „mit dem neueren vulgären Parodie-Verständnis" so wenig übereinstimmendes — Verfahren, von E. Rotermund als „Kontrastierung" vorgestellt (1964, S. 19 f.; 1972, S. 231), beherrscht in den „Folg-Liedern", „Gegen-Sätzen", „Nachöhmungen" weitgehend auch die Praxis der barocken 'Parodie', gilt indes ebenso in der ›Geschichte der komischen Litteratur‹ C. F. Flögels durchaus noch als eine legitime Möglichkeit parodierenden Schreibens.

Darin heißt es u. a.: „(. . .) Überhaupt heißt Parodiren etwas nachahmen; dieses kann auf eine doppelte Weise geschehn. 1) Wenn man einen ernsthaften Gegenstand auf eine ernsthafte Weise nachahmt; so hat man unzählige Nachahmungen von guten Gedichten der Alten, welche aber nicht in der Absicht verfertigt worden, um zu spotten, oder das Originalgedicht lächerlich zu machen (. . .)". Dazu bezieht sich C. F. Flögel ausdrücklich u. a. auf die von uns exemplarisch benutzte Sammlung neulateinischer Gedichte von 1642 (1. Bd., 1784, S. 84 f.; vgl. ebd. S. 349 f.). Und die knapp ein Jahrhundert später erschienene Fortsetzung der Flögelschen Darstellung durch F. W. Ebeling (von 1869) definiert die Parodie im bekannten Rahmen: „sie behält einen Theil der Ausdrücke bei, stellt neue Verbindungen zwischen diesen her, und schafft derweise ein anderes Product mit entgegengesetztem Inhalte, welcher jedoch nicht allemal einen komischen Zweck zu verfolgen braucht, sondern durchaus rein ernster Hinstrebung sein kann (. . .)" (3. Bd., 1971, S. 448).

Die hier dokumentierte Wortwendung geht in Enzyklopädien und Lexika ein, erscheint also an Orten, durch die Unterscheidungen eingeübt und Texteinstellungen erzeugt bzw. verfestigt werden. So heißt es in ›Allgemeine deutsche Real-Encyclopädie für die gebildeten Stände‹ s. v.: „Wir verstehen unter Parodie ein Werk, in welchem ein ernstes poetisches Werk mit Veränderungen seines Gegenstandes in ein andres selbständiges, entweder ernstes oder komisches Gedicht umgebildet wird" (7. Bd., 1824, S. 294). Und selbst in einem repräsentativen fachwissenschaftlichen Lexikon anderthalb Jahrhunderte später gilt weiterhin auch der imitatorische Wortgebrauch, wonach etwa — ein höchst lehrreiches Beispiel — Emanuel Geibel das allseits rezipierte Adventlied ›Wachet auf‹ Philipp Nicolais ins Politische „parodiere" (A. Liede, 1966, S. 63).

Es wundert daher nicht, daß dieser Wortgebrauch die Textauswahl auch der Parodie-Almanache mitbestimmt hat, wie diese ihrerseits seine zähe Überlieferung mitbedingten. Exemplarisch hierfür ist einer der frühesten Almanache des 19. Jh.: In seinem Vorwort unterscheidet der Herausgeber G. G. Röller unter anderem Parodien, „welche schönes Gefühl erregen sollen und erregen", und subsumiert hierunter — und das sollte man sich mit R. Rieks (1965, Sp. 222) genau vor Augen halten — Vergils ›Aeneis‹, die er zudem als „die beste Parodie von dieser Art" vermutet; er räumt sodann ein, daß die Zahl der Parodien, „die bloß Lachen bewirken sollen", überwiegt, „weil sie natürlicher sind"; er möchte letzten Endes aber die meisten in seinem Almanach gesammelten Adaptionen „gern für satyrisch gehalten wissen" (1818, S. XI). Was hier „satyrisch" genannt wird, ist im folgenden zwar u. a. dahingehend erläutert: „gegen das Original gerichtet", meint aber nicht die streng adversative Bezugnahme auf das Muster oder Modell, wie wir es verstehen, sondern im Sinne der humanistischen Praxis der „parodia seria" das Verfahren der „Kontrastierung". Dafür ist der

folgende Textausschnitt aus der „Parodie" genannten Adaption von
Friedrich Schillers ›An die Freunde‹ signifikant.

An die Mißvergnügten.

Lieben Freunde, es gab schlecht're Zeiten,
Als die unsern, das ist nicht zu streiten,
Und das Uebel hat einst mehr getobt.
Könnte die Geschichte davon schweigen,
Tausend Knochen würden davon zeugen,
Die man als Reliquien uns lobt.
Doch das ist vorbei. Zum Räsonniren
Ist die Gegenwart noch schlecht genug
Wir, wir fehlen! Ließ Gott *uns* regieren
Thät er (frei gestanden,) klug! [13]

[13] Ich bin hier so unhöflich gewesen, einmal gerade heraus zu sagen, was
indirekte Aeußerungen der menschlichen Unzufriedenheit mit der Vorsehung
nur zu verstehen geben, doch immer deutlich genug, um den lieben Gott nicht
im Ungewissen zu lassen. Daß die Person des Dichters zuweilen mit der des
Unzufriedenen wechselt und endlich gar das Wort nimmt, rührt von der Un-
geduld und dem Aerger her, der einen ehrlichen Christen bei dergleichen Bemerkungen leicht übereilen kann. (1818, Nr. XI, 106/107—112/113).

Diese Adaption erfüllt weitgehend die Regeln humanistischer 'Parodie'-Praxis, wie sie E. Schäfer beschrieben hat:

1. Parodia ist versweise Kontrafaktur, stimmt also in Abfolge und Umfang
mit der Vorlage überein. 2. In der thematischen Aussage wird der Kontrast
gesucht. 3. Es werden möglichst viele Wörter des Originals ersetzt. 4. Dabei
wird die syntaktische Struktur weitgehend beibehalten. 5. Der abgewandelte
Vers lehnt sich an die Lautfolge der Vorlage an. 6. Die metrische Form wird
im allgemeinen beibehalten (1976, S. 94).

Nachahmungen dieser Art prägen die Almanache von K. Müchler,
C. F. Solbrig, C. F. Kunz (Ps. Z. Funck) nachhaltig mit, sie sind aber
auch in der Anthologie von F. Umlauft enthalten, in der zwar nur
sog. „heitere Parodien" repräsentiert sind, in deren literarhistorischem
Nachwort indes an die Fülle „ernster Parodien" beispielsweise in der
Sammlung C. F. Kunz' erinnert wird (vgl. 1928, S. 285 f.), und sie
gehen noch in die umfassendste deutschsprachige Anthologie der Gegenwart ein, der der Herausgeber, E. Rotermund, freilich den im 19. Jh.
kaum variierten Haupttitel ›Almanach der Parodien und Travestien‹
versagt. Offensichtlich um einen auch noch für derartige Kontrastie-
rungen passenden Oberbegriff bemüht, nennt er sie „Gegengesänge".

Schließlich bestimmen solche Nachahmungen die Auffassungen der
Parodie in Poetiken der Zeit zumindest im Sinne der aut-aut-Formu-
lierung der zitierten ›Real-Encyclopädie‹ von 1824. Das belegt die
von F. Umlauft wiederholt zustimmend angeführte ›Dichtkunst und
ihre Gattungen‹ von H. Oesterley (1870, S. 134 f.) ebenso wie C. Bey-
ers ›Deutsche Poetik‹, in der die Parodie als „die möglichst treue Nachahmung irgend eines bekannten Gedichts durch fremdartigen Stoff"
definiert ist, und in der anschließend für die Unterscheidung in „ernste
und komische Parodien" Beispiele vorgeführt werden (2. Bd., 1883,
S. 193 ff.). Demgegenüber ist gleichzeitig etwa in der ›Poetik‹ E. Klein-
pauls (1880, S. 100 f.) oder auch in R. Lehmanns ›Deutscher Poetik‹
für den Unterricht an Höheren Schulen (1908, S. 237 f.) durchgängig
der Aspekt der komischen Behandlung der Pathosdichtung hervorgehoben.

Der historische Rekurs — das kann zusammenfassend gesagt werden — hat die Gleichzeitigkeit sehr heterogener Parodiebegriffe
gezeigt, die eine terminologische Klärung nahelegen. Dies ist nicht
zuletzt auch deshalb angebracht, weil eine Geschichte der parodistischen
Praxis die Skizze der Geschichte der Wortverwendungen noch weit
komplexer erscheinen ließe. Man braucht hier beispielsweise nur an die
›Batrachomyomachia‹ und die bewegte Geschichte ihrer Zuschreibung
zu erinnern — Homer galt als ihr Verfasser, dann ein gewisser Pigres
zur Zeit der Perserkriege (490/480), schließlich war sie ein typisches
Kunstprodukt des Hellenismus —, um die vielfach sich bedingende
Wechselbeziehung von Wort, Sache und Aufnahme, von Begriff,
Phänomen und Rezeption einzusehen, worauf wir u. a. im Rahmen
funktionsgeschichtlicher Überlegungen zurückkommen.

III. „PARODIE":
PROBLEME EINER BEWERTUNGSGESCHICHTE

Als L. Fuzelier 1738 die Parodisten gegen die aggressive Kritik des parodierten Tragödienautors H. de la Motte verteidigte, tat er dies u. a. mit der harmlos anmutenden Bemerkung: „Sie glaubten, sich einem unschuldigen Scherz hinzugeben, der vom Gesetz erlaubt, vom Geschmack erschaffen, von der Vernunft zugestanden" sei (vgl. II. 2(3) bei uns). Die Bemerkung kann nicht anders als ironisch gemeint sein. Dazu braucht man nur nachzulesen, was J. v. Stackelberg im Anschluß an V. B. Grannis als „Pariser Theaterkrieg" beschrieben hat:

Ein Jahrhundert lang antwortete der Witz der Markttheater (. . .) auf jedes Verbot, das die Gerichtshöfe auf Betreiben der Comédie Française oder der Opéra ergehen ließen, mit neuen Einfällen (1972, insbes. S. 197 ff.).

Die Floskel L. Fuzeliers „vom Gesetz erlaubt" steht somit in krassem Widerspruch zur dichten Folge amtlicher Aufführungsverbote und mit Witz erwirkter Freiheiten, wie nicht weniger die Floskel „vom Geschmack geschaffen" im Widerspruch zur Heftigkeit der Kritik an der Parodie steht, die etwa in J. F. Marmontels „Parodie"-Artikel in der ›Encyclopédie‹ zum Vorschein kommt:

C'est d'ailleurs un talent bien trivial & bien méprisable que celui du parodiste, soit par l'extrême facilité de réussir sans esprit à travestir de belles choses, soit par le plaisir malin qu'on paroît prendre à les avilir (1777, 241: „Der Parodist ist übrigens ein recht gewöhnliches und verachtungswertes Talent, sei es wegen der außerordentlichen Mühelosigkeit, mit der schöne Dinge geistlos travestiert werden können, sei es wegen der Schadenfreude, die man offenbar an ihrer Herabsetzung nimmt").

Und endlich stellt die Floskel „von der Vernunft zugestanden" eine Provokation des Ausschließlichkeitsanspruchs der doctrine classique dar, deren Hauptforderung Nicolais Boileau in seiner ›Poetik‹ (1674) ja gerade mit « Aimés donc la Raison » (1, 37) aufgestellt hatte. Als deren "undermining" (O. G. Brockett, 1965, S. 251) mußte mit N. Boileau aber nicht zuletzt « le Burlesque effronté » (1, 81) aufgefaßt werden — beispielsweise in Gestalt des ›Virgile travesti‹ Paul Scarrons (1, 86) oder seines ›Typhon‹ (1, 94).

Die knapp umrissene Bewertung der französischen Tragödien-, Theater- und Opernparodien kennzeichnet in hervorragender Weise die Einschätzung und Bewertung der Parodie überhaupt. Dabei muß sogleich hinzugefügt werden, daß das Urteil der Poetik, Ästhetik, Kritik (und womöglich der Literaturwissenschaft) über die Parodie nicht selten im Gegensatz zu ihrer faktischen Aufnahme steht. Aber auch darin ist die parodie dramatique des 18. Jh., wie schon die Anzahl der aufgeführten Parodienstücke bezeugt, ein Musterfall für die Bewertungsproblematik insgesamt.

1. ›Virgils Aeneis travestirt‹ als Paradigma

Die Bemerkungen, die wir hinsichtlich der französischen Parodie des 18. Jh. gemacht haben, sind gleichfalls für den deutschsprachigen Raum zutreffend, auch wenn eingeräumt werden muß, daß es im Unterschied zu den begriffsgeschichtlichen Bemühungen kaum einmal Ansätze zu einer reflektierten Darstellung dieses Teils ihrer Geschichte gibt. Insofern können wir die Urteile, Einschätzungen und Bewertungen zur Parodie sowie die implizit mitlaufenden Normen und Wertvorstellungen nur paradigmatisch vorführen.

(1) Urteile der Literaturgeschichtsschreibung und zeitgenössischen Kunstkritik

Der schon zitierte ›Almanach der Parodien und Travestien‹ G. G. Röllers (1818) enthält einen „Parodrama" genannten Text, der unter dem Titel ›Die Feinde der Parodie‹ bei formaler Anlehnung an F. Schillers ›Die Huldigung der Künste‹ im inhaltlichen Kontrast Wesen und Funktionen der zeitgenössischen Parodie thematisiert. In diesem poetologischen Gedicht stehen Passagen, die uns unmittelbar interessieren:

Zeitgeist: Was für Lieder? Laß mich hören.

Dichter: Parodie'n, in allen Ehren,
             Und Bajazzopoesien,
             Die mit Bocks- und anderm Sprung
             Lustig nachzumachen pflegen
             Hoher Dichter Adlerschwung.
             Oft ist man um Spaß verlegen,
             Elegien giebt's genug.   (1818, S. 19/21)

Und später:

Zeitgeist: Aber den Originalen
Schaden deine Scherze wohl? —
Willst du das, so sind wir Freunde,
Ich im Werke, du im Liede,
Drehn wir uns um einen Pol.

Dichter: Gut, indessen magst du's glauben,
Das befördert meinen Plan.
Doch den Schillern und Virgilen
Hat die Parodie nichts an (1818, S. 23).

Der hier immerhin „Dichter" genannte „Parodist" versteht seine „Lieder" als rein „spielerische" Parodien, womit zugleich der vom „Zeitgeist" geforderte und in der Literaturwissenschaft unterschiedene Typ der „kritischen Parodie" verurteilt ist. Ob freilich die in Aussicht genommene „spielerische Parodie" einem Schiller oder Vergil nichts „anhaben" kann, ist zumindest aus rezeptionspsychologischen Gründen fraglich, klagt doch schon die Pastorin gegenüber ihrem Mann vielsagend:

Ja, ich hass' ihn, liebes Männchen.
So das Schöne zu entweihn!
Immer fällt das Kaffeekännchen
Mir bey Schillers Glocke ein (1818, S. 11).

Aber auch die parodierten Autoren selbst pflegen das in der Regel etwas anders zu sehen. So ergreift beispielsweise F. Schiller 1792 für Vergil Partei und verteidigt dessen ›Aeneis‹ und darin präventiv seine eigenen Übersetzungsversuche gegen Aloys Blumauer, weitere „Bruchstücke" ankündigend, mit folgenden Worten:

wäre es auch nur, um den römischen Dichter bei unserm unlateinischen Publikum in die ihm gebührende Achtung zu setzen, welche er ohne seine Schuld scheint verscherzt zu haben, seitdem es der Blumauerischen Muse gefallen hat, ihn dem einreißenden Geist der Frivolität zum Opfer zu bringen (16. Bd., 113).

Aus ähnlichen Auffassungen entsteht auch in der Literaturgeschichtsschreibung ein wenig toleranter Überlieferungskonsens über die ›Aeneis‹-Travestie A. Blumauers.

Schweigt man sie nicht überhaupt tot, trachtet man sie mit Verdikten totzukriegen, von denen das folgende aus den im Winter 1843/1844 gehaltenen und 1845 erschienenen ›Vorlesungen über die Geschichte der deutschen Nationalliteratur‹ des lutherischen Theologen und Literarhistorikers A. F. C. Vilmar zwar nicht das erste, wohl aber das am meisten signifikante ist:

„Wielands Ironie (. . .) war übergegangen auf (. . .) Blumauer, welcher dieser untergeordneten poetischen Laune in seiner Travestierung eines Teiles der Äneide Vergils einen nur allzu ungehemmten Lauf ließ. Daß in diesem nur von Halbgebildeten und Unreifen gern gelesenen Werke, in welchem mit geringen Ausnahmen, in denen wirklich Komik zum Vorscheine kommt, Späße das Regiment führen, das nicht zu suchen sei, was wir Poesie nennen dürfen, ist als bekannt vorauszusetzen. (. . .) Die Ideenlosigkeit teilt Blumauer mit Wieland, die inhaltsleere Opposition gegen Kirche und Geistlichkeit mit Josephs II. Zeitalter, dessen Repräsentant er ebenso ist, wie in seinen Späßen der Repräsentant der Wiener Gebacken-Händl-Behaglichkeit" (27. Aufl., 1911, S. 459).

Das Verdikt Vilmars — eines Mannes, der auf politischem wie kirchlichem Gebiet den Standpunkt der unbedingten Autorität vertreten und sein theologisches Lehramt mit einer Philippika gegen jede wissenschaftliche Theologie angetreten hat: ›Die Theologie der Tatsachen gegen die Theologie der Rhetorik‹ (Brockhaus, 16. Bd., 1895, S. 344) — muß man mit den Absichten der vor einem „größeren Publikum gebildeter Frauen und Männer" gehaltenen Vorlesungen konfrontieren: „die Kritik war ihr erster Gesichtspunkt nicht, sollte und durfte es nicht sein; es galt mir darum, die Gegenstände selbst in ihrer Wahrheit und Einfachheit zu den Gemütern Unbefangener reden zu lassen" (Vorwort, ebd., S. V). Dieser schlichte hermeneutische Anspruch ist ersichtlich nicht nur nicht eingelöst worden, sondern auch nicht einlösbar und darüber hinaus in seinem Illusions- und Täuschungscharakter verführerisch. Das bezeugt jene Sorte vielfach aufgelegter ›Geschichten der deutschen Nationalliteratur‹, deren „leeren Repräsentationscharakter" W. Benjamin bloßgestellt hat: ihre „Leistung hat mit wissenschaftlicher schon lange nichts mehr zu schaffen", ihre „Funktion erschöpft sich darin, gewissen Schichten die Illusion einer Teilnahme an den Kulturgütern der schönen Literatur zu geben" (1966, S. 454).

In topischer Einmütigkeit wird mit Sanktionen belegt, was diese Illusion zu stören vermöchte. Für J. Hillebrand etwa erklärt sich ganz wie für A. F. C. Vilmar die „eigenthümliche Berühmtheit" der Travestie aus „einem gewissen Publikum, welches den Spaß von dem echten Witze und die gemeine Frivolität vom Humor nicht zu unterscheiden weiß" (2. Bd., 1875, S. 503). Zuvor hatte ein Literarhistoriker wie C. L. Cholevius gemeint, „mit der sauberen Aeneis" „erbaute" A. Blumauer „sein Publikum", findet dann Zusammenhänge mit C. M. Wielands „auflösender Ironie und Lüsternheit", um schließlich emphatisch den „anderen Gebrauch" der antiken Stoffe und Muster in F. Schillers Balladen zu rühmen (2. Bd., 1856, S. 73). Gefiel demgegenüber H. Kurz wenigstens die „Tendenz", insbesondere „in der scharfen Satyre gegen die Auswüchse (. . .) des Pabstthums", so kritisierte er zugleich aber auch, daß es dem Dichter „an feinem und edlem Geschmack" fehle, und daß er sich „oft in allzu triviale Derbheiten, ja selbst in Zoten" verirre, „wodurch seiner Dichtung der Stempel der Gemeinheit aufgedrückt wird" (1864, 306 b). Es wird so zur gängigen Münze, daß Blumauers ›Aeneis‹ — von einem heute nicht gerade gut beleumundeten Literarhistoriker, J. Nadler, immerhin als „eines der schärfsten Kampfmittel der Wiener Aufklärer" bewertet (1918, S. 38 f.) und in einer fast zur selben Zeit erschienenen deutsch-österreichischen Literaturgeschichte als Element des josephinischen Kulturkampfes beschrieben (J. W. Nagl et. al., 1914, S. 345) — ein „rohes" und „geschmackloses Machwerk" sei (wie etwa bei A. Koberstein, 1873, S. 17, Anm. 49). Für A. Biese ist die ›Aeneis‹-Travestie die schlimmste der „bedenklichen Plattheiten" des Wieners, die selbst „noch heute bescheidenen Geistern ein gewisses Vergnügen zu bereiten" scheint (1914, S. 564); es fällt beispielsweise E. Engel nur noch ein, „die ermüdende Witzelei" anzuprangern (1918, S. 131); weiß indes auch noch ein N. Miller nichts anderes anzumerken als „plumpe Travestie" (1963, S. 535).

Aus welcher Quelle diese zur Formel erstarrten Urteile stammen, läßt sich schließlich mit K. Borinski demonstrieren; er spricht zunächst wertneutral von der „derb und niedrig komischen Art" des Wieners (1921, Bd. 1, S. 608), identifiziert sich dann aber bei der Würdigung von F. Schillers Schrift ›Über naive und sentimentalische Dichtung‹ mit deren Polemik: „Auf 'den schmutzigen Witz des Herrn Blumauer' (. . .) fallen in zündenden Anmerkungen blitzartige Streiflichter" (Bd. 2, S. 120). Sie beleuchten mit einem Schlage freilich auch die Abhängigkeit der Literaturgeschichtsschreibung bis in ihre einzelnen Formulierungen: „Man soll zwar gewissen Lesern ihr dürftiges Vergnügen nicht verkümmern, und was geht es zuletzt die Kritik an, wenn es Leute gibt, die sich an dem schmutzigen Witz des Herrn Blumauer erbauen und erlustigen können. Aber die Kunstrichter wenigstens sollten sich enthalten, mit einer gewissen Achtung von Produkten zu sprechen, deren Existenz dem guten Geschmack billig ein Geheimnis bleiben sollte. Zwar ist weder Talent noch Laune darin zu verkennen, aber desto mehr ist zu beklagen, daß beides nicht gereiniget ist" (F. Schiller, 12. Bd., S. 215).

Nicht erst die Literaturgeschichtsschreibung, sondern vor ihr schon die zeitgenössische Kunstkritik verurteilte A. Blumauers Werk — mit dem Effekt, daß deren ideologische Voraussetzungen nun im Gewand des wissenschaftlichen Urteils auftraten, ohne selbst Gegenstand wissenschaftsgeschichtlicher und -kritischer Reflexion zu werden. Äußerungen wie die von F. W. Ebeling, in denen F. Schiller als Kunstkritiker und, wie es heute heißt, „Zeitgenosse aller Epochen" attackiert wird, sind jedenfalls rar: „nur die crasseste Pedanterie kann dermalen den ungemeinen Ruhm (sc. Blumauers) nicht begreifen wollen", schreibt Ebeling zunächst noch verdeckt; dann wenig später aber unverhohlen:

Zu leugnen ist indeß keineswegs, daß sein Geschmack sich unterweilen sehr verirrte, und diese Verirrungen ohne Zweifel verschuldeten es, daß Schiller, mit welchem sich die schulsteifen Zaunhüter des Geschmacks zu decken pflegen, in seinen einerseits exaltirten andererseits beschränkten Kunstanforderungen, der Aeneide im Ganzen so wenig gerecht zu werden vermochte, als den Bürgerschen Dichtungen (1869, S. 450 f.).

Die Persistenz der — noch zu bestimmenden — ästhetischen wie moralischen wie gesellschaftlichen Normen und Wertvorstellungen unterbindet die Rezeption oder mindert zumindest die Geltung einer Blumauer-Bewertung, die von anderen ideologischen Voraussetzungen ausgeht. Zwei Aspekte seien hervorgehoben: Die Erkenntnis der aufklärerischen Intentionen der ›Aeneis‹-Travestie (vgl. G. Gugitz, 1908, S. 55 f.) blieb in Spezialuntersuchungen eingeschlossen. In ihnen war A. Blumauer immerhin der „deutsche Voltaire" (P. v. Hofmann-Wellenhof, 1885, S. 59), „der schneidigste deutsche Verwalter des Voltaireschen Erbes", ein „Feldwebel" „der großen Aufklärungsarmee" (H. A. Korff, 1917, S. 257) genannt worden Selbst wenn das folgende Urteil H. A. Korffs dann doppelwertig ausfällt, hat man es auf die Folie zu beziehen, vor der es zustande gekommen ist: Voltaire. Man sollte daher nicht in den Fehler verfallen, hier eine ungebrochene Fortführung der antiaufklärerischen Literaturgeschichtsschreibung im Sinne eines A. F. C. Vilmar zu sehen:

Blumauers Aufklärungsallüren waren roh und streiften zu oft die klobige Gemeinheit. Er hatte Kraft und einen derben Elan, aber es war alles ohne geistige Weite. Er hatte Witz, aber keinen Geist. Er war Voltaire, aber ohne Kinderstube, ohne Genie und ohne Grazie (1917, S. 257).

Die deutsche Literaturgeschichtsschreibung hat sich fast ausschließlich das zu eigen gemacht, was bei H. A. Korff gewissermaßen hinter dem Komma steht.

Dabei wäre es ihr nach Lage der zeitgenössischen Literaturkritik durchaus auch möglich gewesen, zu einer anderen Darstellungs- und Bewertungspraxis als der Schillerschen zu kommen. Bereits 1783 ist in C. M. Wielands Organ ›Der Teutsche Merkur‹ eine „Probe der Blumauerischen travestierten Aeneis" unter anderem mit folgenden Empfehlungen eingeleitet worden: „Es kömmt viel darauf an, wenn ein Werk des Witzes sein Glück machen soll, daß man den rechten Augenblick dazu finde". Und im Unterschied zu P. Scarrons ›Virgile travesti‹ heißt es dann weiter: „Aber bey Hrn. Blumauer wird es, durch Zeit und Local-Umstände, und den gescheuten Einfall, seinen frommen Aeneas nicht Virgils Romanam gentem, die uns wenig mehr interessirt, sondern den Vatican gründen zu lassen, sogar ein verdienstvolles Werk" (1783, S. 266 f.). Das Verdienstliche der Travestie wird im Anzeiger desselben Organs von 1788 erneut hervorgehoben: „Das zunehmende Interesse des Ganzen wird von denjenigen Lesern am wenigsten verkannt werden, die beym Lesen der ersten Bände über der Erschütterung ihres Zwerchfelles den ernsthaften Zweck des Verfassers nicht aus den Augen verlohren haben. Dieser Zweck erscheint nun hier in seinem vollsten Lichte, und mit ihm zugleich der gewiß jedem Menschenfreunde ehrwürdige Grund, womit Herr Blumauer seine von Pedanten und Frömmlinge verschriene Unternehmung gegen seinen Freund Virgil rechtfertigt" (1788, S. XX). Für eine Literaturgeschichtsschreibung, die bis hierher noch immer nicht die „kulturkämpferischen" Intentionen hätte begreifen können oder wollen, mußten sie dann aber spätestens mit dem 1815 erfolgten Druck des Briefes C. M. Wielands an A. Blumauer vom 25. September 1783 unmißverständlich sein: „Ich bin meiner individuellen Gesinnungsart nach sonst eben kein besonderer Freund der burlesken Dichtart. Aber der Gedanke, die Aeneis auf eine solche Art und nach einem solchen Plan zu travestieren, daß Sie dadurch Gelegenheit bekommen, auf eine indirekte Art, lachend und zu lachen machend, eine der größten und gemeinnützlichsten Absichten Ihres großen Monarchen zu befördern, dieser Gedanke ist Ihnen von einem Gott eingegeben worden" (1815, S. 85). Freilich erging es C. M. Wieland nationalliterarisch — das ist in einigen Zitaten ja bereits angeklungen — nicht anders als A. Blumauer. Sein Eintreten für den Wiener Aufklärer blieb literaturgeschichtlich daher folgenlos. Allerdings hat einer der hartnäckigsten Wieland-Kritiker, A. W. Schlegel, in der ›Jenaischen Allgemeinen Literatur-Zeitung‹ von 1796 gegen eine Blumauer-Nachahmung von K. A. v. Boguslawsky das Original wegen seines aufklärerischen Gestus verteidigt: „Durch die Worte auf dem Titel 'nach Blumauer', widerfährt dem Verf. der travestierten Aeneide in der That eine Beleidigung: so wenig ein geläuterter Geschmack die Ausschweifungen seines Witzes und seiner Laune anerkennen wird, so bleibt ihm doch das Verdienst des freimüthigen Eifers für Wahrheiten, die in dem Kreise, wo er schrieb, noch heftigen Widerspruch fanden, der kecken treffenden Satire, und eines geschickten Gebrauchs der Parodie, um auf Zeitumstände anzuspielen" (1846, S. 263). Diese Bemerkung erfolgte aber wohl an einer allzu versteckten Stelle.

Als würde er das Verdammungsurteil der Literaturgeschichtsschreibung antizipieren, läßt der noch nicht fünfzehnjährige Gymnasiast F. Grillparzer in dem Gedicht ›Mein Traum‹ — à la Blumauer verfaßt — eine Unterredung zwischen dem Geist des Pater Kochem aus der Travestie und dem Verfasser des Gedichts auf folgendes Verdikt hinauslaufen:

> 23. Man sagt, du liebest den Rousseau
> Und lobest den Voltaire
> Bekennst dich coram populo
> Zu ihren falschen Lehren. (. . .)

> 24. Noch nicht genug, auch überdies
> Liest du verbotne Schriften,
> Wie des Blumauer Aeneis,
> Die nur die Welt vergiften,
> Und schimpfst selbst auf den Papst von Rom,
> Hältst keinen Geistlichen für fromm
> Und nennst uns alle Heuchler.

26. Und, wie ich höre, wolltest du
     À la Blumauer schreiben
     Doch nun geht es der Hölle zu
     Da laß dus immer bleiben,
     Wenn du nicht in der Hölle Schoß,
     In Luzifers geheiztem Schloß,
     Bei Blumauern willst sitzen.

27. Blumauer, schrie ich, und ward blaß,
     Wär in der Höll, mein Pater, (. . .)

     (Bd. 1, 1960, S. 17; vgl. E. Rosenstrauch-Königsberg,
     1975, S. 168 ff.).

Diese von F. Grillparzer ironisch zum Ausdruck gebrachten Normen
und Wertvorstellungen haben auch die wenigen Ansätze einer positiven Bewertung der Travestierungsprinzipien und -verfahren nicht
zum Zug kommen lassen, die in einigen Rezensionen und kunsttheoretischen Schriften der Zeit durchaus zum Vorschein gekommen waren.

So ist in der schon zitierten Rezension des ›Teutschen Merkur‹ aus dem
Jahre 1783 — wohl von Wieland — neben der „kulturkämpferischen" Intention hervorgehoben worden, ein solches Werk verdiene „durch die Vollkom-
menheit in seiner Art" auch den Beifall der „Liebhaber der *Berneskischen Manier*". Und wenn dann die Nützlichkeit dieser „neuen Verkleidung der Aeneis"
„als Mittel gegen Spleen und Hypochonder" behauptet wird (ebd., S. 266 bis
268), so doch im Rückgriff darauf, daß der nach F. Berni benannte „stil Ber-
nesco" jene auf Kontrastkomik abzielende, aggressive Schreibweise ist, die
sich in der Auseinandersetzung mit dem italienischen Klassizismus weiter
ausgebildet hat (F. Görschen, 1937, S. 11 ff.). Freilich konnte C. M. Wieland
als voreingenommen gelten, war nach einer Briefäußerung F. Schillers gegen
G. Körner doch „Blumauer seine Leidenschaft" (29. 8. 1787). Indes wird die
Travestie auch bei J. A. Eberhard legitimiert, weil „unser Blumauer" „darin so
vielen sinnreichen Spott und so viele witzige Anspielungen zu legen" wußte
(1803, S. 298). Jean Paul hält von ihr in § 41 über „die Laune und die Burleske" doppelsinnig fest, solche Produkte seien „tiefe Marschländer (. . .) voll
Schlamm, obwohl voll Salz" (1963, S. 162). G. W. F. Hegel führt sie gegen
das „künstlich gemachte" Original ins Feld: „Virgil ist trotz seiner Ernsthaftigkeit, ja gerade um dieser ernsthaften Miene willen der Travestie nicht
entgangen, und Blumauers Merkur, als Kurier in Stiefeln mit Sporen und
Peitsche, hat sein gutes Recht" (Bd. 2, S. 434f.). Selbst J. W. v. Goethes Haltung gegenüber dieser Travestie ist nicht rundweg ablehnend. Einerseits
notiert er in die ›Tag- und Jahres-Hefte‹ von 1820: „In eine frühere Zeit
jedoch durch Blumauers Aeneis versetzt, erschrak ich ganz eigentlich, indem
ich mir vergegenwärtigen wollte, wie eine so grenzenlose Nüchternheit und
Plattheit doch auch einmal dem Tag willkommen und gemäß hatte sein
können"(30. Bd., S. 345 f.). Und diese Notiz ließe sich in jeder Hinsicht auf

das Fragment ›Über die Parodie bei den Alten‹ von 1824 beziehen, in dem die vielzitierte Passage steht: „Hier (sc. bei den Griechen) findet sich keineswegs der parodistische Sinn, welcher das Hohe, Große, Edle, Gute, Zarte herunterzieht und ins Gemeine verschleppt, woran wir immer ein Symptom sehen, daß die Nation, die daran Freude hat, auf dem Wege ist, sich zu verschlechtern" (37. Bd., S. 292; vgl. Brief Goethes an K. F. Zelter vom 26. 6. 1824; dazu E. Rotermund, 1963, S. 7, 15). Aber Notiz und Fragment stehen andererseits mit einer Bemerkung in dem Nachtrag ›Byrons Don Juan‹ von 1821 in Konflikt: „Selbst bei Blumauer, dessen Vers- und Reimbildung den komischen Inhalt leicht dahinträgt, ist es eigentlich der schroffe Gegensatz vom Alten und Neuen, Edlen und Gemeinen, Erhabenen und Niederträchtigen, was uns belustigt. Sehen wir weiter umher, so finden wir, daß der Deutsche, um drollig zu sein, einige Jahrhunderte zurückschreitet und nur in Knittelreimen eigentlich naiv und anmutig zu werden das Glück hat" (37. Bd. S. 190). Diese Bemerkung könnte wiederum mit der Beobachtung Jean Pauls zusammengesehen werden: „Wie ist denn nun das Niedrig-Komische darzustellen ohne Gemeinheit? — Ich antworte: nur durch Verse. Der Verfasser dieses begriff eine Zeitlang nicht, warum ihm die komische Prose der meisten Schreiber als zu niedrig und subjektiv widerlich war, indes er den noch niedrigern Komus der Knittelverse häufig gut fand (. . .)" (1963, S. 162). Die Beobachtungen Goethes und Jean Pauls sind an der ›Aeneis‹ A. Blumauers und in ihrem Umkreis gemacht worden und sollen Rahmenbedingungen formalästhetischer Lizenz andeuten. Zu ihnen könnten möglicherweise auch noch Überlegungen gehören, die F. Bouterwek in seiner ›Ästhetik‹ angestellt und für die er ebenfalls die Travestie des Wieners als Beispiel angeführt hat (1825, S. 181). Insgesamt gesehen muß man aber feststellen, daß diese spärlichen und teils auch noch ambivalenten Urteile nicht wirksam geworden sind.

Man kann zusammenfassen: Die Literaturgeschichtsschreibung hat weder die aufklärerischen, beispielsweise „kulturkämpferischen" Intentionen des Autors der travestierten ›Aeneis‹ noch die Ansätze formalästhetischer Lizenz ihrer Travestierungsprinzipien und -mittel akzeptiert und weitergegeben. Schon darin kann diese Travestie ein Paradigma für die literaturgeschichtliche Bewertung von Travestie bzw. Parodie überhaupt sein.

(2) Verbot und Konfiskation

Aber auch in anderer Hinsicht ist diese Travestie noch ein literarhistorisches Paradigma. Nach Vortrag am 12. März 1798 — übrigens vier Tage vor dem Tode des Verfassers — erging ein Hofdekret: daß die von Blumenauer travestierte Aeneis verbothen, und nicht nur keine neue Auflage dieses Werks in was immer für einer Sprache gestattet, sondern

auch die von den vorhergegangenen Auflagen dieses Buches in den Buchhand-
lungen noch vorhandenen Exemplare abgefordert, und außer den Kauf ge-
setzet werden sollen.

Die Konfiskation der ›Aeneis‹ wie auch seiner als „den guten Sitten
und der Religion entgegen" rezensurierten Gedichte wurde streng
durchgeführt. Die Verordnung dazu war, von einer kurzfristigen Un-
terbrechung während der französischen Besatzungszeit 1809/1810
abgesehen, bis 1882 in Kraft (G. Gugitz, 1908, S. 68; E. Rosenstrauch-
Königsberg, 1975, S. 228 f.).

(3) Zur Rezeptionsgeschichte

Ästhetische Vorurteile, moralische Verunglimpfungen, amtliche Verbote und literaturgeschichtliche Verdikte haben — und darin ist sie
nochmals beispielhaft — die bestsellerhafte Publizität der ›Aeneis‹-
Travestie und ihre verschiedentliche Aktualität im 19. Jh. nicht unter-
binden können.

Wie bald nach ihrem Erscheinen eine Auflage von 12 000 Exemplaren in
kürzester Zeit vergriffen gewesen sein soll und eine Serie von Nachdrucken
folgte, überdies schon 1786 geklagt wurde: „Daß aber nun so gar viel travestiert wird, ist Hr. Blumauer, der den Ton dahin gestimmt hat, mit Schuld",
so heißt es nur drei Jahre nach Erscheinen der ersten Travestiestücke über
die Rezipienten: „Sein travestirter Aeneas ist nun die Lieblingslektüre [von]
Deutschlands Mädchen und Jünglingen: sie lernen ihn auswendig und dekla-
miren ihn mit wahrem Vergnügen. Überall wird er aufgekauft und gelesen.
Kaum kann man die Ankunft des dritten Theils erwarten (. . .)". Und diese
Notiz wird bestätigt durch J. C. F. Schulz, dessen ›Litterarische Reise durch
Deutschland‹ von 1786 vermerkt (Heft 4, 10 ff.): „Die travestirte Aeneis ist
eins der allgemein gelesensten Volksbücher geworden, und hat in ihrem litte-
rarischen Schicksaale sehr viel Ähnliches mit Bürgers Lenoren. Diese drang, wie
jene, so plötzlich und mit solcher Gewalt, in die Köpfe der deutschen Leser,
daß sie von Jung und Alt nicht gelesen, sondern verschlungen, auswendig gelernt, und überall, wo es nur seyn konnte, recitirt, deklamirt und gesungen
ward. — In Wien, und selbst in den östreichischen Provinzialstädten ist fast
kein Haus, das nicht seinen Aeneas besäße, und das sich nicht so andächtig
daraus erbauete, als ehedem aus Brevieren und Legenden. Selbst Seibts katho-
lisches Gebetbuch (. . .) hat in so kurzer Zeit, nicht so viel Abnehmer gefunden,
als die Aeneis (. . .) Auch haben die Leser die schönsten Stellen aus diesem,
eher und williger auswendig gelernt, als aus jenem (. . .)" (vgl. G. Gugitz,
1908, S. 50, 67, 59, 64 f.).

Man kann vermuten, daß die travestierte ›Aeneis‹ ihre Leser nicht zuletzt
unter Schülern und Studenten gefunden hat — was somit auch die Blumauer-

Apotheose des jungen F. Grillparzer ein wenig erklärte. Eine literatursozio-
logische Studie über die Blumauer-Rezipienten gibt es freilich nicht. Schon
deshalb ist es zweifelhaft anzunehmen, daß eine Untersuchung der Pränume-
ranten-Verzeichnisse der Travestie wirklich „ein anschauliches Bild der Leser-
schichten jener Zeit" ergäbe, wie E. Rosenstrauch-Königsberg (1975, S. 212 f.)
meint. Allerdings sollen mit dieser Bemerkung die pränumerierenden Hohei-
ten, Professoren, Ärzte, hohen und höchsten Staatsbeamten, Dichter, Schauspieler, Grafen, Offiziere aus einer derartigen Analyse auch nicht einfach
ausgeschlossen, sondern nur hinsichtlich ihres repräsentativen Zeugniswerts
zunächst relativiert werden.

Demgegenüber ist es bedenkenswert, daß die ›Aeneis‹-Travestie immer
dann an geschichtlicher Bedeutung zu gewinnen schien, „wenn es galt, eine
neue Zeit anzubahnen" (G. Gugitz, 1908, S. 131). So scheint sie — all den
literaturgeschichtlichen Verurteilungen zum Trotz — im Revolutionsjahr
1848 eine gewisse Renaissance erlebt zu haben, in der „Unfehlbarkeitsepoche"
nicht ohne Wirkung geblieben zu sein (E. Grisebach, 1872, S. XXI), ihre
Publikation 1882 der hundertjährigen Wiederkehr des Aufenthaltes des
Papstes in Wien und einer gewissen „Renaissance josephinischer Dichtung"
(E. Rosenstrauch-Königsberg, 1975, S. 229) zu verdanken. Indes gibt es für
diese funktionsgeschichtlichen Zusammenhänge bislang nur Andeutungen,
noch keine umfassenden Untersuchungen.

Die vielfältigen Verurteilungen der ›Aeneis‹-Travestie stehen im
umgekehrten Verhältnis zu ihrer Aufnahme durch die Zeitgenossen,
ihren Übersetzungen, ihrem Ruhm. Es ist die Frage, ob diese Diskrepanz auch für die Parodie symptomatisch ist.

Denn es läßt sich grundsätzlich fragen, ob die *Travestie* A. Blumauers
überhaupt für die Bewertungsgeschichte der *Parodie* angeführt werden kann.
Nun ist aber nicht erst seit Goethes Fragment ›Über die Parodie bei den Alten‹
(1824) von Parodie und Travestie in einem die Rede; ferner sind unter dem
Ausdruck „Parodie" oft unterschiedliche Realisationen einer sehr ähnlichen
Intention gefaßt worden (vgl. zuletzt R. Sühnel, 1968, S. 511; die Parodie,
Travestie und Burleske als „Spielarten der Parodie" zum Zwecke der „Lächer-
lichmachung"); schließlich ist die Travestie nicht selten als „meist harmloser als
die Parodie" bewertet worden (vgl. zuletzt G. v. Wilpert, 1959, s. v. „Travestie") — womit historisch gesehen weit drastischere Urteile über Parodien
zu erwarten sind, als sie etwa über die ›Aeneis‹-Travestie A. Blumauers üblich
waren.

Aus diesem Grunde haben wir hier unserer Darstellung nicht schon einen
eigenen Verwendungsvorschlag für den Wortgebrauch von „Parodie" zugrunde gelegt, sondern einen Wortgebrauch, wie er sich in der Rezeptionsgeschichte — als deren Teil die Bewertungsgeschichte ja anzusehen ist —
etabliert hat (s. dazu auch M. Bührmann, 1933, S. 169 Anm. 9 und die dort
angeführte Literatur).

2. *Erweiterungen und Verallgemeinerungen*

(1) Zum Verhältnis von Bewertung und Aufnahme: Mythos und Kult als Bezugsrahmen

Die Antwort auf die Frage, ob die bei A. Blumauers ›Aeneis‹ erörterte Diskrepanz zwischen negativer Bewertung und faktischer Aufnahme repräsentativ für die Parodie insgesamt ist, kann in dem Appell der Caroline Pichler von 1807 an die Schauspieldirektoren ihrer Zeit gesehen werden; darin werden diese inbrünstig aufgefordert, „einige Zeit hindurch minder ihre Casse als die Bildung der Nation zu ihrem Augenmerk" zu machen und „jene unseligen Travestirungen auf die Theater" zu verbannen, „wo ihnen nur der Pöbel zusieht" (1970, S. 157). Für die beiden folgenden Beispiele, mit denen wir nochmals über den Rahmen der neueren bzw. deutschen Literatur hinausgehen, scheint der Aspekt in der Empfehlung C. Pichlers — trotz aller Unterschiedlichkeiten im einzelnen — durchaus zutreffend zu sein.

Antike Festinschriften des 4. und 3. Jh. lassen erkennen, daß die Parodie neben den alten Disziplinen der Rhapsodie, Kitharodie u. a. wohl eine Position im musikalischen Agon errungen hat; „freilich, wie die vorgesehenen 1., 2. und 3. Preise zeigen, nur eine *Randposition*: Erhielten die Rhapsoden 120, 30, 20 Drachmen, die Kitharisten 110, 70, 55 Drachmen, (. . .) so mußten sich die Paroden mit 50 bzw. 10 Drachmen begnügen (. . .)". Nach einer Festinschrift von 236 aus Delos steht offensichtlich auch fest, daß am traditionellen Agon u. a. „diverse ποιήται" beteiligt waren und „schließlich *neben* Taschenspielern (. . .) auch παρωδοί" teilgenommen hätten, was nach E. Pöhlmann (1972, S. 152) allerdings „für die Einschätzung der Gattung bezeichnend" sei. Im Lichte der Festinschriften hat die Parodie im musikalischen Agon der Antike also allenfalls eine marginale Bedeutung gehabt.

Traut man demgegenüber Anekdoten einen gewissen Zeugniswert zu, so ist den Einschätzungen in der antiken Preisverleihung die Faszination der Zuschauer entgegenzuhalten, von der anläßlich der Aufführung der ›Gigantomachie‹ des legendären Hegemon von Thasos um 410 in einer solchen Anekdote die Rede ist: danach „verzauberte" Hegemon die Athener so sehr, „daß sie an jenem Tag außergewöhnlich lachten, obwohl zu ihnen im Theater die Kunde von den sizilischen Ereignissen drang" (vgl. bei H. Koller, 1956, S. 19 den Originaltext; dazu E. Pöhlmann, 1972, S. 152). Dieses Mißverhältnis zwischen Preisspruch und faktischer Aufnahme der antiken Eposparodie erinnert durchaus an das Paradigma der ›Aeneis‹-Travestie A. Blumauers.

Wie ist aber die Diskrepanz im einen wie anderen Fall erklärbar? Zu denken wäre etwa an den produktions- und rezeptionsästhetischen Deutungsversuch der alten Komödie des aristophanischen Typs durch G. Müller:

Die alte Komödie erlebte die Entwicklung ihrer Formen unter den Auspicien ihrer älteren Schwester Tragödie. Aber so sehr sie von ihrem Vorbild im Technischen abhängig ist, so sehr sucht sie sich geistig von ihrer ungeheuren Autorität freizuhalten. Mythische Vorbilder erhöhen, aber sie bedrücken auch. Die elementare Natürlichkeit revoltiert gegen den hohen Ton. Diese Revolte heißt Parodie. Auch in paratragodischen Reden und Situationen, wie sie die alte Komödie durchziehen, hat somit das dionysisch Häßliche und Überhäßliche seine menschliche und moralische Rechtfertigung, sofern die gemeine Respektlosigkeit und Verhöhnung des Erhabenen Natürlichkeit ist (1968, S. 16).

Inwieweit trifft eine solche Deutung aber auch auf A. Blumauers ›Aeneis‹-Travestie zu? Inwieweit erklärt sie deren Verbot, deren Rezeptionen?

Nicht viel anders verhält es sich möglicherweise mit den mittelalterlichen Osterpossen, Spielermessen, Narren- und Eselsfesten u. a. — bei denen allerdings ein Problem ist, den spezifischen Anteil der „parodistischen Vorträge und Ausschweifungen" zu bestimmen (P. Lehmann, 1963, S. 4 f.), sofern man nicht gleich mit L. Spitzer (1928, S. 144), P. Lehmann selbst (1963, S. 3) oder S. L. Gilman (1974, S. 4) einen sehr weiten Parodiebegriff zugrunde legen will: „(. . .) das Feierliche ist ja mit der Versetzung in den Alltag schon parodiert. Die Bischofsmütze, auf die Straße gezerrt, wird zum Symbol karnevalistischen Mummenschanzes" (L. Spitzer, ebd.).

Seit dem 13. Jh. — so referiert P. Lehmann die Arbeit von N. Spiegel über die Vaganten (1892, S. 58 f.) — verboten die Synoden wiederholt die Exzesse der Scholaren und Goliarden. In der von F. W. Ebeling überarbeiteten ›Geschichte des Grotesk-Komischen‹ C. F. Flögels ist auf die kategorischen Verbote solcher Spiele auf dem Höhepunkt ihrer Beliebtheit im 16. Jh. hingewiesen, z. B. auf das endgültige Verbot des Narrenfestes durch das Parlamentsedikt zu Dijon im Jahre 1552.

Dort (1862, S. 225 f.) ist auch das „Festum Stultorum" kurz beschrieben: „Man erwählte in den Kathedralkirchen einen Narrenbischof oder Narrenerzbischof, was von den Priestern und Weltgeistlichen geschah, die sich dazu besonders versammelten. Dies geschah mit vielen lächerlichen Ceremonien; hierauf führte man ihn mit großem Pomp in die Kirche. Auf dem Zuge und in der Kirche selbst tanzten und gaukelten sie, die Gesichter beschmiert, oder mit Larven vor dem Gesicht, und verkleidet als Frauenpersonen, Thiere oder

Possenreißer. (. . .) der Narrenbischof hielt alsdann einen feierlichen Gottesdienst und sprach den Segen. Die vermummten Geistlichen betraten das Chor mit Tanzen und Springen, und sangen Zotenlieder. Die Diakonen und Subdiakonen aßen auf dem Altar vor der Nase des messelesenden Priesters Würste; spielten vor seinen Augen Karten und Würfel, thaten ins Rauchfaß statt des Weihrauchs Stücke von alten Schuhsohlen und Excremente, damit ihm der häßliche Gestank in die Nase führe. Nach der Messe lief, tanzte und sprang Jedermann nach seinem Gefallen in der Kirche herum und erlaubte sich die größten Ausschweifungen; ja einige entkleideten sich vollständig. Hierauf setzten sie sich auf Karren mit Koth beladen, ließen sich durch die Stadt fahren, und warfen den sie begleitenden Pöbel mit Unrath. Oft ließen sie still halten, um mit ihrem Körper die geilsten Geberden zu zeigen, die sie mit den unverschämtesten Reden begleiteten (. . .)" (dazu vgl. jetzt S. L. Gilman, 1974, S. 16 ff.).

Gegen alle Versuche seit dem Konzil zu Toledo von 633, das Narrenfest zur Strecke zu bringen, hat es aber immer wieder seine Verteidiger gefunden, wie aus einem Zirkularschreiben der theologischen Fakultät zu Paris hervorgeht, wonach sie folgendermaßen argumentierten: „unsere Vorfahren, welche große Leute waren, haben dieses Fest erlaubt, warum soll es uns nicht erlaubt sein? Wir feiern es nicht im Ernst, sondern blos im Scherz, und um uns, nach alter Gewohnheit, zu belustigen, damit die Narrheit, die uns eine andere Natur ist und uns angeboren zu sein scheint, dadurch wenigstens alle Jahre einmal austobe. Die Weinfässer würden platzen, wenn man ihnen nicht manchmal das Spundloch öffnete und ihnen Luft machte (. . .)" (1862, S. 227).

Ob freilich diese zeitgenössische theologisch-affirmative Rechtfertigung „im Sinne einer Verbindung von Lehre und Lachen" (R. Warning) eine hinreichende Erklärung des Phänomens darstellt, wird — darauf können wir hier indes nicht näher eingehen — in neueren Arbeiten ganz entschieden bestritten (M. Bachtin, 1969; R. Warning, 1971, S. 211—239; 1974, bes. S. 107—122). Es sei lediglich angedeutet, daß die von W. Preisendanz wiederholt vorgeschlagene Vermittlung der Theorien des Lachens und des Komischen von J. Ritter und S. Freud nahelegt, im Falle der Komik und des Lachens *hier* an das Moment der „Wiederkehr des Verdrängten" zu denken (W. Preisendanz, 1971, S. 631; R. Warning, 1974, S. 117), das den Konflikt mit dem politischen und sozialkulturellen Kontext in sich berge — etwas, worauf nun auch die Studie A. C. Zijdervelds von 1971, ohne jene spezielle Vermittlung vorzunehmen, hinweist, wenn sie für den hier behandelten Zeitraum von „manichäischer Ketzerei", die es „auszurotten" galt, spricht (1976, S. 89—108).

(2) Zum Verhältnis von Bewertung und Aufnahme: dichtungstheoretische und soziokulturelle Implikationen

A. C. Zijderveld hat — wie viele andere auch — in seiner ›Soziologie des Humors und des Lachens‹ gemeint, man müsse „verschiedene sozial-kulturelle Bezugsrahmen" für die „saturnalischen Phänomene" wie etwa „die anstoßerregende Zügellosigkeit, die Masken und die Travestie" annehmen, um sie in dem, was sie „über Menschen und ihr Handeln aussagen", analysieren zu können:

> Der Humor im Mittelalter unterscheidet sich stark vom Humor in der Aufklärung, und französischer Humor wiederum unterscheidet sich stark vom englischen oder amerikanischen Humor (1976, S. 89 bzw. 100).

Eine solche Unterscheidung gehört zu den Gemeinplätzen der Komik- und Humor-Theorie, und wir wollen daher auch nicht die diachronen und synchronen Aspekte in diesem Hinweis diskutieren; zu belegen ist vielmehr, daß bei aller Unterschiedlichkeit der soziokulturellen Bezugsrahmen ebenso die sog. „saturnalischen Phänomene" wie auch die literarische Parodie und ihre verwandten Demonstrationsweisen einer relativ einheitlichen, nämlich pejorativen Bewertungsperspektive unterworfen sind und daß nicht zuletzt sie es ist, in der Ansichten „über Menschen und ihr Handeln" zum Vorschein kommen.

Es mutet wie ein abschließendes Urteil über die Bewertungsgeschichte von „Parodie und Travestie" an, wenn F. W. Ebeling angesichts ihrer „Doppelnatur" in der 2. Hälfte des 19. Jh. darlegt:

> Übrigens hat sich bei keiner Klasse von Dichtungen die Unfähigkeit, Erzeugnisse der komischen Muse recht zu würdigen und zu genießen, mehr bloß gegeben als bei dieser. Mehrentheils haben sie unsere Historiker und Kritiker als sträfliche Herabwürdigung des Guten und Schönen verworfen. Was indeß auch solcher Einseitigkeit und Befangenheit zur Entschuldigung gereichen möchte: ist die Bewegung der innern Welt ohne die Triebräder der Satire ganz undenkbar, so hat die beredete Form, wenn sie namentlich zur Ankämpfung gegen alle falsche Tendenz und verderbten Kunstgeschmack dient, gleichfalls ihre volle Berechtigung (1869, S. 449).

Die Befangenheit gegenüber der Doppelnatur von Parodie und Travestie, von der hier unter anderem die Rede ist, wurde — und zwar gerade auf der Ebene der literarischen Distribution, Kritik und Wissenschaft — auch nach und trotz dieser expliziten Reflexion nicht abgelegt. Eher das Gegenteil ist der Fall.

Dafür spricht zunächst folgendes Indiz. R. Wais, der die Lyrikanthologien für den Deutschunterricht an höheren Schulen im 19. Jh. untersucht hat, kam zu dem Ergebnis: „Daß derartige Pennälerpoesie (sc. „Parodien") in eine Schulanthologie eindringen durfte, ist meines Wissens kein zweites Mal im 19. Jh. vorgekommen" (1969, S. 291).

Mit der einzigen Ausnahme ist die Anthologie ›Poetischer Hausschatz des deutschen Volkes. Vollständigste Sammlung deutscher Gedichte (. . .) Ein Buch für Schule und Haus‹ von O. L. B. Wolff gemeint (1839, 41842, 81847, hrsg. von C. Oltrogge 241867, von H. Fraenkel 311907). Die zwischen 1839 und 1863 für „eine ganze Generation ungewöhnlich erfolgreiche" und von R. Wais als „liberale Konkurrenz" apostrophierte Gedichtsammlung wurde durch die erstmals 1836 erscheinende ›Auswahl deutscher Gedichte für gelehrte Schulen‹ von Th. Echtermeyer offensichtlich zu einem Zeitpunkt verdrängt, als Echtermeyers Nachfolger R. H. Hiecke (51847), F. A. Eckstein (131864), H. Masius (181872, 241878, 301892), F. Becher (321897) und A. Rausch (361907) eine an der „geistigen Welt" der Deutschen orientierte und ihrer nationalen Bedürfnislage entgegenkommende Selektion vornahmen. Wolff hatte in der Optik dieser „Auswahlen" allerdings die Respektlosigkeit besessen, ebenso aus A. Blumauers ›Aeneis‹-Travestie eine umfängliche Probe (1842, 715—718, hier in der Abteilung „Komische Heldengedichte") wie einige „Gegengesänge" zu Goethe und Schiller (unter dem Titel „Parodie und Travestie") wiederzugeben. Der aufklärerisch gesinnte, radikaldemokratische Professor für neuere Sprachen und Literaturen in Jena ist sich darin treu geblieben, denn schon im 1. Bd. seiner ›Encyclopädie der deutschen Nationalliteratur‹ von 1835 — über die aufklärerische Funktionsbestimmung der Institution „Enzyklopädie" auch noch für diese Zeit ist zu vergleichen J. Mittelstraß, 1971, S. IX ff. — hatte Wolff die Travestie A. Blumauers und einige seiner Gedichte zu Wort kommen lassen.

Das aus der Geschichte der deutschen Lyrikanthologie im 19. Jh. gewonnene Indiz der — um es zurückhaltend zu sagen — Befangenheit gegenüber der Parodie und verwandten Schreibweisen und Verfahren wird zum expliziten Beleg, wenn es etwa in der Poetik H. Oesterleys heißt:

Parodie und Travestie beruhen auf der Umgestaltung eines bereits vorhandenen Gedichtes, und entsprechen also theoretisch durchaus dem Begriffe der Poesie (. . .), vorausgesetzt, daß diese Umgestaltung in der Fantasie ihre Ursprungsstätte hat. Das ist freilich selten der Fall, und Parodien wie Travestien haben deshalb nur selten wirklich poetischen Werth; aber jene Grundbedingung selbst vorausgesetzt, stehen sie doch auf der niedrigsten Stufe der dichterischen Schöpfung, nicht weil sie fast ausnahmslos der niedrigsten Komik dienen, sondern weil sie der selbständig poetischen Thätigkeit nur einen äußerst geringen Spielraum darbieten, indem sie nach der einen oder anderen Seite hin vollständig an ihr Vorbild gebunden sind (1870, 134).

Wie ein roter Faden zieht sich die Geringschätzung der Parodie und

Travestie mit diesem Argument ihrer zweifelhaften „Doppelnatur" durch die Geschichte ihrer Bewertung.

In der Stufenleiter der Species des Komischen muß die Parodie jedenfalls die unterste Stelle einnehmen, denn nur in Voraussetzung und stetem Bezug auf ein schon vorhandenes Original ist sie überhaupt wirksam, ja verständlich. Jedes wirkliche Kunstwerk ist aber ein selbständiges Ganzes, eine Welt für sich und aus sich selber voll deutbar und erklärlich

— so urteilt E. Grisebach in der Einleitung zu seiner Ausgabe der ›Aeneis‹-Travestie A. Blumauers (1872, S. VI). Schon topisch stellt sich die Auffassung über Parodie und Travestie bei H. Blümner ein, was nicht zuletzt deshalb interessant ist, weil sie in lebensweltlicher Erfahrung fundiert erscheint:

[Die Parodien und Travestien] nehmen in der Hierarchie der poetischen Gattungen eine sehr untergeordnete Stelle ein. Wir sind gewöhnt, diese Producte der komischen Muse möglichst fern von uns zu halten, und wenn wir auch vielleicht einstmals als Gymnasiasten, mit der Lectüre Virgils geplagt, uns daran ergötzten, daß Blumauer die Heldenthaten des sehr frommen und sehr langweiligen Aeneas uns in einem keineswegs respectvollen Tone wiedergab, so fanden wir doch, zu reiferem Urtheile gelangt, die meisten dieser Späße albern oder frivol und wandten uns ebenso von ihnen ab, wie wenn uns irgend welcher Witzbold ‚zur Erheiterung der geehrten Gesellschaft' eine Parodie auf Schillers ›Taucher‹, oder zu noch größerem Gaudium mancher Zuhörer die ›Bürgschaft‹ im jüdischen Jargon zum Besten gab (1881, S. 379).

F. Umlauft nimmt das oben zitierte Urteil H. Oesterleys wieder auf, wonach eben der Parodie und Travestie „unter den Dichtungsarten nur eine sehr untergeordnete Stellung" zukomme, und hält es mit H. Blümner für verständlich, daß sie der „für das Schöne, Edle und Erhabene empfängliche Mensch (. . .) möglichst ferne von sich" weise, da er befürchten müsse, „der Eindruck des Originales (werde) durch solche Entstellungen in uns mehr oder weniger getrübt" (1928, S. 274 f.). Dabei ist F. Umlauft durchaus daran gelegen, das „Verdammungsurteil über jene ganze Dichtgattung überhaupt" durch seine Anthologie zu korrigieren. Und er äußert Zweifel an der „Rigorosität", mit der man „diese Kinder des Humors samt und sonders als Erzeugnisse frivoler und pietätloser Gesinnung" abtut; indes kann er sich — wie alle seine Vorgänger in der Almanach-Tradition seit C. F. Solbrig und dann G. G. Röller (dem zufolge eine Parodie als „das Produkt eines subordinirten Talents, das nie etwas selbst thut", gilt, (1818, S. IX) — um die partielle Rehabilitierung der Parodie doch nur bemühen in der ausdrücklichen Anerkennung des dichtungstheoretischen

Vorbehalts gegenüber der „Doppelnatur" der Parodie und Travestie und darin gegenüber ihrem 'Uneigentlichkeitscharakter' einschließlich der Konnotationen wie „un-poetisch", „un-echt", „un-wahr".

Wie selten ein selbstverständliches Akzeptieren der Parodie und verwandter Schreibweisen ist, zeigt zur selben Zeit die schon zitierte Bemerkung H. Grellmanns in dem repräsentativen ›Reallexikon der deutschen Literaturgeschichte‹: „Die Parodie nimmt unter den literarischen Gattungen zweifellos eine niedrige Stelle ein" (1926—1928, II. Bd., S. 633). Dies ist aber keineswegs der letzte Beleg für die an mißglückter Kommunikation reiche Rezeptionsgeschichte der Parodie. Denn in Band VI der neueren und allein schon durch ihre Mitarbeiter herausragenden epochengeschichtlich orientierten Anthologie ›Die deutsche Literatur. Texte und Zeugnisse‹ (1965) sind „Satire, Parodie und Humor" in die Sparte „Der Zerfall der Dichtung und seine Überwindung" verwiesen, womit B. von Wiese, der Herausgeber des Bandes, wohl eine Perspektive adaptiert und akzeptiert, die K. Immermann in einem Urteil über sein eigenes Komisches Epos ›Tulifäntchen‹ 1830 vorgegeben hat:

(. . .) es ist dem Stoffe nach das einzige Epos, das in unserer Zeit möglich war. Die Darstellung des sittlichen und geistigen Heroismus, ohne die geringste sinnliche Länge und Größe. Die alte epische Welt hatte diese zu jener, uns fehlt sie. Daher ist es Epos und Parodie des Epos zu gleicher Zeit (zit. nach der Ausg. H. Maync, 5. Bd., S. 11).

Die auf so unterschiedliche Gegenstände wie Satire, Parodie und Humor unterschiedslos angewandte Perspektive Immermanns ist offenbar die der Epigonalität. Darin aber kommt die literaturgeschichtlich geläufige Verdächtigung des 'Uneigentlichkeitscharakters' der Parodie nochmals prägnant zum Ausdruck.

Das bestätigt indirekt am Ende des Jahrhunderts F. Nietzsche, der seiner kulturkritischen Radikalität wegen hier unpassend erscheinen mag, es aber hinsichtlich des Wortgebrauchs von „Parodie" nicht ist.

Im 223. Stück der Aphorismensammlung ›Jenseits von Gut und Böse‹ von 1886, in der Abteilung mit dem ironischen Titel „Unsere Tugenden", polemisiert Nietzsche gegen den „europäischen Mischmenschen", der „schlechterdings ein Kostüm" nötig habe. „Man sehe sich", — so resümiert Nietzsche mit dem aktuellsten Beispiel — „das neunzehnte Jahrhundert auf diese schnellen Vorlieben und Wechsel der Stil-Maskeraden an; auch auf die Augenblicke der Verzweiflung darüber, daß uns 'nichts steht' —. Unnütz, sich romantisch oder klassisch oder christlich oder florentinisch oder barokko oder 'national' vorzuführen, in moribus et artibus: es 'kleidet nicht'! Aber der 'Geist', insbesondere der 'historische Geist', ersieht sich auch noch an dieser Verzweiflung seinen Vortheil: immer wieder wird ein neues Stück Vorzeit und Ausland versucht, umgelegt, abgelegt, eingepackt, vor allem *studiert*: — wir sind das erste studierte Zeitalter in puncto der 'Kostüme', ich meine der Moralen, Glaubensartikel, Kunstgeschmäcker und Religionen, vorbereitet, wie noch keine Zeit es war, zum Karneval großen Stils, zum geistigsten Fasching-Gelächter und Übermuth, zur transcendentalen Höhe des höchsten Blödsinns und der aristophanischen Welt-Verspottung. Vielleicht, daß wir hier gerade das Reich unserer *Erfindung* noch entdecken, jenes Reich, wo auch wir noch original sein können etwa als Parodisten der Weltgeschichte und Hanswürste Gottes, — vielleicht daß, wenn auch Nichts von Heute sonst Zukunft hat, doch gerade unser Lachen noch Zukunft hat!" (15. Bd., S. 167 f.; vgl. dazu neben E. Rotermund, 1963, S. 22 jetzt auch S. L. Gilman, 1976, S. 28 ff.).

Nietzsches „Kostüm"-, „Maskerade"-, „Karneval"- kurz „Parodie"-Verdikt über sein Jahrhundert zeigt einen Wortgebrauch von „Parodie", der ein Synonym für „Epigonalität" und „Uneigentlichkeit" schlechthin ist, nicht mehr nur im Hinblick auf literarische Phänomene, und der — und das ist das Entscheidende — in einer äußerst negativen Färbung auftritt.

In der Beurteilung seines Jahrhunderts, bloß noch ein „parodistisches" zu sein, ist Nietzsche nicht der einzige und nicht der erste. Bereits fünfzig Jahre vor ihm hatte der E. T. A. Hoffmann-Verleger C. F. Kunz (Ps. Z. Funck) seinen Almanach mit der — weniger „kulturrevolutionären", im Grundsätzlichen aber durchaus vergleichbaren — These eingeführt: „Professor Schütz in Halle — selbst Meister der parodischen Kunst — bemerkt sehr richtig: daß in einer Zeit wie die unsrige, wo die Zeit sich selbst (historisch) parodirt, nicht geläugnet werden könne, daß die Erscheinungen *poetischer* Parodieen, wie man auch sonst darüber denken möge, wenigstens zeitgemäß seien" (1. Cyclus, 1840, S. V). Ein kulturkritischer Befund gibt hier den Grund für die Legitimation der literarischen Parodie ab. Indes erhält diese lediglich eine historistische Rechtfertigung.

Dieser kulturkritische Wortgebrauch ist kaum operationalisierbar und von E. Rotermund zu Recht „metaphorisch" genannt worden (1963, u. a. S. 14). Demgegenüber liegt der Bewertung der Parodie in nichtmetaphorischer, spezifischer Wortverwendung eine dichtungstheoretische Auffassung zugrunde, die in den umfänglich zitierten Darlegungen von H. Oesterley bis H. Grellmann immer wieder zum Vorschein kommt und in der — wie H. Kinder jüngst noch einmal betont hat (1973, S. 63) — für das literarische Leben des deutschen 19. Jh. ungemein bedeutsamen ›Ästhetik oder Wissenschaft des Schönen‹ F. Th. Vischers (1857) schon früh bündig dargelegt worden ist. Dort haben Parodie und Travestie im „Anhang zur Lehre von der Dicht-

kunst überhaupt" Platz (Bd. VI, § 923 ff., S. 358—379). Sie werden
darin als Formen der „negativen, indirekten" Satire begriffen, welche
„in ihren bestimmten Bildungen den Gebieten der reinen Poesie" folgt,
wie die verwandte Richtung der Malerei die Karikatur liebt und „auf
diesem Wege komische Gegenbilder der großen Hauptzweige" der
Dichtung hervorbringt (§ 924) — samt und sonders Bestimmungen,
denen man fürs erste zustimmen kann, zumal sie auf Beobachtungen
an treffenden Beispielen von Aristophanes bis Rabelais und Fischart
sowie aus der Geschichte der Satire und Komik des 18. Jh. fußen. Aber
es bleibt die aus der idealistischen Ästhetik stammende klassische Doktrin der „ästhetischen Einheit der scheinlosen Idee mit dem Bilde"
leitend, so daß Vischer lakonisch sagen kann:

Satire und Didaktik nebst Rhetorik gehören zu den gewaltigsten Hebeln des
ethischen, politischen Lebens und die Bewegung der Geschichte wäre ohne sie
nicht zu denken. Ihr Wesen und ihre reichen, gerade durch ihre gemischte
Natur schwierigen Formen sind daher der gründlichsten Untersuchung
wert (. . .). Daß aber dieses Gebiet nur einen Anhang der Lehre von der
Poesie, nicht einen Teil derselben bilden kann, bedarf längst keines Beweises
mehr; eher wäre es der Mühe wert, zu erklären, wie es kam, daß man so
lange die grobe logische Sünde der Einteilungen übersehen konnte, die das
Didaktische und Verwandte dem Epischen, Lyrischen, Dramatischen koordi-
nierten (§ 923).

Die fraglose Geltung der klassischen Doktrin der idealistischen Ästhetik und die kanonische Trias des Epischen, Lyrischen und Dramatischen
aus der Poetik der „Kunstperiode" führen zur Separierung aller sogenannten „uneigentlichen" Formen.
    Diese blieb das ganze 19. Jh. hindurch und teilweise bis ins 20. Jh.
wirksam, zumal die Institutionen der Erziehung und Bildung —
„Schule und Haus" — die theoretische Begründung in simplifi-
zierter Form tradierten, wie es beispielhaft an dem schon erwähnten
Gedicht ›Die Feinde der Parodie‹ von G. G. Röller ablesbar ist:

> Pastor.
> Wieder find' ich angekündigt
> Parodie'n und Traviestie'n.
> Schrecklich, wer sich so versündigt!
> Alles Schöne hasset ihn.
>
> Pastorin.
> Ja, ich hass' ihn, liebes Männchen.
> So das Schöne zu entweihn!
> Immer fällt das Kaffeekännchen
> Mir bey Schillers Glocke ein.

Tochter.
Alle Heiligthümer wanken
Vor des schlechten Spaßes Macht.
Um die herrlichsten Gedanken
Sieht man dieses Unkraut ranken,
Und wir sind darum gebracht.

Pastorin.
Alle heiligen Gedanken
Fliehn, wo die Satyre lacht.

Kandidat.
Witz gedeihet nur im Schwachen,
Tiefe Schätze gräbt er nicht.
Was die Andern fleißig machen,
Wird das Oel zu seinem Licht.
Nichts ist leichter, als zu lachen,
Wo der Denker Weisheit spricht.

Sohn (kommt heraus.)
Vater, nein! das muß du sehen!
Wirst vor Lachen bald vergehen.
Wie wir den Laokoon
Drinnen närrisch travestiren.
Schuhe muß er repariren,
Sieh, den Schuhdraht wichst er schon.

Kandidat.
Wehe! In der Kinder Busen
Schon entheiligt ihr die Musen,
Und ihr Schutzgeist geht davon.　　　(1818, S. 9—13)

Zunächst läßt sich sagen, daß die Geschichte der negativen Beurteilung der Parodie nur die Kehrseite der vermeintlich dauerhaft geltenden klassischen Dichtungs- und Kunstauffassung des „Schönen" einschließlich ihrer Wertvorstellungen des „Guten und Wahren" ist. Anstatt die Parodie und ihr verwandte Demonstrationsverfahren in ihren *eigenen* Konzepten und Funktionen zu sehen, werden sie von vornherein als defizient bewertet und teils verworfen.

Das auszugsweise zitierte Gedicht G. G. Röllers weist darüber hinaus auf einen *kultur- und sozialgeschichtlichen Zusammenhang*, der Anlaß sein müßte, in die Bewertungsgeschichte der Parodie auch nach dieser Seite einzuführen. Sieht man indes von den literatursoziologischen Untersuchungen zur Zusammensetzung des Publikums der französischen und österreichischen Vorstadttheater im 18. bzw. 19. Jh. (vgl. die Hinweise in II. 3.(3) bei uns: V. B. Grannis, J. Lough, J. v. Stackelberg, M. Dietrich, J. Hüttner), ferner von den z. T. ungemein materialreichen Arbeiten der volkskundlichen Forschung wie die von L. Röhrich (1967, S. 115 ff.) und R. Schenda (1970, S. 425 ff.) einmal ab — auch letztere zeigen die Diskrepanz zwischen öffentlicher Bewertung und faktischer Rezeption und suchen die Parodie als „Oppositionsleistung" und sogar als Ausdruck „sozialer Auflehnung" verständlich zu machen —, so gibt es umfängliche, die deutsche Literatur betreffende Untersuchungen über den hier zur Diskussion stehenden Zusammenhang noch nicht. Auch sind Hinweise wie der von R. M. Meyer zunächst nur punktuell hilfreich; Meyer machte in seinen ›Parodiestudien‹ von 1911 auf das „Spiel mit frommen Worten", „die tendenziösen Parodien von Bibel und Gesangbuch" während der Zeit der 48er Revolution aufmerksam und verband diese Beobachtung mit einer zeitgeschichtlichen Erfahrung:

Sie werden heute besonders von der Sozialdemokratie gepflegt; so hat der Ministerialdirektor Schwartzkopff am 7. Mai 1906 ein Lied zitiert:

> Wer nur den lieben Gott läßt walten
> Und zahlet Steuer allezeit,
> Dem wird er wunderbar erhalten
> Die Gunst der hohen Obrigkeit.

Meyer ließ dabei offen, ob die anschließende Bewertung seine eigene oder — ironisches — Referat ist: „Ein solches Antasten von Worten und Versen, die Hunderttausenden heilig sind, hat immer etwas Unschönes, zumal es selten auch einen ästhetischen Reiz besitzt" (1911, S. 53 f.).

Indes wäre interessant (und für eine funktionsgeschichtliche Beurteilung der Parodie nicht folgenlos) zu wissen, ob der dichtungsgeschichtlichen Bestimmung, die Parodie nehme nur eine „niedrige Stelle" ein, ein sozialgeschichtlicher Index anhaftet und welchen Generalisierungsgrad dieser dann haben kann. Bei dem folgenden Beispiel ist der sozialgeschichtliche Index durchaus gegeben. G. G. Röller widmet seinen Almanach „Ihro Hochgeboren der Frau Reichs- und Burggraefin zu Dohna, gebornen Reichsgraefin von Reichenbach auf und zu Mallmitz" mit der folgenden, auszugsweise zitierten, Dedikation:

Wenn ich schmeicheln wollte, oder wenn nicht alle Versuche, Ihro Hochgeboren eine Schmeichelei zu sagen, an ihren wirklichen Vorzuegen scheiterten, so wuerde mich selbst der Hoefling um die Artigkeit beneiden, mit der ich Ihren Namen an einen für die Meisten so bedenklichen Platz stelle.

Der hier zum Vorschein kommende Gedanke der Unverträglichkeit von Parodie und Stand wird im weiteren Text nachdrücklich unterstrichen.

Diese Unverträglichkeit war aber zuvor schon ein entschiedenes Thema auch der Kunsttheorie — in Schillers Aufsatz ›Gedanken über den Gebrauch des Gemeinen und Niedrigen in der Kunst‹ von 1802, der wohl im Umkreis des Aufsatzes ›Vom Erhabenen‹ entstanden ist. Darin heißt es:

> Es gibt zwar Fälle, wo das *Niedrige* auch in der Kunst gestattet werden kann; da nämlich, wo es Lachen erregen soll. Auch ein Mensch von feinen Sitten kann zuweilen, ohne einen verderbten Geschmack zu verraten, an dem rohen, aber wahren Ausdruck der Natur und an dem Kontrast zwischen den Sitten der feinen Welt und des Pöbels sich belustigen. Die Betrunkenheit eines Menschen von Stande würde, wo sie auch vorkäme, Mißfallen erregen; aber ein betrunkener Postillion, Matrose und Karrenschieber macht uns lachen. Scherze, die uns an einem Menschen von Erziehung unerträglich sein würden, belustigen uns im Mund des Pöbels. Von dieser Art sind viele Szenen des Aristophanes, die aber zuweilen auch diese Grenze überschreiten und schlechterdings verwerflich sind. Deswegen ergötzen wir uns an Parodien, wo Gesinnungen, Redensarten und Verrichtungen des gemeinen Pöbels denselben vornehmen Personen untergeschoben werden, die der Dichter mit aller Würde und Anstand behandelt hat. Sobald es der Dichter bloß auf ein Lachstück anlegt und weiter nichts will, als uns belustigen, so können wir ihm auch das Niedrige hingehen lassen, nur muß er nie Unwillen oder *Ekel* erregen.
> Unwillen erregt er, wenn er das Niedrige da anbringt, wo wir es schlechterdings nicht verzeihen können, bei Menschen nämlich, von denen wir berechtigt sind feinere Sitten zu fordern (. . .) (12. Bd., S. 285 f.).

Schillers Aufsatz thematisiert hier — und im weiteren — das Problem der Lachfreiheit in der Kunst: zum einen in der Beziehung des Menschen von feinen Sitten zum dargestellten Niedrigen, zum anderen in der Darstellungsrelation des Menschen von feinen Sitten und seiner niedrigen und belustigenden „Behandlung". Die Art und Weise nun, wie die Lachfreiheit eingeschränkt, um nicht zu sagen parzelliert wird, d. h. nur in bestimmten Grenzen und für bestimmte Fälle der „Behandlung" zugelassen ist, läßt als eigentliches Thema der kunsttheoretischen Überlegungen über das „Gemeine" und „Niedrige" eher den Erlaß eines Lachverbots vermuten. Die begrenzte Zulassung der Lachfreiheit erinnert einerseits an die folgenreiche, als Ständeklausel interpretierte Unterscheidung in der ›Poetik‹ des Aristoteles (1448 a 11—14), derzufolge nur in der Parodie die (komische) Nachahmung „schlechterer" Menschen, d. h. in ihrer Rezeption die komische Nachahmung der

Unterschichten von den dienenden Ständen bis zu den Vertretern der ambulanten Gewerbe und den noch anrüchigeren Outcasts und Outlaws erlaubt war. Der begrenzten Zulassung der Lachfreiheit in der Kunst liegt andererseits eine Vorstellung zugrunde, die zwar die rezeptionsgeschichtlich folgenreiche Interpretation der aristotelischen Bestimmungen als Ständeklausel in einem sozialgeschichtlich strikten Sinne nicht mehr anerkennt, gleichwohl aber einen Dignitätskatalog von Themen und Mustern — man denke an das Plädoyer Schillers für die ›Aeneis‹ Vergils —, von Darstellungsformen und -arten andeutet, die der komischen Behandlung entzogen, mit dem — unausgesprochenen — Lachverbot versehen und in diesem Sinne tabuisiert werden. Es dürfte nicht allzu schwer sein, darin eine Tabuisierung außerästhetischer Normen und Wertvorstellungen zu sehen (vgl. dazu nun auch S. L. Gilman, 1976, S. 5 ff.).

Wir meinen daher, daß eine soziokulturell engagierte Aufarbeitung der Bewertungsgeschichte der Parodie und verwandter Demonstrationsverfahren in der hier interpretierten Richtung der „Gedanken" Schillers weiterzufragen hätte. In einer solchen Perspektive nämlich könnte eine Reihe von bewertungsgeschichtlichen Problemen aufgehen, die systematisch bislang nicht geklärt worden sind. Paradigmatisch ist hier an den „Mißbrauch"-Vorwurf zu erinnern, der der Parodie gemacht worden ist.

Nicht als erster, aber besonders prägnant hat ihn J. G. Sulzer formuliert. Anschließend an seine eigene Erfahrung, wie die Tragödie in der Parodie auf französischen Bühnen behandelt wird, schreibt er:

Man muß es weit im Leichtsinn gebracht haben, um an solchen Parodien Gefallen zu finden, und ich kenne nicht leicht einen größeren Frevel als den, der würklich ernsthafte, sogar erhabene Dinge, lächerlich macht.

Es sei zu befürchten, daß

durch Parodien die wichtigsten Gedichte und die erhabensten Schriften über wahrhaftig große Gegenstände, allmählig so lächerlich gemacht werden, daß die ganze schönere Welt sich derselben schämte.

Auch wenn die kathartische Wirkung von Parodien außer Zweifel stünde — hinsichtlich der „Hemmung gewisser erhabener Ausschweifungen und des gelehrten, politischen und gottesdienstlichen übertriebenen Fanatismus" —, sei doch folgendes zu bedenken: „Aber ohne sie zu so guten Absichten anzuwenden, sie blos zum Lustigmachen brauchen, ist ein höchstverderblicher Mißbrauch". Und Sulzer setzt seine ganze Hoffnung darauf, daß die deutschen Kunstrichter „sich bey

Zeiten mit dem gehörigen Nachdruk dem Mißbrauch widersetzen werden" (1775, S. 394 f.).

Dieser „Mißbrauch"-Vorwurf — und der Dignitätskatalog als sein Pendant und seine Voraussetzung — ist in der Bewertungsgeschichte der Parodie in den unterschiedlichsten Formulierungen präsent. Ohne ihn im einzelnen zu belegen — dafür könnte etwa die Almanach-Tradition erneut herangezogen werden — und ohne ihn auch im Wandel der soziokulturellen Bezugsrahmen zu interpretieren und zu erklären, seien für die Kontinuität der Problematik noch zwei Hinweise gegeben.

So hat R. M. Meyer die Parodien Ludwig Eichrodts nicht nur als „literarhistorisch", sondern auch als „kulturhistorisch" denkwürdige Hinterlassenschaft seiner Zeit verstanden und daran die Frage geknüpft,

ob durch solches „Nachäffen" nicht der Ehrfurcht vor den Großen zu nahe getreten werde. Mit der Antwort, daß es sich zumeist nicht um die Größten handle, ist es nicht getan — einfach, weil sie der Wirklichkeit nicht entspricht. Die originellsten Neuerer, die eindrucksvollsten Meister sind ja gerade die Lieblinge der Parodisten (1911, S. 68).

R. M. Meyer weist hier — das sei zunächst beiläufig bemerkt — den Gedanken zurück, den Provokationscharakter der Parodie mit dem traditionsreichen Hinweis auf das vermeintlich Mediokre ihrer Vorlagen und Sujets zu verringern oder gar zu coupieren. Zugleich ist aber bei ihm wie auch noch bei E. Rotermund ein gewisses Junktim zwischen dem „Mißbrauch"-Vorbehalt gegenüber der Parodie und der Vorstellung von der Dignität bestimmter Gegenstände weiterhin gültig. E. Rotermund, der die „Mißbrauch"-Kritik an der Parodie im 18. Jh. kennt und belegt (1963, S. 19 f.: J. F. Marmontel, J. G. Sulzer), zieht daraus nicht nur andere Konsequenzen, als wir sie im funktionsgeschichtlichen Kapitel ziehen, sondern akzeptiert auch die Warnung vor dem „Mißbrauch", wenn er schreibt:

Wie mir scheint, besitzt der Parodist von Rang trotz seiner Abhängigkeit von der Vorlage einen hohen Grad von Gestaltungsfreiheit, die er, bei aller Gefahr des Mißbrauchs, oft sogar zur künstlerischen Übertrumpfung des Originals gebraucht.

Zudem wendet er sie im Anschluß an seine Interpretation von B. Brechts ›Liturgie vom Hauch‹ selber an:

Wenn auch die aus Goethes Gedicht übernommenen Verse als Medium der Satire (. . .) integriert sind — die Frage nach dem Mißbrauch drängt sich doch auf (1963, S. 7 bzw. 149).

Die „Mißbrauch"-Problematik indes verändert sich alsbald, wenn
man die soziokulturelle Betrachtungsweise — als Modifikation der
sozialgeschichtlichen Fragestellung — nicht mehr nur auf den Dignitätskatalog literarischer Themen, Muster und Darstellungsformen
allein, sondern auch auf die Bildungsinstitutionen bezieht, denen als
„Instanzen der gesellschaftlich veranstalteten Sozialisation" zwei
grundsätzliche Funktionen zugewiesen sind: „die Herstellung der
Handlungsfähigkeit des Individuums und die Stabilisierung der jeweils
erwünschten Form von Gesellschaft". Wie die Verlaufstruktur solcher
Sozialisation idealtypisch aussieht, hat etwa H. Fend, den wir soeben
zitierten (1975, S. 92 ff.), umrissen. Wie sie sich in den Augen eines
Parodisten von Rang ausnimmt — Peter Rühmkorfs, der allerdings
auch nicht „Exkurse in den literarischen Untergrund" gescheut hat —,
zeigt seine Beschäftigung mit der „Schulparodie", an der er einerseits
das Kompensatorische, andererseits das Subversive herausstellt.

Der Institution, das heißt besonders dem Lehrpersonal gegenüber macht-
los, konzentriert sich das polemische Interesse nun auf den Lehrstoff, der
dient an Stelle der schlecht faßbaren Erziehungskräfte als Zielscheibe des
Spottes (. . .). Auf der anderen Seite: erst wo sich ein fester Kanon allgemein
verbindlicher Hymnen und Gesänge herausgebildet hat und Poesie zum Pensum sich verdichtet, wird mit dem Zwang zum Auswendiglernen die Lust geweckt, gegen die Vorlagen anzusingen. Parodie wie keine andere Form der
literarischen Subversion ist abhängig (. . .) von der drückenden Allmacht
sogenannter Kulturgüter. Übersehen wir bitte nicht, daß jede Herrschaft,
jedes Regiment versucht, Gemeinschaft in seinem Sinne zu bilden und daß
auch Poesie, angefangen beim versifizierten Ausdruck hochgestimmter Wan-
derseligkeit, über das religiös erbauliche Rührstück und den weihnachtlich-
feiertäglichen Verklärungsartikel bis hin zu den sittlichen Höhen der bürgerlichen Bildungsballade nur Teil einer bestimmten pädagogischen Strategie ist,
das institutionell geförderte Liedgut also schon seine Rolle spielt im Sinne
bürgerlicher Bewußtseinspolitik (. . .) Das beliebte Auswendiglernen — angeblich ein probates Mittel zum Gedächtnistraining — war immer gleichzeitig
auch eine Form der nachhaltigen Indoktrination (. . .) Poesie, das müssen wir
wohl als Regel nehmen, gleich ob sie über die Schule und ihre Fabel-Fibeln,
über das Buweh-Liederbuch, die Nachttischbreviere der Hospitäler oder die
Liederhorte konfessioneller Singgemeinden, über Quempashefte oder BEK-
Broschüren ins Öffentliche wirkt, Poesie diente und dient in ganz besonderem
Sinne der Veranstaltung von Gemeinschaftlichkeit. Genau dagegen aber
wehrt sich die Parodie (. . .) (1971, S. 109—117).

Was hier P. Rühmkorf in bezug auf die „Formierungsinstitute"
beobachtet und was beispielsweise die in lebensweltlicher Erfahrung
fundierte Ansicht H. Blümners über Parodie und Travestie historisch

präzis bestätigt, läßt sich ohne Bedenken in der Sprache der Sozialisationstheorie als „Prozeß der Institutionalisierung bestimmter Sozialisationsinhalte, bestimmter Wissenssysteme und Fertigkeitsbereiche in Bildungsinstitutionen" (H. Fend, 1975, S. 95) wiedergeben.

In entscheidender Hinsicht freilich paßt nun das Urteil P. Rühmkorfs über die Parodie nicht mehr in die Beschreibung ihrer pejorativen Bewertungsgeschichte. P. Rühmkorf denkt nicht daran, sie weiterhin dem „Mißbrauch"-Verdikt und -Vorbehalt auszusetzen — ganz im Gegenteil rechtfertigt er sie als „hochnotwendiges Kontrastprogramm (. . .) entgegen dem Bildungsmonopol unserer Formierungsinstitute und Lehranstalten". Ebensowenig ist er bereit, ihre eigenen Konzepte im Lichte ihr fremder Kriterien und Maßstäbe zu beurteilen:

Ein offensichtlicher Zug zum Banalen darf uns in diesen Zusammenhängen freilich nicht zu vorschnellem Unmut verleiten, er gehört mit anderen Desillusionsverfahren entschieden zum Programm.

Als „Blödelstrophe" und „lyrische Kurzware" etwa habe diese Art der „parodistischen Entweihung" durchaus „Methode" (1971, S. 115 ff.) — und somit entzieht er sie auch dem „Uneigentlichkeits"-Vorwurf der klassischen Literaturtheorie.

(3) Ansätze zu einer Neubewertung

Mit den Bemerkungen zu P. Rühmkorfs Apologie der „Schulparodie" haben wir die Geschichte der negativen Beurteilung der Parodie schon verlassen. Es wäre auch unangemessen, ausschließlich von einer solchen zu sprechen. Bereits 1963 hat E. Rotermund betont, daß man — wie ein Blick auf die Literatur zu Th. Mann und R. Musil, zu B. Brecht und F. Dürrenmatt lehre — „dabei ist, alte ästhetische Vorurteile zu beseitigen" (1963, S. 7).

Insbesondere die spezifische Neubewertung der Parodie durch E. Rotermund selbst verdient hier im Rahmen literaturwissenschaftlicher Beurteilungen hervorgehoben zu werden, zumal er von dem Vorwurf H. Jantz' kaum belangt werden kann, daß die „Ästhetik der echten Parodie auf hoher künstlerischer Ebene (. . .) noch immer ihrer Klärung" harre:

Sicher hat Goethe schon Wesentliches zu einer solchen Ästhetik beigetragen; moderne Kritiker jedoch haben sich nur selten bei ihm Rat geholt (1966, S. 57).

Im Gegenteil dürften E. Rotermunds 1963 gedruckte Dissertation von

1959/60 und seine Anthologie von 1964 zu einem nicht geringen Teil
dazu beigetragen haben, daß auch die folgende Feststellung H. Jantz'
heute zutrifft:

Auch die Parodie betrachten wir nicht mehr bloß als eine witzige Art des
Parasitismus, lediglich der Belustigung dienend" (1966, S. 54).

Und E. Rotermunds Neubewertung ist nun gerade in einer Bemerkung
J. W. v. Goethes im 7. Buch von ›Dichtung und Wahrheit‹ begründet,
in der der „Charakter der Dichtart selbst" von Chr. M. Wielands
›Komischen Erzählungen‹ (1765) gegenüber der zeitgenössischen Re-
zensionspraxis gewürdigt wird:

Hier ist nicht bedacht, daß man vor allen Dingen bei Beurteilung solcher
parodistischen Werke den originalen edlen, schönen Gegenstand vor Augen
haben müsse, um zu sehen, ob der Parodist ihm wirklich eine schwache und
komische Seite abgewonnen, ob er ihm etwas geborgt oder, unter dem Schein
einer solchen Nachahmung, vielleicht gar selbst eine treffliche Erfindung ge-
liefert? Von allem dem ahnet man nichts (. . .) (23. Bd., S. 69; vgl. E. Rotermund, 1963, S. 7 f.; dazu jetzt auch S. L. Gilman, 1976, S. 8 ff.).

Goethes vermeintlich auf die „Dichtart selbst" gehende Bemerkung
manifestiert eine Auffassung und Bewertung der Parodie, die — das
ist zunächst beiläufig festzuhalten — weder mit denen im Fragment
›Über die Parodie bei den Alten‹ (1824) und im Brief vom 26. Juni
1824 an K. F. Zelter noch mit denen in den ›Noten und Abhandlungen‹
von 1819 verträglich sind. Im einen Fall lehnte Goethe die Anwendung der Ausdrücke „Parodie" und „Travestie" auf Werke der „Alten"
überhaupt ab, weil in ihnen „alles aus *einem* Stücke und alles im
großen Stil" sei und nicht „der parodistische Sinn" vorliege, „welcher
das Hohe, Große, Edle, Gute, Zarte herunterzieht und ins Gemeine
verschleppt"; im anderen wollte er mit „Parodie" die höchste Stufe der
Aneignung fremder Form und fremden Sinns bezeichnet wissen. Hier
nun haben wir es mit einem dritten Parodie-Verständnis Goethes zu
tun, dessen zentrale Kategorie die „Erfindung" ist und darin das Konzept eines „freien poetischen Kunstwerks" im Sinne Hegels zur Maß-
gabe hat.

Die Neubewertung der Parodie durch E. Rotermund erfolgt ausschließlich in dieser Perspektive. Denn die Frage nach der künstlerischen Erhöhung der Nachahmung in der eigenen „trefflichen
Erfindung" ist ausdrücklicher Untersuchungsgegenstand der Monographie Rotermunds. Darin wird sie zudem mit Äußerungen F. Dür-
renmatts aus ›Theaterprobleme‹ (1955, S. 55) und Th. Manns aus

›Lotte in Weimar‹ (Bd. II, S. 680 f.) oder auch aus ›Die Entstehung des Doktor Faustus‹ (1949, S. 51) gestützt und in der Formulierung K. Kerényis von der „goldenen Parodie" über Th. Manns ›Die vertauschten Köpfe‹ zugespitzt (1963, S. 7, 22, 180). Die Frage nach der „schöpferischen Parodie" kehrt wieder in der Einleitung zur Anthologie ›Gegengesänge‹ (1964), und sie beherrscht schließlich auch noch einen allseits beifällig aufgenommenen Vortrag über „George-Parodien" anläßlich des Stefan George-Kolloquiums von 1968 (1971, S. 213 ff.). E. Rotermunds Anliegen hat nach H. Jantz' Forderung einer „Ästhetik der echten Parodie auf hoher künstlerischer Ebene" von 1965 in jüngster Zeit nochmals insofern prominente Zustimmung erfahren, als H. R. Jauß das „Eigenrecht" der „künstlerischen Erhöhung der Nachahmung" nachdrücklich betont (1976, S. 104 f.).

Zusammenfassend kann man sagen, daß in der ohnehin kurzen Geschichte der positiven Beurteilung der Parodie insbesondere die Frage nach ihrem „Kunst"-Charakter vorherrscht. Es ist nicht einmal eine Zuspitzung, wenn man sogar resümiert, daß die positive Bewertung der Parodie wesentlich von ihrem „Kunst"-Charakter abhängig gemacht wird. Damit drängt sich — wie schon anläßlich der pejorativen Bewertungsgeschichte — die Frage auf, ob nicht die Parodie erneut wieder nur im Fluchtpunkt einer ihr fremden Dichtungs- und Kunstauffassung gesehen und beurteilt wird.

IV. VON DER ADAPTION EINER VORLAGE ZUR PARODIE

1. Aktuelle Parodie-Theorien

(1) Intention und Rezeption

Wenn auch die Beschäftigung mit der Parodie in der Literaturwissenschaft eher ein Randgebiet geblieben ist, das vorwiegend in einem größeren Kontext — etwa dem der komischen Literatur — Interesse findet, gibt es gleichwohl eine ganze Anzahl neuerer, zumindest in Einzelheiten auch konkurrierender Parodie-Definitionen, die im Rahmen der jeweiligen Parodie-Theorie explizit formuliert oder aufgrund der spezifischen Wortverwendung rekonstruierbar sind. Wir können hier die diversen Theorien nicht vollständig vorführen und wollen uns daher auf eine exemplarische Behandlung einzelner Theorie-Stücke beschränken, wobei die Frage nach der von dem Autor der Parodie intendierten Komik und Kritik im Vordergrund stehen soll.

Denn es mag zwar „trotz den zahlreichen Theorien des Komischen eine kaum lösbare und für ihr Wesen nicht entscheidende Frage" sein, „ob und wann eine Parodie tatsächlich komisch wirkt" (A. Liede, 1966, S. 12); es wäre aber falsch anzunehmen, daß gleiches auch für die Frage gilt, ob mit der Adaption einer Vorlage von dem Autor dieser Adaption eine komische Wirkung intendiert bzw. nicht intendiert worden ist. Daran ändert auch der Umstand nichts, daß „Komik" — jedenfalls als Oberbegriff für eine Reihe einzelner Phänomene — bisher nicht befriedigend definiert ist und dies nach dem gegenwärtigen Stand der Theorie wohl auch noch in absehbarer Zeit bleiben wird. Vielmehr wäre es eine schlechte Art der Problemlösung, die Frage nach dem Komischen mit diesem Hinweis einfach zu eskamotieren, da sie gerade auch für die Extension des Begriffs „Parodie" von ganz erheblicher Relevanz ist.

Wir wollen daher zunächst einmal davon ausgehen, daß eine gewisse, möglicherweise nur intuitive und partielle Einigung darüber besteht, wie die Prädikate „komisch" und „ernsthaft" zu verwenden sind. Und zwar nicht allein, das sei ausdrücklich noch einmal betont, im Hinblick auf die faktischen Wirkungen des Textes, die tatsächlich stark von der Disposition des Rezipienten abhängen und damit auch einer totalen Verweigerung unterliegen können („Darüber lacht man nicht"). Was dagegen hier interessiert, ist die *intendierte* Wirkung, die Wirkungsabsicht. Diese Einschränkung scheint uns deshalb sinnvoll, weil die faktische Wirkung nicht die Basis für eine Bestimmung der parodistischen Schreibweise abgeben kann, zumal Differenzen zwischen intendierter und faktischer Wirkung unterschiedliche Ursachen haben können: nämlich Nichtverstehen oder Nichtakzeptieren. Daß diese u. a. von D. Wunderlich ([3]1974 b, S. 280) vorgeschlagene Unterscheidung zwischen dem Verstehen und dem Akzeptieren von Intentionen auch bei Wirkungsabsichten zumindest in unserer alltäglichen Kommunikation tatsächlich gemacht wird, zeigen Wendungen wie: „Das soll wohl ein Witz sein" oder jenes Lachen nur imitierende „Haha!", mit denen schlechte bzw. vermeintlich schlechte Witze quittiert werden.

Da wir uns der geläufigen Redeweise von der „Textintention" nicht anschließen wollen, weil wir glauben, daß sie die kommunikativen Fakten eher verdeckt, verwenden wir den Ausdruck „Intention" ausschließlich für die Autorintention. Um solche Intentionen zu verstehen, bietet sich nun nicht als einzige Instanz „der Kopf" oder, weniger schlicht, die Psyche oder das „Innenleben" des Autors an, wie auf Seiten der Anti-Intentionalisten gelegentlich vermutet wird. Denn Äußerungs- wie Wirkungsabsichten lassen sich offenbar nicht beliebig realisieren, was schon dadurch deutlich wird, daß — wie D. Wunderlich in einer Wiederaufnahme von Argumenten J. R. Searles sagt — „das, was man mit Sätzen tun kann, (. . .) jedenfalls zum Teil auch mit dem Inhalt dieser Sätze zusammen[hängt]" ([3]1974 a, S. 129). Zumindest dürfte dies solange gelten, wie der Sprecher bzw. der Autor keine reine Privatsprache verwenden, sondern sich an eine wie eng auch immer verstandene Öffentlichkeit richten will.

Insofern geht es hier gar nicht um irgendwelche bloß subjektiven Absichten des Sprechers; denn ein Hörer kann „die Subjektivität des Sprechers (. . .) nur dann erkennen, wenn diese sich in intersubjektiv geltenden Formen ausdrückt. (. . .) Seine subjektiven Absichten werden überhaupt erst dann zu intersubjektiv vermittelbaren Intentionen, wenn sie in dieser Sprache ihren Ausdruck finden" (D. Wunderlich, 1974, S. 331). Mit anderen Worten: es geht nicht einfach um eine *unvermittelte* „Fremderfahrung", sondern primär um das Verstehen sprachlicher Äußerungen.

Allerdings hat D. Wunderlich seine hier referierten Überlegungen nahezu ausschließlich anhand der alltäglichen nicht-literarischen Kommunikation entwickelt. Da wir Parodien zu den literarischen Texten zählen — und zwar trotz der einschränkenden Bemerkungen im Hinblick auf den Kunstcharakter und auch dann, wenn sie einen „expositorischen Text" zur Vorlage haben —, könnte der Eindruck entstehen, als wollten wir die Differenz zwischen der Interpretation literarischer und expositorischer Texte aufheben. Das ist jedoch keineswegs beabsichtigt; wir gehen vielmehr davon aus, daß für eine geglückte Kommunikation bei literarischen Texten generell eine aufgrund abweichender Verwendung bedingte höherstufige Interpretation erforderlich ist, um so der von R. Jakobson geforderten „vollständigen Neubewertung der Rede" zu entsprechen (vgl. dazu auch G. Witting, 1975).

Gleichwohl wollen wir bei aller Differenz annehmen, daß bei expositorischen wie literarischen Texten „verbales Verhalten (. . .) im Prinzip keinen direkteren Zugang zu inneren Zuständen [gewährt] als irgendein anderes (intentionales) Verhalten" (G. H. v. Wright, 1974, S. 107). In jedem Fall sind wir daher auf die sprachliche Äußerung als Manifestation der Intention und damit auf die für ihr Verstehen relevanten Determinanten angewiesen. Hierzu gehören zunächst einmal die allgemeinen Bedeutungskonventionen; daneben jedoch auch so unterschiedliche Faktoren wie Kenntnis von 'Welt' im Sinne von Faktenkenntnis und Theorien über diesen Fakten; Kenntnis von Sprachspielen und Autorenspezifika sowie den daraus resultierenden Erwartungen; Werte und Werthierarchisierungen etc. (vgl. dazu W. Kummer, 1975, S. 181 ff.).

Wenn man bedenkt, daß nicht allein der Interpret mit solchen Faktoren operiert, sondern daß seine Tätigkeit bereits von dem Sprecher bzw. dem Autor selbst antizipiert wird — und zwar auch in dem Fall einer bewußten Erwartungsenttäuschung —, sollte eigentlich deutlich sein, daß Kommunikation nur unter ganz bestimmten Bedingungen gelingen kann: wenn nämlich sichergestellt ist, daß zumindest eine Anzahl dieser Faktoren nicht allein Bewußtseinsinhalte des Autors oder nur des Interpreten, sondern Teil des 'kollektiven Bewußtseins' der jeweiligen Kommunikationsgemeinschaft sind.

Dies gilt unserer Vermutung nach auch für die „Theorie des 'aptum' und die ihr zugrunde liegenden Hierarchien von 'hohen' und 'niedrigen' Stilen, Formen, Gegenständen, Gattungen usw.", so daß W. Karrers Annahme, daß der Rezipient diese lediglich an Texte heranträgt (1977, S. 162), zugleich die Beschreibung einer mißglückten Kommunikation ist. Es dürfte sich daher empfehlen, auch für das Problem von Werten und deren Hierarchisierungen den vor allem von J. Lyons vorausgesetzten Kontextbegriff zu übernehmen, der für Adressant wie Adressat gleichermaßen unverzichtbar ist, sofern tatsächlich Kommunikation stattfinden soll. Dementsprechend „müssen alle relevanten Konventionen, Meinungen, ja der geistige Hintergrund, den die Mitglieder der Sprachgemeinschaft, zu der Sprecher und Hörer gehören, 'als gegeben betrachten', als kontextzugehörig angesehen werden. Daß es praktisch und möglicherweise auch prinzipiell nicht möglich ist, alle diese 'Kontext'merkmale ganz zu erfassen, darf nicht zum Anlaß genommen werden, ihre Existenz oder ihre Tragweite zu leugnen" (J. Lyons, 1971, S. 422). Das Zitat macht deutlich, wie sehr geglückte Kommunikation die Rekonstruktion von Kontexten erfordern kann, zumal im allgemeinen Autor und Leser sich in keiner aktuellen Äußerungssituation befinden und häufig aufgrund der zeitlichen Distanz der gemeinsame „geistige Hintergrund" zu wenigen Generalisierungen geschrumpft ist. Freilich sollte man auch in diesem Fall wiederum zwischen der Kenntnis von Normen und Konventionen und ihrem Akzeptieren genau unterscheiden!

In keiner Weise kann die Rehabilitation der Autorintention jedoch eine Garantie vor Mißverständnissen geben; daß man Intentionen nicht immer richtig erkennt, ist allerdings auch kein stichhaltiges Gegenargument, wie zuweilen angenommen wird (vgl. etwa G. Wienold, 1971; die Repliken von E. Coseriu, 1972, S. 75 f. sowie von Th. Verweyen, 1973, S. 77 ff.).

Was mit einer solchen Perspektive jedoch gewonnen werden kann, ist die Möglichkeit einigermaßen plausibler Entscheidungen über die Konstruktion bzw. Rekonstruktion des für den jeweiligen Text adäquaten Interpretationsrahmens — also einer Entscheidung über Kontexte. Auf den ersten Blick mag dies für die Parodie trivial sein, da der relevante Kontext allemal die Vorlage ist. Daß die Kenntnis der Vorlage jedoch keineswegs ausreicht, sondern daß auch der pragmatische Kontext, in dem die Vorlage rezipiert worden ist, für eine Funktionsbestimmung der Parodie von entscheidender Bedeutung ist, hat vor allem Th. Verweyen (1973, S. 27 ff.) in einer Fallstudie gezeigt. Geht man davon aus, daß das Parodieren einer Vorlage als spezifische Form der Textverarbeitung eine Handlung mit bestimmter Intention ist, erhält man zudem eine Begründung für einen ersten Reduktionsvorschlag zum Wortgebrauch: W. Gasts Interpretation einiger Gedichte der Friederike Kempner als „unfreiwillige Parodien" (1975, S. 64) scheint uns unter dieser Voraussetzung eine contradictio und für das Postulat nach einem „erweiterten Parodie-Begriff" irrelevant zu sein; zumal die unfreiwillige Komik, beispielsweise in ihrem Gedicht ›Amerika‹, natürlich weder etwas von der berühmten Vorlage — ›Mignons Lied‹ — noch von externen Ereignissen und Zuständen deutlich macht, sondern ausschließlich auf die Autorin zurückfällt.

(2) C. F. Flögels Kombinatorik

Lediglich zum Zweck der nachfolgenden Überlegungen wollen wir noch die weitere Annahme machen, daß Vorlage und Adaption durch die beiden Prädikate „komisch" und „ernsthaft" definit beschrieben werden können. Wir erhalten in diesem Fall rein kombinatorisch 2^2 Möglichkeiten einer Subklassifizierung:

a) Vorlage ernsthaft — Adaption ernsthaft
b) Vorlage ernsthaft — Adaption komisch
c) Vorlage komisch   — Adaption ernsthaft
d) Vorlage komisch   — Adaption komisch

Natürlich bekommt man auf diese Weise alle überhaupt möglichen Kombinationen, ohne daß entschieden wird, ob sie auch faktisch realisiert worden sind oder ob es sinnvoll ist, für eine Klassifikation sämtliche Kombinationen zuzulassen.

Immerhin findet sich der Versuch einer auf einer derartigen Kombinatorik beruhenden Klassifikation schon relativ früh, nämlich in der bereits erwähnten ›Geschichte der komischen Litteratur in Deutschland‹ C. F. Flögels aus den Jahren 1784—1787. Allerdings beschränkt C. F. Flögel sich nicht auf die beiden Prädikate „ernsthaft" und „komisch", sondern bringt als drittes noch „satyrisch" ins Spiel, wobei diese Trias nun den „verschiedenen Endzweck", den man sich beim Parodieren „vorsetzt", erfassen soll. Dabei zeigt sich jedoch eine eigenartige Inkonsistenz: Zunächst einmal wird „satyrisch" nur für die Adaption zugelassen, so daß lediglich die bei uns unter (b) und (d) aufgeführten Kombinationen differenziert werden. Und zwar wird (b) aufgespalten in: „Original ernsthaft und Nachahmung blos komisch" sowie „Original ernsthaft und Kopei satyrisch", während (d) — weniger scharf unterschieden — zu „Original komisch und Nachahmung blos komisch oder satyrisch" wird (vgl. Bd. I, 1784, S. 349 ff.).

Damit ist eine häufig auch bei späteren Parodie-Theorien anzutreffende Unterscheidung zwischen der „bloß komischen", oft auch „bloß literarischen" und der „satirischen" oder „kritischen" Parodie explizit genannt. Freilich führt sie hier — und nicht nur hier — zu einiger Konfusion, da C. F. Flögel seine genetischen und seine systematischen Argumente nicht auf einen Nenner zu bringen vermag. Denn genetisch — entsprechend der Überzeugung, daß „bey den Griechen (. . .) die Parodien ein Hauptwerkzeug der Satyre" waren (I, S. 349) — wird begründet, warum die Parodie als eine Art der Satire zu bestimmen ist; für seine Systematik hat dies jedoch die höchst unerfreuliche Konsequenz, nun zwischen einer Satire, die bloß komisch, und einer Satire, die satirisch ist, unterscheiden zu müssen!

Nicht genug damit: C. F. Flögel führt noch zwei weitere Unterscheidungen ein, die ziemlich schlecht in den selbstgesteckten Rahmen passen:

Nachahmung eines elenden Originals, um es desto lächerlicher zu machen (und zweitens:) Wenn man eine Parodie auf eine andre Parodie macht.

Während im zweiten Fall auf ein auch für die heutige Parodie-Diskussion noch wichtiges Problem hingewiesen wird — die Kontroverse zwischen R. Neumann und F. Torberg, auf die wir später noch zurückkommen, macht dies deutlich —, scheint der erste Fall eher trivial zu sein, vor allem aufgrund der Erläuterungen C. F. Flögels selbst. Denn als Beispiel für einen solchen Fall nennt er ausgerechnet die ›Epistolae obscurorum virorum‹, die ›Dunkelmännerbriefe‹, die — darin kann man ihm zustimmen — „dem Küchenlatein der Mönche einen Hauptstoß gaben" und als „das Chef d'oeuvre (. . .) gegen die elenden Commentatoren, und andre mehr" gelten können (I, S. 352). Es dürfte wohl evident sein, daß das Beispiel an sich, d. h. bei einer konsistenten Systematik, unter „Original ernsthaft und Kopei satyrisch" zu subsumieren wäre. Daß dies nicht geschieht, läßt wiederum eine Vermischung verschiedener Aspekte vermuten, in diesem Fall der systematischen Klassifikation und der moralischen Legitimation. Denn in der Tat nimmt die Erörterung der Fragen, „ob alle Dinge können lächerlich gemacht werden", „ob das Lächerliche auf allen Gegenständen haftet oder nicht" sowie die Apologie eines Katalogs der „ehrwürdigen Dinge" — und damit sind wir auch wieder bei bewertungsgeschichtlichen Problemen der „Parodie", wie wir sie im III. Kap. behandelt haben — in der Untersuchung einen breiten Raum ein. Und zwar nicht nur im Parodie-Kapitel, sondern auch und vor allem bei der Behandlung der Satire allgemein, wobei C. F. Flögel die ihr zugewiesene Legitimation — nämlich daß ihr „Gegenstand" eine „Vergehung" sei — noch einmal als Kriterium einer eigenen Parodie-Klasse verwendet.

Zumindest die zugrunde liegende Motivation, d. h. die Funktions- und Legitimationsfrage, ist auch heute noch durchaus aktuell; R. Neumanns freilich ganz ins Ästhetische gewendeter Legitimationsversuch soll an dieser Stelle nur erwähnt werden. Gleiches gilt für die Versuche, die Parodie ausschließlich zum Instrument einer wie auch immer verstandenen „Aufklärung" zu deklarieren. Dennoch wäre es wohl verfehlt, C. F. Flögels Untersuchung Aktualität zuzusprechen, weder faktisch — E. Rotermund hat sie nicht einmal erwähnt — noch im Sinne eines zumindest potentiell sehr fruchtbaren Definitionsangebots. Wenn wir sie gleichwohl kurz behandelt haben, so deshalb, weil hier sehr deutlich gezeigt werden kann, wie die Kombination bestimmter, zuweilen als unerheblich angesehener Bewertungen der Vorlage bzw. ihrer Adaption ganz entscheidend für den Begriffsumfang sein kann.

Indem C. F. Flögel — und dies ist unser zweiter Grund — eine Vielzahl der möglichen Kombinationen auch zuläßt und darüber hinaus noch Erweiterungen hinzufügt, hat er einen Parodie-Begriff mit einem sehr großen, wenn nicht dem größtmöglichen, Umfang etabliert. Dies läßt ihn sowohl als Maßstab für andere Definitionen wie als Ausgangspunkt für unseren auf Reduktion abzielenden Normierungsvorschlag geeignet erscheinen.

(3) Die Parodie im Rahmen der literarischen Evolution. Zur Parodie-Theorie der Russischen Formalisten

Allerdings könnte man Zweifel haben, ob es eines solchen Rückgriffs auf ein nun fraglos überholtes taxonomisches Konzept überhaupt bedarf, zumal mit der Parodie-Theorie der russischen Formalisten Erkenntnisse vorliegen, die Autoren wie J. von Stackelberg etwas emphatisch als „den letzten Stand der Wissenschaft" preisen, „von dem wir bei unseren Untersuchungen auszugehen haben" (1972, S. 165 bis 166). Ähnliche Äußerungen findet man auch bei W. Karrer, der damit zugleich die berechtigte Kritik verbindet, daß die Theorie der Formalisten „— bis auf wenige Ausnahmen — von der Parodieforschung heute ignoriert wird". Auch wenn man skeptisch sein kann, ob Ju. Tynjanov — wie W. Karrer meint — nun wirklich systematisch beschreibt, „was die Einzelforschung beobachtet" oder ob nicht eine unzulässige Selektion der Beobachtungen erfolgt, bleibt seine Position insofern akzeptabel, als er die „vordringliche Aufgabe der Parodieforschung" darin sieht, „diese Theorie zu falsifizieren oder weiterzuentwickeln" (1977, S. 112).

Dabei dürfte das Faszinierende weniger in den sehr respektablen Einzelergebnissen liegen als vielmehr in der Einbettung der Parodie-Theorie in eine umfassende Theorie der literarischen Evolution, wobei die Parodie — und das ist sicherlich ein Novum in ihrer Bewertungsgeschichte — Modellcharakter und damit eine ausgezeichnete Stelle zugesprochen bekommt.

Deutlich wird diese Umwertung in V. Šklovskijs Aufsatz aus dem Jahre 1921 über den als Parodie verstandenen ›Tristram Shandy‹, wo es zum Schluß nicht ohne Polemik heißt: „Der ›Tristram Shandy‹ ist der typischste Roman der Weltliteratur" (1971, S. 299). Zur Erläuterung empfiehlt es sich, auf die fünf Jahre vorher erschienene Arbeit ›Der Zusammenhang zwischen dem Verfahren der Sujetführung und den allgemeinen Stilverfahren‹ zurückzugreifen. Dort entwickelt V. Šklovskij eine von B. Christiansens Theorie der „Differenzempfindungen" inspirierte Hypothese literarischer Rezeption, die durchaus Anspruch auf universelle Gültigkeit erhebt: „Ein Kunstwerk wird wahrgenommen auf dem Hintergrund und auf dem Wege der Assoziierung mit anderen Kunstwerken. Die Form des Kunstwerks bestimmt sich nach ihrem Verhältnis zu anderen, bereits vorhandenen Formen. (. . .) Nicht nur die Parodie, sondern überhaupt jedes Kunstwerk wird geschaffen als Parallele und Gegensatz zu einem vorhandenen Muster" (1971, S. 51). Eben diese „Differenzqualitäten" zu bestimmten etablierten Verfahren sieht V. Šklovskij vor allem am ›Tristram Shandy‹, so daß er folgerichtig „das Bewußtwerden der Form mit Hilfe ihrer Auflösung" zum Inhalt des Romans erklärt (1971, S. 251).

Die Formulierung kann durchaus als Stenogramm einer Funktionsbestimmung der Parodie angesehen werden; dennoch muß man wohl J. Striedter zustimmen, daß erst durch Ju. Tynjanovs Artikel ›Dostoevskij und Gogol'‹ (ebenfalls 1921) völlig einsichtig wird, warum „die Parodie einem generellen Bewegungsprinzip der Literarischen Evolution" zu entsprechen scheint, indem nun „neben dem destruktiven Aspekt der Parodie (. . .) ihr konstruktiver betont" wird (J. Striedter,1971, S. XLII). „Das Wesen der Parodie" — so schreibt Ju. Tynjanov — „liegt in der Mechanisierung eines bestimmten Verfahrens, wobei diese Mechanisierung natürlich nur dann spürbar wird, wenn das Verfahren, das sich mechanisiert, bekannt ist. Auf diese Weise erfüllt die Parodie eine doppelte Aufgabe: 1) die Mechanisierung eines bestimmten Verfahrens und 2) die Organisation neuen Materials, zu dem auch das mechanisierte alte Verfahren gehört" (1971, S. 331).

Freilich stellt sich sogleich die Frage, ob sich die Aufgabe der Parodie lediglich in einem mit naturwüchsiger Zwanghaftigkeit intern motivierten Prozeß notwendiger Innovation erschöpft. Mit anderen Worten: es geht um ein Problem, das J. Striedter als „die Frage nach dem Verhältnis von Literatur und 'Leben'" apostrophiert hat und das seit den frühen Kontroversen zwischen den Formalisten und einer sich noch als argumentierend und nicht lediglich 'entlarvend' verstehenden marxistischen Literaturwissenschaft zentral geblieben ist. Und zwar besteht dieses Problem in einer doppelten Weise: einmal geht es um den Einfluß literaturexterner Faktoren in der Evolution, zum anderen um die Funktion der Literatur in der 'Lebenswelt'.

V. Šklovskijs zuweilen geradezu aphoristische Polemik legt zunächst die Deutung eines rein immanenten Prozesses zumindest nahe: *Eine neue Form entsteht nicht, um einen neuen Inhalt auszudrücken, sondern um eine alte Form abzulösen, die ihren Charakter als künstlerische Form bereits verloren hat"* (1971, S. 51). Allerdings kann man J. Ihwe zustimmen, daß diese Argumentation nur im Kontext der damals „herrschenden simplifizierenden Auffassung" zu verstehen ist (J. Ihwe 1972, S. 315) und daß gerade V. Šklovskijs Aufsatz ›Kunst als Verfahren‹ die Möglichkeit bietet, die Vorstellungen eines schlechten Formalismus zu korrigieren. Denn dort gibt es in der Tat den Versuch — gemäß den „allgemeinen Gesetze(n) der Wahrnehmung" —, die Notwendigkeit einer Desautomatisierung automatisierter Verfahren aus dem „Ziel der Kunst" zu erklären, „ein Empfinden des Gegenstandes zu vermitteln, als Sehen, und nicht als Wiedererkennen" (1971, S. 15).

Mit dieser Bestimmung ist einmal die Opposition zur praktischen Sprache markiert, wo es lediglich um ein „Wiedererkennen" der „Dinge" geht, während das „Sehen" es ermöglichen soll, „die Dinge zu fühlen"; zum anderen dürfte die Annahme einer ständig notwendigen Entautomatisierung zumindest plausibel sein — jedenfalls solange man bereit ist, den dieser Hypothese implizit zugrunde liegenden 'modernen' Kunstbegriff zu akzeptieren. Ungeklärt bleibt indes, welche Relevanz ein solches „Sehen" denn im Rahmen unserer kognitiven bzw. emotiven Möglichkeiten hat und wie der Prozeß der Evolution adäquat beschrieben werden kann, zumal „viele, oft grundlegende 'Verschiebungen' in der literarischen Tradition (. . .) nur als Antworten auf bestimmte außerliterarische Situationen und Veränderungen und nicht als bloße Reaktion auf die 'Automatisierung' vorausgehender literarischer Formen zu erklären" sind (J. Striedter, 1971, S. LXXIV).

Dabei wollen wir weder die Legitimität bezweifeln, beim Aufbau einer Theorie zunächst restriktiv zu verfahren, noch die Möglichkeit in Frage stellen, daß die formalistische Theorie auch solche literaturexternen Faktoren adäquat hätte integrieren können; faktisch jedoch — darin folgen wir J. Striedter — „ist das eine uneingelöste Versicherung geblieben" (1971, S. LXXIV), und eben dies muß auch bei der heutigen Diskussion der formalistischen Parodie-Theorie berücksichtigt werden.

Der Versuch, die Parodie-Theorie in eine Literaturtheorie und eine daraus entwickelte Theorie der literarischen Evolution einzubetten, mag faszinierend und auf den ersten Blick auch überzeugend sein; zumindest das Konzept Ju. Tynjanovs als das in dieser Hinsicht am weitesten entwickelte führt jedoch zu der Konsequenz, daß mit einem sehr weiten Parodie-Begriff gleichwohl eine ganze Reihe von Texten ausgeschlossen wird, die man intuitiv ohne jeden Zweifel als „Parodie" bezeichnen würde.

Die Gründe für die, wie wir glauben, zu große Extension des Begriffs sehen wir in der — vorsichtig formuliert — unklaren Haltung gegenüber der Rolle der Komik und der damit zusammenhängenden Festlegung der Parodie-Funktion auf das „dialektische Spiel mit dem Verfahren", wie Ju. Tynjanov am Ende seines Aufsatzes über Dostoevskij und Gogol' schreibt. Und es folgt dann jener Satz, der die Fruchtbarkeit seiner Parodie-Theorie ganz erheblich einschränkt und die Globalität des verwendeten Begriffs deutlich macht: „Wenn die Parodie einer Tragödie eine Komödie wird, so kann die Parodie einer Komödie eine Tragödie sein" (1971, S. 371).

Im Gegensatz zu C. F. Flögel, der zwar auch die Möglichkeit erwähnt, daß ein „Original komisch und die Kopei im ernsthaften Ton ist", sie jedoch durch die anschließende Erläuterung („um durch den Kontrast desto eher Lachen zu erregen") sogleich wieder zur Bagatelle macht, wird in Ju. Tynjanovs Auffassung von der Parodie — da sie „ganz auf dem dialektischen Spiel mit dem Verfahren" beruht — diese Möglichkeit nun auch tatsächlich zugelassen. Allerdings bleibt die Argumentation hier merkwürdig suggestiv. Inwieweit dies auf eine „grundsätzliche Problematik der diachronen Gattungsanalyse der Formalisten" zurückzuführen ist, wollen wir hier unbeantwortet lassen; sicher scheint uns jedoch zu sein, daß K. W. Hempfer mit seiner Kritik recht hat, daß diese Problematik im wesentlichen darauf beruht, „daß sie nicht zwischen der 'normalen' Evolution einer Gattung und deren bewußter Parodie unterscheiden" (1973, S. 214). Darin dürfte auch ein Grund für die Antwort auf die selbstgestellte Frage „nach der Parodie als einem komischen Genre" liegen: „Die Komik ist gewöhnlich die Färbung, die die Parodie begleitet, aber keineswegs die Färbung des parodistischen Charakters selbst" (Ju. Tynjanov, 1971, S. 371). Und insofern scheint die Parodie auch in Gattungen und Genres möglich zu sein, die geradezu durch das Fehlen der Komik gekennzeichnet sind.

Es soll allerdings nicht verschwiegen werden, daß es in der Arbeit Ju. Tynjanovs auch abweichende Äußerungen gibt. Hierzu gehört vor allem der Versuch, die Parodie kontrastiv zu der mit Recht als verwandt empfundenen Stilisierung zu bestimmen: Während Ju. Tynjanov für die Parodie eine „Unstimmigkeit zwischen beiden Ebenen" — nämlich der Vorlage und der Adaption dieser Vorlage — für konstitutiv ansieht, schließt er dies für die Stilisierung aus — „es gibt im Gegenteil eine Entsprechung der beiden Ebenen: der stilisierenden und der durchschimmernden stilisierten" — und fährt dann fort: „Dennoch ist es von der Stilisierung zur Parodie nur ein Schritt; die komisch motivierte oder betonte Stilisierung wird zur Parodie" (1971, S. 307).

Nun taugt dieser Satz als Bestimmungselement jedoch wenig; denn es würde dadurch nicht nur die schon zitierte vorangehende Bemerkung: „(. . .) die Parodie einer Komödie kann eine Tragödie sein" zu Flögelscher Harmlosigkeit erklärt, sondern darüber hinaus wäre es unmöglich, die Parodie zum Instrument der literarischen Evolution mit Modellcharakter avancieren zu lassen, da die Prämisse, daß sich diese Evolution zugleich ständig unter Aspekten des Komischen vollzieht, nicht generalisierbar ist.

Geht man jedoch von einer Trennung des „parodistischen Charakters" und der komischen „Färbung" aus, so dürfte dies nicht minder problematisch sein; denn fraglich wäre zunächst schon, ob „die Komik" tatsächlich so voraussetzungslos rezipierbar ist, wie man aufgrund dieser Argumentation dann annehmen könnte. Untersuchungen zur Karikatur, die ja oft aufgrund einer gewissen Affinität mit der Parodie verglichen worden ist, legen jedenfalls eher das Gegenteil nahe. So macht die zunächst verblüffend ähnlich scheinende Bemerkung M. Melots — „eine Karikatur kann in Wirklichkeit eine Tragödie sein" (1975, S. 11) — gerade deutlich, wie sehr auch eine vermeintlich voraussetzungslose Rezeption des Komischen von spezifischen Kultur- und Wirklichkeitsmodellen abhängig ist; denn bei der von M. Melot zur Demonstration ausgewählten, auf uns heute 'komisch' wirkenden Maske handelt es sich um eine vermutlich dem Abwehrzauber dienende Darstellung eines Leprösen!

Aber auch wenn man die Äußerungen Ju. Tynjanovs schwächer interpretiert und lediglich davon ausgeht, daß für die Rezeption des Komischen oft schon ein gemeinsamer „geistiger Hintergrund" (J. Lyons) ausreichen kann, während für die adäquate Rezeption einer Parodie eben spezielle Textkenntnisse gefordert werden, bleiben dennoch Zweifel, ob die Komik tatsächlich mit oder ohne solche Kenntnisse dieselbe ist und ob man nicht auch eine eigenständige Komik der Transformation annehmen muß, die dann im wesentlichen auf dem Bezug zur Vorlage beruht. Zumal W. Preisendanz kürzlich nicht nur vor allzu unbekümmerten mono-kausalen Erklärungen im Bereich der Komik-Theorie gewarnt hat, sondern darüber hinaus mit seinem Plädoyer: „das Komische zunächst mit Rücksicht auf seine Bedingtheit durch das jeweilige Darstellungsverfahren, als Implikat, Effekt, Konsequenz eines Verarbeitungsprinzips" aufzufassen (1976, S. 159), einen Ansatz vorgelegt hat, der uns über seinen originären Gegenstandsbereich hinaus auch für die Parodie-Theorie sehr fruchtbar zu sein scheint.

Nicht weniger Kritik verdienen die Äußerungen Ju. Tynjanovs, durch die er bestimmte Restriktionen einführt; und zwar derart rigide, daß für die Parodie nicht einmal die von ihm belächelte „Geschichte der Generale" vollständig geschrieben werden könnte. Auch dafür sind wieder jene Aspekte verantwortlich, welche die Einbettung gewährleisten, wobei sich natürlich negativ bemerkbar macht, daß Ju. Tynjanov — ebenso wie V. Šklovskij — nicht nur ein sehr schmales Textkorpus seiner Untersuchung zugrunde legt, sondern sich dabei ausschließlich an der „Höhenkammliteratur" orientiert. Denn in diesem Fall ist die Gefahr, daß die alte Legitimationsproblematik auf die systematischen Überlegungen einwirkt, besonders groß. Daß auch bei Ju. Tynjanov diese Gefahr besteht, wird symptomatisch deutlich, wenn er „das Wesen der Parodie, ihre doppelte Ebene" nun selbst als ein „wertvolles Verfahren" lobt (1971, S. 339), so daß die Parodie durchaus die hohe Wertschätzung mit dem Original teilen kann. Freilich unter der nun hochrestriktiven Bedingung, daß die Kennzeichen literarischer Texte allgemein an der Parodie wiederentdeckt werden können, weshalb dann auch die Parodie die „Organisation neuen Materials" als positive Aufgabe zugesprochen bekommt.

Wie wir bereits angedeutet haben, ist die Auffassung von einer eigenen innovativen Struktur unter anderem von Ju. M. Lotman kritisiert worden, wobei er nicht nur eine Generalisierung der Aussage ablehnt, sondern darüber hinaus die Frage, ob nur ein „extratextueller Bezug" vorliegt oder ob „die 'positive' Struktur des Autors innerhalb des Textes klar zum Ausdruck kommt", zur Entscheidungsgrundlage darüber macht, ob es sich um eine Parodie handelt oder nicht.

Allerdings wird die destruktive Funktion dadurch wieder relativiert, daß für Ju. M. Lotman — und hier zeigt sich natürlich noch der starke Einfluß der Formalen Schule — die Parodie zugleich als „der seltene Fall einer Konstruktion" gilt, „bei der die echte innovatorische Struktur sich außerhalb des Textes befindet". Mag daher auch die Applikation seiner nur beiläufig und fragmentarisch vorgeführten Parodie-Theorie auf der Textebene unproblematischer sein, als dies bei Ju. Tynjanov der Fall wäre — eben weil die Verpflichtung entfällt, die „Organisation neuen Materials" nachzuweisen —, sie bleibt dennoch nicht weniger fragwürdig: Denn die Schlußfolgerung, daß „eine Parodie in ihrer vollen künstlerischen Bedeutung" nur dann rezipiert werden kann, „wenn in der Literatur bereits Werke vorhanden und dem Leser bekannt" sind, „die zugleich mit der Zerstörung ästhetischer Klischées diesen eine Struktur von größerem Wahrheitsgehalt entgegenstellen, eine Struktur, die ein angemesseneres Modell der Wirklichkeit schafft" (alle Zitate: Ju. M. Lotman, 1972, S. 415), ist nun selbst eine Variante jenes nicht nur bei den Formalisten beliebten Klischees einer prinzipiell „progressiven" Parodie, wobei die Parodie zwar nicht mehr an der Spitze, aber immerhin noch im Troß des Fortschritts marschiert.

Ähnlich wie die Spätzeithypothese ist auch dieses Klischée von einer erstaunlichen Dauer, wobei allerdings das Marschziel zuweilen etwas variieren kann, wie beispielsweise in den im Grunde konformen Äußerungen H. Helmers: „Die Parodie ist also eine gesellschaftskritische Verfremdung, die sich innerhalb des Bereiches der Literatur bewegt. Durch die Gegenüberstellung mit einem 'verkehrten' Text soll der als reaktionär erkannte ältere Text der Lächerlichkeit preisgegeben werden" (1971, S. 101).

Sofern solche und ähnliche Aussagen nicht ausdrücklich als Normierungsvorschläge gemacht werden, über deren Begründung dann noch zu reden wäre, bieten sie sich zum Falsifizieren geradezu an! Damit wir späteren Überlegungen nicht vorgreifen, wollen wir an dieser Stelle nur an den „Xenien-Kampf" erinnern, wo die „Alten" sehr wohl die Parodie als Streitinstrument zu verwenden wußten. Wer von ihnen allerdings die „reaktionären" Texte schrieb, wagen wir nicht so ohne weiteres zu entscheiden; vermutlich wäre eine solche Unterscheidung auch unerheblich, da für H. Helmers sich das Reaktionäre des Textes offenbar schon darin zeigt, traditionelles literarisches Muster zu sein (vgl. 1971, S. 101). Immerhin gibt es zum „Xenienkampf" eine gleichfalls nicht sonderlich skrupulöse Bemerkung R. M. Meyers aus dem Anhang seiner Parodie-Anthologie, die fast wie eine vorweggenommene Replik auf H. Helmers anmutet: „Die Antixenien mußten [in der Anthologie] reichlicher vertreten sein, schon weil in ihnen die unmittelbar parodistische Tendenz deutlicher zum Ausdruck kommt; auch: weil sie weniger bekannt sind — und weil sie die Angriffe der Xenien nachträglich rechtfertigen. — Wir behandeln ihre Verfasser als 'Eine einheitliche reaktionäre Masse'" (1913, S. 200 f.).

Natürlich soll hiermit in keiner Weise ausgeschlossen werden, daß die Parodie auch in einem Kontext auftreten kann, wie ihn etwa Ju. M. Lotman skizziert hat; nur ist dies eben nicht die Regel. Adäquater scheint uns daher schon eine Funktionsbeschreibung der Parodie zu sein, die wir gleichfalls R. M. Meyer verdanken und die durchaus schon Aspekte einer literarischen Evolution mitberücksichtigt: Die parodistische Abwehr „kann entweder ganz allgemein dem Kampf gegen eine ein für allemal verworfene Art der Dichtung gelten: dem typisierenden Spott gegen elende Reimer, wie er von Horaz auf Boileau und Rabener oder Liscow vererbt wurde: oder gegen Dichterdünkel, gegen den Abstand von Leben und Dichtung und ähnliche Themata mehr. Oder aber, was uns näher angeht, sie kann gegen spezifische Richtungen vorgehen. Da ist es nun für die literarhistorische Bedeutung der einzelnen Parodie vor allem wichtig, die Verspottung der Alten durch die Neuen und die der Neuen durch die Alten zu unterscheiden. Jede neue Richtung wird zunächst von den Vertretern der alten Kunst mit Mißfallen und Mißtrauen begrüßt. Die Aufklärer bekämpfen die Romantik, und die Romantiker bekämpfen die neu auftauchenden Aufklärer. Diese man möchte sagen defensive Parodie nun pflegt sehr feinhörig zu sein für das Übertreibende, das eine künstlerische Jugend fast unausbleiblich hervorträgt: für das Betonen programmatischer Eigenheiten, für den gegenseitigen Kultus der neuen Genies, für das Unterschätzen der traditionellen Grundlagen. Umgekehrt kämpft aber auch die literarische Jugend selbst gern mit den Waffen des Spotts und geht rasch aus der Defensive zur Offensive über" (1913, S. XII—XIII).

Ob diese Beschreibung Vollständigkeit beanspruchen kann, mag dahingestellt bleiben; in jedem Fall dürfte es sich um eine realistischere Einschätzung handeln als es der Versuch ist, die Parodie einseitig zum Movens der literarischen Evolution zu machen. Dabei ist es gerade unter dem Aspekt des „literarischen Lebens" wichtig, daß die Parodie auch dort, wo sie sich gegen die literarische Evolution wendet, also Waffe der „Alten" ist, durchaus in der aktuellen Auseinandersetzung bleibt und nicht zwangsläufig jene Bedingungen erfüllt, unter denen Ju. Tynjanov in seiner späteren Abhandlung über die literarische Evolution noch einen Funktionswandel der Parodie einzuräumen bereit war: daß sie nämlich im „kleinen Feuilleton" verkommt mit einer Vorlage, die nicht mehr lebendig ist (vgl. 1971, S. 443).

Die Revision der von den Formalisten versuchten Einbettung der Parodie-Theorie in einen umfassenderen theoretischen Rahmen scheint uns daher unumgänglich zu sein; gleiches gilt natürlich auch für die Position Ju. M. Lotmans und erst recht für die ins Gesellschaftskritische gewendeten Adaptionen. Unberührt bleibt davon freilich eine Reihe höchst wertvoller Einzelüberlegungen vor allem V. Šklovskijs und Ju. Tynjanovs — vorwiegend zur parodistischen Technik —, die, wie wir glauben, nicht so unlösbar mit der Funktionsbestimmung der

Parodie im Rahmen der literarischen Evolution verbunden sind, als daß sie nicht auch nach einer Umorientierung applikabel blieben.

Wir wollen uns an dieser Stelle auf einige kurze Hinweise beschränken, da wir später noch einmal darauf zurückkommen werden. Zu den bleibenden, wenn auch nicht in jedem Fall neuen, sondern präziser formulierten Einsichten der Formalisten gehört sicherlich der Hinweis auf die „zwei Ebenen" und die für die Parodie konstitutive „Unstimmigkeit" zwischen diesen beiden (Ju. Tynjanov, 1971, S. 307); weiterhin die von V. Šklovskij angenommene „Bloßlegung des Verfahrens" (1971, S. 245) und die „Verschiebung und Verletzung der üblichen Form" (1971, S. 267) — ein Vorgang, der bei Ju. Tynjanov noch einmal präzisiert wird als „Unterstreichung", und zwar, da im Hinblick auf die Tragödie formuliert wird: als „Unterstreichung des Tragischen" bzw. als „Vertauschung mit dem Komischen" (1971, S. 307). Gerade mit dieser Unterscheidung, die vermutlich auch auf W.-D. Stempels Beschreibung der Parodie als „Über- und Untererfüllung" des „Mustertextes" nicht ohne Einfluß geblieben ist (W.-D. Stempel, 1972, S. 181), bietet sich die Möglichkeit einer absolut notwendigen Differenzierung des parodistischen Verfahrens.

(4) H. Grellmann und A. Liede:
Begriffspräzisierung gegen Behutsamkeit?

Das grundsätzliche Problem, das in der Übernahme theoriegebundener Ausdrücke in einen anderen theoretischen Rahmen liegt — Autoren wie J. Ihwe haben vor einer solchen Übernahme gerade im Hinblick auf die russischen Formalisten ausdrücklich gewarnt —, soll nicht verharmlost noch durch den Hinweis sanktioniert werden, daß bereits die frühe marxistische Kritik, vor allem aber K. Konrad (vgl. 1934, S. 133) eben dies nahelegen. Wir meinen jedoch, daß ein gewisser Eklektizismus bei dem gegenwärtigen Stand der Parodie-Forschung einfach nicht zu vermeiden ist. Welch geringer Progreß bei der Ausarbeitung einer allgemein akzeptierten Parodie-Theorie erwartet werden darf, machen die Artikel von H. Grellmann und A. Liede deutlich, die beide — getrennt durch einen Zeitunterschied von rund vierzig Jahren — für das ›Reallexikon der deutschen Literaturgeschichte‹ geschrieben worden sind:

H. Grellmann beginnt seinen im 2. Bd. des ›Reallexikons‹ (1926/28) erschienenen „Parodie"-Artikel mit dem mittlerweile schon toposhaften Hinweis auf die geringe Tauglichkeit der Begriffsbestimmung; allerdings — und das ist selten genug — verbindet er mit seiner Kritik zugleich einige Postulate, die „im Interesse wissenschaftlicher Klärung" die Extension des Begriffes einengen sollen:

Zunächst ist für die Begriffsbestimmung die gewollt komische Wirkung zu
fordern und die Einbeziehung der ernstgemeinten Nachdichtung abzuleh-
nen (. . .). Ferner ist das Spottgedicht und die Satire nicht aufzunehmen,
soweit sie sich nicht in formaler Hinsicht an eine Vorlage bewußt anschließen
(1926/28, S. 631).

Während die Bemerkungen über „Spottgedicht und Satire" mittlerweile trivial anmuten und ihre Formulierung wohl nur dem Umstand
verdanken, daß R. M. Meyer einige Jahre zuvor seine Parodie-Anthologie veröffentlicht hatte, scheinen uns die anderen Forderungen auch
heute noch durchaus aktuell zu sein. Nicht minder gilt dies für die
weitere Explikation, daß sonst

die Kontrafakturen (. . .), die zahllosen bewußten und unbewußten formalen
Nachahmungen von geistlichen Liedern, von Kriegsliedern, ja selbst Gedichte
wie Goethes ›Vermächtnis‹ (als formale Nachdichtung von ›Eins und alles‹)
usw. zur P[arodie] gezählt werden müßten (ebd.).

Bemerkenswert ist hieran nicht allein der Hinweis auf die systemhaften Beziehungen, in denen der Ausdruck „Parodie" mit anderen
Ausdrücken steht, sondern daß von ihnen gerade „Kontrafaktur"
genannt wird; denn im allgemeinen müssen für eine Begriffsklärung
bzw. für eine Differenzierung des Objektbereichs lediglich „Travestie",
„Stilisierung" oder „Pastiche" herhalten, während man die Möglichkeiten und Probleme, die mit „Kontrafaktur" gegeben sind, zumeist
weniger beachtet und deshalb oft den Ausdruck synonym mit „Parodie" verwendet hat.

Zugleich mit der Forderung nach einer „Einengung" gibt es bei H. Grellmann weitere Postulate, die einer „Erweiterung" der Definition — freilich in
eine ganz bestimmte Richtung — dienen sollen: so etwa der Hinweis, „daß sich
die Nachdichtung nicht immer an eine konkrete Vorlage zu halten" habe
(S. 631). Dem ist gewiß ohne Einschränkung zuzustimmen; eine Theorie, die
nicht berücksichtigt, daß als Vorlage ein Text ebenso wie Individual-, Grup-
pen- oder Epochenstile, aber auch Gattungen und Genres dienen können,
wäre denkbar unbefriedigend. Anders verhält es sich freilich mit jenen „Erweiterungen", die nicht mehr auf den Text bzw. auf Abstraktionsprozesse
über Texten bezogen sind, sondern „Nachbargebiete" wie Kunst und Musik
oder gar die „typischen Ausprägungen von zeitlichen Anschauungen, Sitten
und Gebräuchen, von Berufsgewohnheiten usw." als Vorlage berücksichtigen
sollen.
Ohne daß wir eine „wechselseitige Erhellung der Künste" generell ablehnen
oder ausschließen wollen, daß aufgrund einer umfassenden Handlungstheorie
eine einheitliche wissenschaftliche Bearbeitung selbst dieses sehr heterogenen
Gegenstandsbereichs denkbar ist, dürfte eine derart globale Erweiterung auch

in unserer Zeit eher verwirrend als klärend sein. Dies gilt um so mehr dann, wenn dabei die Identität des Mediums bei Vorlage und Adaption preisgegeben wird. Insofern ist die „Zweigleisigkeit des Begriffs", die W. Pape für seine Auffassung einer „Selbstparodie" bei J. Ringelnatz fordert (vgl. 1974, S. 163) — und zwar im Anschluß an, aber wohl nicht immer im Sinne von P. Lehmann —, nicht allein unter dem Aspekt einer 'Begriffshygiene' anfechtbar; weitaus problematischer ist für uns die Konsequenz, daß beispielsweise die Parodie einer Handlung durch eine — möglicherweise verzerrende — *Beschreibung* dieser Handlung — erfolgen kann. Vorausgesetzt, daß wir P. Lehmann richtig interpretieren, ist bei ihm etwa die Parodie einer Messe gleichfalls immer noch eine die Messe imitierende *Handlung*, das heißt, daß sich die für die Parodie geforderte partielle Identität mit der Vorlage auch und zuallererst in der *Identität des Mediums* zu erweisen hätte.

H. Grellmanns Artikel verdient jedoch nicht nur unter definitorischem, sondern auch unter bewertungsgeschichtlichem Aspekt Beachtung: zwar betont auch er, daß die Parodie „unter den literarischen Gattungen zweifellos eine niedrige Stelle" einnimmt. Ebenso weist er auf die oft „unüberbietbare Plattheit" und „Banalität" hin — eine Bewertung, die etwas von dem verständlichen Verdruß beschreibt, der einen beim Lesen von Parodie-Anthologien von G. G. Röller bis E. Heimeran tatsächlich befallen kann. Aber zumindest für die „kritischen und polemischen Parodien" — auf die Problematik einer Unterscheidung von „rein komischen" und „kritischen" Parodien kommen wir später noch einmal zurück — fordert er schon vor E. Rotermund und P. Rühmkorf eine nicht mehr am Kunstcharakter, sondern an der je besonderen Funktion von Literatur orientierte Bewertung. Dabei ist es symptomatisch, wie sich im Vokabular noch immer etwas vom Legitimationszwang zeigt, dem sich offenbar der Literaturwissenschaftler bei einer positiven Bewertung der Parodie ausgesetzt fühlt:

Aber da sie für den Augenblick geschrieben sind und dem literarischen Kampfe des Tages dienen, wollen die P[arodien] gar nicht als solche gewertet werden. Ihr Eigenwert muß zurücktreten vor der Bedeutung, die ihnen als wichtigem Kampfesmittel im geistigen Meinungsstreite zukommt. Und hier allerdings, in ihrer gleichsam regulierenden Wirksamkeit, liegt ihr Wert begründet (1926/28, S. 634).

Ein Vergleich dieser Darstellung mit dem in der 2. Auflage des ›Reallexikons‹ erschienenen „Parodie"-Artikel A. Liedes (1966, S. 12—72) macht deutlich, wie sehr die Geschichte der Parodie-Theorie zugleich eine Geschichte des verweigerten Dialogs sein kann; und zwar gerade dadurch, daß der Hinweis auf den Vorgänger keineswegs fehlt und einige seiner Überlegungen übernommen werden. Denn die

Übernahmen bleiben peripher, zumal die zentrale Forderung nach Begriffsklärung übergangen wird, was beiläufig mit der „Gefahr einer Vergewaltigung alter Texte durch eine neue Begriffsbildung" (1966, S. 12) begründet wird.

Wie verschieden der argumentative Stellenwert der scheinbaren Übereinstimmungen ist, lassen die Bemerkungen zur Travestie und zur Notwendigkeit einer Einbeziehung von Kunst bzw. Musik erkennen: So betonen beide Autoren die „theoretisch" angebbare Differenz zwischen Parodie und Travestie. Und beide schließen sich dabei offenbar der vor allem durch A. W. Schlegels Vorlesungen bekannt gewordenen, wenn auch nicht zuerst von ihm formulierten Klassifikation nach der unterschiedlichen „Behandlung" von „Inhalt" bzw. „Stoff" und „Form" der Vorlage an, die freilich — darauf hat W. Hempel zu recht hingewiesen — mittlerweile „in allen deutschen Stellungnahmen zu der Frage wiederbegegnet" (1965, S. 164).

Desgleichen betonen A. Liede wie H. Grellmann die „praktische Unmöglichkeit einer Trennung", da, wie A. Liede formuliert, „(...) die meisten Travestien auch parodistisch auf das literarische Werk an[spielen], aus dem sie schöpfen, und ebenso travestieren die meisten Parodien" (1966, S. 13). Immerhin — und das wollen wir für unsere späteren Überlegungen gegen die Hypothese W. Hempels festhalten, derzufolge „Travestie (...) nicht eigentlich — wie Parodie — ein Begriff der Literaturtheorie, sondern mehr noch ein Begriff der Literaturgeschichte" sei (1965, S. 164) — sind solche Unterscheidungen offenbar nicht nur „theoretisch" möglich, sondern auch relativ früh gemacht worden, und zwar durchaus mit der Annahme, daß beide Ausdrücke in einem gewissen Oppositionsverhältnis zueinander stehen und auf derselben Ebene zu situieren sind. Dabei muß der Einwand, daß „praktisch" keine reinen Typen vorkommen, nicht unbedingt gegen eine begriffliche Differenzierung sprechen; jedenfalls solange nicht, wie auch die Angabe von Dominanzen als legitim angesehen wird.

Gerade hier zeigen sich jedoch die zugrunde liegenden unterschiedlichen Motivationen: Während H. Grellmann auf eine weitere Differenzierung zwischen Parodie und Travestie verzichtet, weil dies vermeintlich für die Intension von „Parodie" keine wesentliche Bedeutung hat — „Es ist um so weniger wesentlich, beide Gattungen streng zu scheiden, da ihnen die beiden Hauptmerkmale, die Anlehnung an ein bekanntes ernstes Vorbild und die beabsichtigte komische Wirkung, gemeinsam sind" (1926/28, S. 632) —, ist A. Liedes Verzicht im Zusammenhang mit seinem Versuch zu sehen, einen möglichst großen Begriffsumfang zu gewährleisten, was übrigens auch seine Forderung nach einer einheitlichen Verwendung des Begriffs in der Literatur- und Musikwissenschaft motiviert.

Erfüllt sieht A. Liede seine Forderung nach einem möglichst großen Begriffsumfang in einem Definitionsvorschlag G. Gerbers, den er deshalb zunächst uneingeschränkt übernimmt:

Die Parodie will (. . .) das Original irgendwie in seinem Inhalt, seinem Wesen oder doch in der Art des Eindrucks, welche diesem zu eigen ist, durch Verwendung derselben Worte treffen, wenigstens berühren, sei es, um an diese Worte eine weitere, tiefere Bedeutung zu knüpfen, als ihnen im Original zukommt, sei es, um scherzend oder spottend deren Gewicht zu zerstören, sei es auch nur, um durch Erinnerung an ein von Trefflichen trefflich Gesagtes Teilnahme und verstärkte Wirkung für die eigene Darstellung zu gewinnen (G. Gerber, 1885, S. 373).

Es dürfte evident sein, daß damit recht unterschiedliche Formen der „Textverarbeitung" unter einen Begriff gebracht werden; freilich — das unterschlägt A. Liede — geht auch G. Gerber davon aus, daß die „Entlehnung von Ausdrücken aus anderen Werken, durch welche die Parodie als solche wirkt, (. . .) ein von selbst zur Komik und zum Spott einladendes Darstellungsmittel" ist, weshalb „Parodien allerdings gewöhnlich komischer Art" sind (1885, S. 376). Davon einmal abgesehen, ist G. Gerbers Einfluß über die Definitionsübernahme hinaus vor allem bei A. Liedes Versuch spürbar, die Parodie im Rahmen des Spiels zu erklären, da G. Gerber bereits die Parodie im wesentlichen unter der Rubrik „Die Laut- und Wortspiele" abhandelt. Allerdings fehlen dabei jene allgemeinen anthropologischen Überlegungen fast vollständig, die A. Liede in seiner Darstellung miteinbezieht. Für eine Präzisierung der Parodie-Definition wird damit gleichwohl nur wenig gewonnen: als einziges generelles Merkmal bleibt im Grunde nur, daß die Parodie *„das bewußte Spiel mit einem (möglicherweise auch nur fingierten) literar[ischen] Werk"* ist (1966, S. 12), wobei „bewußtes Spiel" offenbar nicht mehr bedeutet, als daß der Parodist die Vorlage in voller Absicht adaptiert, womit sämtliche der von G. Gerber beschriebenen Intentionen zugelassen sind.

Ohne Zweifel bietet die Weigerung, zwischen literaturgeschichtlicher und -theoretischer Verwendung zu unterscheiden, A. Liede die Möglichkeit zu einer eindrucksvollen Fülle des Materials. Dennoch treten die systematischen Probleme deutlich hervor: Die Fragen einer Klassifizierung — und sei sie noch so rudimentär — lassen sich nämlich auch in diesem Fall nicht umgehen, sofern man nicht eine gänzlich ungeordnete, bestenfalls chronologisch orientierte Auflistung erhalten will. Hier zeigt sich nun, daß jenes Beharren auf dem *einen* Begriff — was zunächst als Behutsamkeit gegenüber den „Sachen" erscheint — zu Subklassifizierungen zwingt, deren Anwendung durchaus rigide Züge annehmen kann. (Zur Kritik dieser Subklassifizierungen vgl. auch M. A. Rose, 1976, S. 64 ff.)

So unterscheidet A. Liede, tentativ freilich, drei „grundsätzlich verschiedene Arten" von Parodien:

1) Die „artistische Parodie", die mit der folgenden, an eine petitio principii reichenden Argumentation zur häufigsten deklariert wird: „Das bewußte Nachahmen, von dem die P[arodie] nur eine Sonderform bildet, ist ein Ur-

trieb des Menschen, und zwar vor allem eine Geschicklichkeitsübung. Deshalb ist die artistische P[arodie] (. . .) in den mannigfachsten Schattierungen und von unterschiedlichstem Wert die verbreitetste". „Letztes Ziel" dieser Art ist „im Scherz oder Ernst — die vollendete Nachahmung", woraus A. Liede durchaus folgerichtig schließt, daß „bei steigender künstlerischer Qualität" die Ähnlichkeit zum Original anwächst, „bis sie von einem solchen nicht mehr zu unterscheiden ist".

(2) Die „kritische Parodie"; sie „greift das Original an und will es zerstören. Ihr letztes Ziel ist die vollendete Polemik und Satire; die Ähnlichkeit mit dem Original nimmt also meist bei steigender künstlerischer Qualität ab".

(3) die „agitatorische Parodie", für die „eine umformende Benützung einer Dichtung ein wirksames Werkzeug der Propaganda" ist (alle Zitate: 1966, S. 13 f.).

Auch wenn dieser Klassifizierungsvorschlag auf richtigen Unterscheidungen zu beruhen scheint, dürften die Zweifel, die er hervorruft, nicht minder stark sein. Dies gilt im Grunde schon für die eigenartig konstruierte Opposition Artistik—Kritik—Agitation, wobei „artistische Parodie" relativ weit, gelegentlich nachgerade verharmlosend weit gefaßt ist, während „kritische Parodie" von einem Extrem her — Zerstörung des Originals — definiert wird, offenbar um dadurch möglichst viele Texte unter 1) klassifizieren zu können. Zudem muß man sich bei Subklasse 3) fragen, was denn nun noch die einheitliche Verwendung des Oberbegriffs „Parodie" legitimiert, da hier jeder über die partielle Adaption hinausgehende Rückbezug auf die Vorlage fehlt und auch der Fundierungsversuch im Spiel wenig evident ist.

Ohne jene erwähnte Rigidität, die in dem Artikel zuweilen auch zu einem etwas unglücklichen Psychologisieren führt — einige Bemerkungen über R. Neumann zeigen dies deutlich genug —, dürfte daher ein Text wie P. Rühmkorfs ›Auf eine Weise des Joseph Freiherrn von Eichendorff‹ nur sehr schwer unterzubringen sein. Denn er ist weder „artistische" noch „kritische Parodie" im Sinne A. Liedes. Und zwar deshalb nicht, weil sein Verhältnis zur Vorlage vielschichtiger und unter Berücksichtigung des jeweiligen pragmatischen Kontextes und seiner spezifischen Rezeptionsgeschichte komplizierter ist, als dies A. Liedes ungewollt reduktionistische Explikation nahelegt. Jedenfalls kommt man zu diesem Schluß, wenn man die Selbstinterpretation P. Rühmkorfs ernst nimmt, was zunächst einmal empfehlenswerter ist, als dem Text vorschnell die Diagnose zu stellen, daß er „an einem hybriden Bildungs- und Wortprunk ohne zerstörende Wirkung" erstickt (A. Liede, 1966, S. 62).

Auf die nicht ganz widerspruchsfreien Äußerungen über parodistische Funktion, künstlerische Qualität und Ähnlichkeit mit dem Original wollen wir nicht weiter eingehen, da ihr Wert für generelle Aussagen relativ gering ist; wichtiger erscheint als Resümee, daß die Unterschiede zwischen den Texten einer Subklasse in einzelnen Fällen gravierender sein können als jene, die überhaupt zur Subklassifizierung geführt haben. Ein Beispiel: Unter der Rubrik „artistische Parodie" erwähnt A. Liede, daß Goethe „bei Gleims

Besuch im Juli 1777 den Musenalmanach aus dem Stegreif mit scherzhaften eigenen Gedichten in allen möglichen Manieren ergänzt" habe (1966, S. 19) — „Stilübungen" also, wie man im Anschluß an R. Queneau sagen könnte, bei denen tatsächlich das Moment einer imitativen artistischen Geschicklichkeit dominiert. Zugleich wird unter dieser Rubrik jedoch auch die „scheinkritische Parodie" abgehandelt, wie sie beispielsweise in F. Mauthners ›Nach berühmten Mustern‹ (1878) zu finden sein soll.

Für die Frage, welche speziellen Intentionen der Parodie zugrunde liegen, ist F. Mauthner gewiß ein aufschlußreicher Autor. Und man findet sicherlich auch eine Reihe von Äußerungen, die einen Primat der Artistik gegenüber der Kritik zu belegen scheinen: So taucht die Stereotype, der Parodist sei der parodierten Vorlage in besonderer Liebe verbunden, schon in der Widmung „Meinen lieben Originalen in herzlicher Verehrung zugeeignet" auf und wird später im Vorwort durch die Formulierungen „harmloser Spott" und „Neckerei aus Liebe" noch einmal variiert.

Dennoch muß man daran zweifeln, ob dies tatsächlich so eindeutig zu verstehen ist; besonders dann, wenn man die späteren Vorworte zur ›Neuen Folge‹ (1879) und vor allem zur Gesamtausgabe˙ (1897) bzw. zu der kurz vor seinem Tod erschienenen Auswahl (1919) berücksichtigt. Denn in den letzten beiden gibt es nicht nur Hinweise auf die Genese der Sammlungen, sondern auch auf die Intentionen: „(. . .) wandte ich mich sehr eifrig gegen eine solche harmlose Art von Parodie. Für einen bloßen Ulk sei die alte Form zu gut. Entweder sei der Parodierte ein ganzer Dichter, dann sei es ungehörig, sich über ihn lustig zu machen; oder sein Dichten sei Manier, dann müsse die Parodie zur Kritik werden und die Manier ins Herz zu treffen suchen. Parodie müsse Kritik sein, oder sie dürfe gar nicht sein" (1897, S. 6).

Nun mag man einwenden, daß hier nachträglich einige Retuschen vorgenommen werden und F. Mauthner nicht zuletzt aufgrund der allgemein sinkenden Wertschätzung gegenüber B. Auerbach die kritische Funktion der Parodie leichteren Herzens betonen kann. Der Einwand wäre sicherlich nicht ganz falsch; gleichwohl nehmen wir an, daß auch schon im Vorwort zur ersten Ausgabe diese Auffassung angelegt ist, wobei man natürlich nicht das spätere, durchaus in den Bereich der Bewertungsgeschichte gehörende Eingeständnis übersehen sollte: „Es war nicht eben tapfer und deutlich ausgedrückt" (1897, S. 7).

„Deutlich" ist aber immerhin, daß sich die Widmung auf alle Vorlagen der ›Parodistischen Studien‹ bezieht, also auch auf die — so F. Mauthner — „abschreckenden Muster" eines Sacher-Masoch oder G. Samarow. Dementsprechend versteht F. Mauthner auch das ganze Büchlein als „exemplarische Kritik" — also nicht nur die Parodien auf die modische Trivialliteratur, sondern auch jene auf den „tiefen Berthold Auerbach" oder auf „Gustav Freytags herrliche ›Ahnen‹".

Damit findet A. Liedes Feststellung, daß es auf der Textebene keine Möglichkeit gibt, „die beiden Gruppen zu unterscheiden", eine einfache Erklärung; zudem wird deutlich, daß die Differenzierung in eine „artistische" und eine

„scheinkritische" Parodie zumindest in diesem Fall ein Scheinproblem sein dürfte. Voraussetzung dafür ist allerdings, daß man nicht die ironische Rechtfertigungsstrategie übersieht, die sich durch das ganze Vorwort zieht und vor allem in den Vorschlägen an künftige Rezensenten die alten Vorurteile über die Parodie bereits parodistisch vorwegnimmt: „Es wäre mir eine besondere Ehre, wenn sich auch die Kritik mit meinem Büchlein beschäftigen wollte, das ja selbst wieder eine Art exemplarischer Kritik ist. Solchen Richtern, die keine überraschenden Federwendungen lieben, erlaube ich mir folgende Sätze zum Anfang ihrer Besprechung zu empfehlen: „Wenn die Könige bau'n, haben die Kärrner zu thun". — „Die Periode der literarischen Rücksichtslosigkeiten hat schon wieder einmal u. s. w. —" (1878, S. 7).

Entgegen der Annahme einer Dichotomie von Artistik und Kritik, die — wenn überhaupt — nur um den Preis einer totalen Verengung der Kritik auf Destruktion zu halten ist, gibt es bei F. Mauthner eine Auffassung von der parodistischen Funktion, die auch im Zeichen der Formalismus- und Strukturalismuskonjunktur durchaus noch eine gewisse Aktualität beanspruchen kann: „Die folgenden Skizzen verdanken einer vielleicht allzu gründlichen Vertiefung in die Meisterwerke unserer großen Dichter ihr Entstehn. (. . .) Es ist ein häufiger Fluch, der auch Männer zwingt, wie in den Kinderjahren das Spielzeug auseinander zu nehmen, damit sie erfahren, wie es inwendig aussieht" (1878, S. 5). Wenn dann im Anschluß an das Zitat F. Mauthner noch davon spricht, daß ein „kleiner Kobold" ihm „die Griffe und Kniffe der Technik erklärte", durch welche ihn der Meister „hier erschüttert, dort erheitert hatte" (ebd.), ihn dann „mit heuchlerischer Andacht in des Dichters Arbeitszimmer" führt, um ihn in dessen Rolle zu versetzen, so scheint uns — trotz der launigen Formulierungen — der Schritt zur „Bloßlegung des Verfahrens" im Sinne der Formalisten nicht mehr gar zu groß.

Freilich darf man dabei einen Unterschied nicht übersehen: die „Bloßlegung" vollzieht sich hier weder aufgrund irgendwelcher wahrnehmungspsychologischer „Gesetze" noch im Rahmen eines Evolutionsprozesses, sondern wird allein durch die Neugier motiviert.

(5) Die Probe des Lächerlichen:
R. Neumanns ästhetischer Legitimationsversuch

Die Prämisse, daß die Frage der Komik für den Umfang des Parodie-Begriffs von entscheidender Bedeutung ist, wird durch die Artikel H. Grellmanns und — zumindest indirekt — auch A. Liedes bestätigt. Der Subklassifizierungsvorschlag von A. Liede zeigt zudem, ebenso wie die Bemerkungen F. Mauthners, daß die Annahmen über die kritische Funktion der Parodie und über den Gegenstand der Kritik — adaptierte Vorlage oder ein relativ zur Vorlage Externes — für die Parodie zentral sind. Daß die Parodie, wenn überhaupt, nur "a type of oblique or implicit criticism" ist, hat bereits J. G. Riewald zu Recht betont; seine Vermutung, daß sich die parodistische von der diskursiven Kritik dadurch unterscheide, daß sie eine Art "Criticism without Tears" sei — "a delightful form of criticism because it is capable of disguising criticism in humour" (1966, S. 131) —, dürfte allerdings eher Skepsis verdienen und läßt sich jedenfalls im Hinblick auf die Reaktionen des Parodierten durch zahlreiche Beispiele widerlegen.

Erwähnen wollen wir hier nur den Brief, den H. Leip aufgrund der von R. Neumann verfaßten Parodie ›Godekes Knecht‹ geschrieben hat (R. Neumann, 1969 a, S. 77 f.):

Herr Neumann!

Was ich schon immer über Sie gedacht habe, bestätigt sich: Sie sind ein kleiner verkappter Oberlehrer! Sie fummeln so prächtig mit dem Zeigestock umher, so richtig aschbeutelig. Immerhin sollte ich Ihnen womöglich dankbar sein, daß Sie Ihre Nase überhaupt in ein paar Anfangsseiten eines Buches von mir geklemmt haben. Achott, Parodieren ist leicht. Dafür ist ja auch Ihr Roman ein recht bescheidener margarinehafter italienischer Salat.   Hans Leip.

Die Zeilen sind aufschlußreich: Zunächst einmal ist das Fummeln mit dem Zeigestock ein geglückteres Bild, als es H. Leip aus Pietät gegenüber seinem eigenen Werk lieb sein dürfte. Darüber hinaus macht gerade die Redeweise vom „kleinen verkappten Oberlehrer" deutlich, daß die Annahme einer „scheinkritischen Parodie", die gar „wieder in die Nähe der artistischen [rückt]" (A. Liede, 1966, S. 40), oder eines "Criticism without Tears" wohl eher ein Euphemismus ist. Und zwar nicht zuletzt deshalb — und auch dies wird durch den Brief demonstriert —, weil es außer der Invektive keine adäquate Antwort auf die Parodie gibt, bzw. genauer: keine mehr gibt, da bei unseren heutigen Autoren, im Gegensatz zu M. Claudius, F. Nicolai oder den Romantikern, die Gegenparodie offenbar in Vergessenheit geraten ist.

Die Betonung der kritischen Funktion provoziert natürlich die Frage nach deren Legitimation. Neben dem evolutionistischen Ansatz steht die Vorstellung von der Parodie oder überhaupt der Komik als einer Art Korrektiv im Vordergrund, als „Feind und entschiedener Gegensatz des übertriebenen Pathos und kranker Sentimentalität" (F. W. Ebeling, 1869, I, 9). Statt Sünde wider den Geist (der Kunst) zu sein, wozu ihre schärfsten Gegner sie oft hypostasieren, ist die Parodie in dieser Interpretation Instrument des common sense, des Mittelmaßes gegenüber einem ständig drohenden Unmäßigen. Eine aktuelle Variante der „Korrektiv-Vorstellung" stammt von R. Neumann, der wie kaum ein zweiter gerade die kritische Funktion betont hat. Wir wollen hier nur an seine handliche Formulierung erinnern: „Parodie schießt auf einen Mann mit der Waffe seiner eigenen Form.

Das ist ihr besonderes Mittel der Aggression" — oder an jene weniger martialische Version: „Parodie ist Karikatur mit den Mitteln des Karikierten", die F. Torberg immerhin zu der Bemerkung veranlaßte, dies sei „die einzige zulängliche — und vorbildlich präzise — Definition dieser komplizierten Kunstform" (1964, S. 210).

Nicht minder einsichtig scheint zunächst auch die weitere Explikation zu sein:

(. . .) erst wenn in weiterer Folge das so gestohlene Idiom dazu verwendet wird, das Opfer zu attackieren, zu entlarven, in die Luft zu sprengen: erst durch diese un-gutmütige, unhumorige Aggression wird, was als Nachahmung begann, am Ende zur Parodie (R. Neumann, 1962, S. 556).

Indes bietet sich auch in diesem Fall nicht jeder beliebige Text zur „Attacke" an, denn „für das literarische Werk höchster Vollendung ist die Form ein undurchdringlicher Panzer — der Parodist kann da nicht heran" (1962, S. 557). Bis hierher ist die Argumentation nicht neu, sie entspricht genau dem Gemeinplatz, daß „Parodien und Travestien" — so die Formulierung beispielsweise F. Umlaufts (1928, S. 284) — „auf echte Meisterwerke der Dichtung diesen von ihrem Werte nichts zu rauben vermögen und ihnen daher auch nicht schaden".

Das Konventionelle dieser These wird deutlicher, wenn man R. Neumanns frühen Aufsatz ›Zur Ästhetik der Parodie‹ (1927/28) hinzunimmt, da dort die Reduktion auf eine recht undifferenzierte Vorstellung von „Form" noch nicht so weit fortgeschritten ist — was ihn im übrigen in manchem interessanter macht als die späteren Paraphrasen — und jene Schlüsselwörter der Legitimationsversuche, wir erinnern nur an F. W. Ebeling, auch explizit genannt werden: „Die Parodierung des Pathetikers, des 'Würdevollen' bleibt stets die dankbarste Aufgabe — und die leichteste, da ja vom Erhabenen nur jener bekannte einen Schritt weiterzugehen ist. Und das andere prädestinierte Opfer des Parodisten ist der Sentimentale — in all seinen Erscheinungsformen (. . .)" (1927/28, S. 440).

Ein Novum dürfte jedoch R. Neumanns Absicht sein, nun auch eine Grenze nach „unten" zu markieren, wobei das Beispiel, das er in seiner Arbeit von 1962 anführt, Hitlers ›Mein Kampf‹, der Argumentation durchaus eine gewisse Evidenz zu geben scheint:

In der Sphäre des Miserablen herrscht auf eine vertrackte Weise eine ähnliche Situation (. . .). Da ist nichts mehr geformt, da liegt alles nackt zutage, da gibt es nichts mehr zu entlarven (. . .). Woraus folgt: Die Jagdgründe des Parodisten sind das Zwischenreich zwischen Gut und Schlecht (1962, S. 557).

Damit ist das Mittelmäßige, von dem wir zuvor gesprochen haben, nun zum eigentlichen Objekt des Parodierens geworden. Was jedoch im Hinblick auf ›Mein Kampf‹ noch als einsichtig erscheinen mag — zumal wenn man sich an die vergleichbare Äußerung K. Kraus' erinnert, daß ihm zu Hitler nichts einfalle —, wird fragwürdig durch die Beispiele, die R. Neumann, bei ähnlicher Argumentation, in seinem Aufsatz aus den zwanziger Jahren anführt.

Als einziger Autor oberhalb des Parodierbaren ist auch dort nur Goethe genannt, und zwar im ausdrücklichen Gegensatz zu Schiller und Heine, wobei diese Bewertung — F. Mauthners Einfluß ist hier unübersehbar — durch die Goethesche Unterscheidung von „Stil" und „Manier" begründet wird.

Bei den Autoren unterhalb des Parodierbaren differenziert R. Neumann jedoch zwischen einem „unteren Niveau der Gesinnung" — sein Beispiel dafür ist A. Dinters ›Sünde wider das Blut‹ — und einem „unteren Niveau der Form", wozu er „die kosmischen Stammler der 'Aktion' und des 'Sturm'" zählt (1927/28, S. 441) — also offenbar einen Teil der Expressionisten.

Die hier nur skizzierten Überlegungen werfen die interessante Frage auf, inwieweit Werturteile mit in die Definitionsvorschläge eingehen dürfen und ob im Hinblick auf die Vorlage Restriktionen einzuführen sind. Einfacher gefragt: Ist eine Parodie auf ›Über allen Gipfeln ist Ruh‹ keine Parodie? Geht man davon aus, daß „Entlarven" für jede Parodie konstitutiv ist, dürfte die Antwort leicht fallen: Wo nichts zu entlarven ist, gibt es auch keine Parodie! Freilich könnte man damit in Widerspruch zu einem wichtigen Zweig der Tradition geraten, dessen Vertreter immer wieder betont haben, daß es keine vor der Komik geschützten Reservate gibt.

Auch hierfür ist C. F. Flögel wiederum ein ergiebiger Autor. So schreibt er im 1. Bd. seiner ›Geschichte der komischen Litteratur‹: „Da man nichts denken kann; es sey in Künsten, Wissenschaften, Meynungen, Charakteren, welches nicht mit einigen auch den entferntesten Gegenständen einige Ähnlichkeit haben sollte; da die erhabensten Dinge und die ernsthaftesten Stellen können parodirt werden, so giebt es allerdings kein Ding, und wenn es auch das ehrwürdigste wäre, welches nicht könnte lächerlich gemacht werden" (I, 1784, S. 98). Nicht mehr als eine Paraphrase ist zunächst einmal die Formulierung F. Bouterweks in seiner ›Ästhetik‹ (1825): „Nichts in der Welt ist zu finden, es sey so schön, so vernünftig, so rührend, so ehrwürdig, als es wolle, was sich durch seltsame, disparate, auch wohl freche Zusammenstellung mit andern Dingen nicht in das Gebiet der Mißverhältnisse herüberziehen und eben dadurch lächerlich machen ließe" (I, S. 181). Und noch 1873 bemerkt F. Th. Vischer lakonisch: „die Komik hat selbst die reinsten Gestalten der Poesie niemals verschont und ist auch niemals dazu verpflichtet gewesen" (Kritische Gänge, Bd. II, S. 356).

Damit spricht F. Th. Vischer einem wesentlichen Teil der Legitimationsproblematik jegliche Relevanz ab; aber auch die beiden anderen Autoren führt eine zumindest ähnliche Prämisse zu stark abweichenden Schlußfolgerungen. Denn während F. Bouterwek auf einen sich selbst korrigierenden Prozeß der Komisierung vertraut: „Und doch sind auch diese Spiele unschuldig für den, der sie versteht. Wer im Ernste etwas lächerlich macht, worüber nicht zu lachen ist, den ergreife die Satyre eines anderen witzigen Kopfs, und stelle ihn selbst im Lichte des Lächerlichen zur Schau aus" (I, S. 181 f.), flüchtet sich C. F. Flögel in die Aufstellung eines Katalogs „wirklich ehrwürdiger Dinge" (Gott; Die Religion; Tugend; Wahrheit) und versucht, durch erheblichen Aufwand an emotive meaning dessen Respektierung durchzusetzen (I, 1784, S. 98—103).

Zieht man die Akzentverschiebung von der moralischen zur ästhetischen Argumentation ab, so dürfte der Unterschied zwischen C. F. Flögels und R. Neumanns Position geringer sein, als der erste Blick und die zeitliche Differenz vermuten lassen — und zwar gerade, was die substantialistische Argumentation betrifft! Deutlich wird diese bei C. F. Flögel in der Auseinandersetzung mit Shaftesbury, in der es insbesondere um die Frage geht, „ob das Lächerliche der Probierstein der Wahrheit sey", wobei sich Shaftesbury — selbst in der Interpretation durch C. F. Flögel (vgl. 1784, I, S. 104 ff.) — als der entschieden 'modernere' erweist. Shaftesbury schreibt:

Wie ist es dann zu erklären, daß wir so feige im vernünftigen Denken erscheinen und uns davor fürchten, die Probe des Lächerlichen zu bestehen? O, sagen wir, die Gegenstände sind zu ernst. Vielleicht. Aber zuerst laßt uns betrachten, ob sie wirklich wichtig sind oder nicht. Denn in der Art, wie wir sie ansehen, mögen sie vielleicht sehr wichtig und schwer in unserer Einbildung sein, jedoch sehr lächerlich und hohl an sich (. . .).
Nun, was gibt es für eine Regel oder ein Maß in der Welt, wenn man von der Betrachtung der echten Natur der Dinge absieht, um herauszufinden, was wahrhaft ernst, was wahrhaft lächerlich sei? Und wie kann es anders geschehen, als indem man die Probe des Lächerlichen anstellt, um zu sehen, wo es erträglich bleibt? (1909, S. 6 f.).

Da es uns heute gerade im Bereich der Ästhetik Schwierigkeiten bereiten dürfte, nicht „von der Betrachtung der echten Natur der Dinge" abzusehen, bleibt als Konsequenz — allerdings gegen die Ansicht C. F. Flögels, der ausdrücklich vor dem „sehr unbilligen und gefährlichen Mittel" warnt — nur noch der Prozeß einer ständig geforderten Bewährung übrig. Sicherlich kann ein solcher Prozeß nicht allein durch Komisierungsversuche geleistet werden; aber ebenso gewiß können sie ein wichtiger Teil desselben sein, auch wenn dies durch eine Immediat-Theorie kaum zu erfassen ist.

Ansatzweise finden sich diese Überlegungen auch bei R. Neumann, dessen apodiktische Bemerkungen ja durchaus von der Erfahrung mit eigenen, vermeintlich mißlungenen Parodien geprägt sind; aber die Einsicht wird sogleich wieder revidiert, wenn er aufgrund dieser einmaligen Erfahrung daran geht, nun selbst einen Katalog absolut ehrwürdiger oder miserabler Dinge einzurichten.

Die Gründe für diese merkwürdig statische Vorstellung scheinen einmal darin zu liegen, daß gegen den Praktiker Neumann der Theoretiker übersieht, wie sehr die Evidenz der Parodie generell ein Resultat der artistischen Konstruktion, wenn man will: auch der „seltsamen, disparaten, auch wohl frechen Zusammenstellung" ist. Insofern ist G. de Bruyns Warnung vor Mißverständnissen durchaus berechtigt: „Parodistische Kritik will und kann nicht umfassende, informative, richtig proportionierte Kritik sein; sie greift sich oft nur Kleinigkeiten heraus. Ein Schönheitsfehler, den der ernsthafte Kritiker mit einem aber . . . im Schlußsatz unterbringt, kann zum Mittelpunkt der kritischen Parodie werden" (1972, S. 225).

R. Neumanns pauschal erhobene Forderung nach „Entlarvung" ist daher zugleich eine Überforderung der parodistischen Schreibart. Hinzu kommt noch die auffällige Fixierung auf den *Autor* der Vorlage, wofür eine Formulierung wie: „(. . .) um Autor und Produkt von innen her in die Luft zu sprengen" durchaus symptomatisch ist. Zwar mag dies entsprechend seiner Einschätzung der Parodie als Instrument der Polemik konsequent sein, führt andererseits jedoch dazu, daß der Blick auf den pragmatischen Kontext der Vorlage wie der Parodie verdeckt wird. Daher ist es sicherlich kein Zufall, daß er sich zwar die Frage stellt: ob man Goethe parodieren *könne*, aber nicht: warum man ihn denn überhaupt noch parodieren *solle*. Inwieweit dabei R. Neumanns Konzept im Grunde nur die Parodie unter Zeitgenossen zuläßt, wie W. Karrer annimmt (1977, S. 37), soll hier nicht entschieden werden; immerhin ist nicht ausgeschlossen, daß R. Neumann mit seinen Formulierungen lediglich die Kritik an einem Autor und seinem (mittelmäßigen) Produkt als generelles Verfahren der Parodie beschreiben wollte, ohne zu verkennen, daß bei größerer zeitlicher Distanz die Adressaten der Kritik nur jene Rezipienten sein können, die für eine falsch gelaufene Rezeptions- oder Bewertungsgeschichte verantwortlich zu machen sind. Andererseits hätte natürlich eine Antwort auf die verweigerte Frage zu einer weitaus weniger idealisierten Einschätzung der parodistischen Textverarbeitung und der Parodisten geführt.

Gerade in der Verharmlosung des von R. Neumann abfällig genannten

„Hinunternumerierens" besteht eine partielle Übereinstimmung mit der Auffassung A. Liedes, der gleichfalls von einer gewissen Simplizifierung der literarischen Rezeption ausgeht. Besonders deutlich wird dies in seinen Bemerkungen zu den Schiller-Parodien, die er, wie die Parodien „klassischer" Texte insgesamt, als „Seitentrieb" der artistischen Parodie klassifiziert, „weil sie — dem Vorbild keineswegs feindlich gesinnt — ein ungeschickter, banaler Ausdruck schulmäßiger, von der liter[arischen] Entwicklung bereits abgeschnittener Verehrung sind" (A. Liede, 1966, S. 24).

Vor allem P. Rühmkorf hat jedoch mit ›Über das Volksvermögen. Exkurse in den literarischen Untergrund‹ gezeigt, wie sehr die Schulparodie kompensatorische Funktionen gegenüber einer als erdrückend empfundenen institutionalisierten Traditionsbildung haben kann. Erinnert sei noch einmal an seine Feststellung:

(. . .) erst wo sich ein fester Kanon allgemein verbindlicher Hymnen und Gesänge herausgebildet hat und Poesie zum Pensum sich verdichtet, wird mit dem Zwang zum Auswendiglernen die Lust geweckt, gegen die Vorlagen anzusingen. Parodie wie keine andere Form der literarischen Subversion ist abhängig von der Allbekanntheit, ja von der drückenden Allmacht sogenannter Kulturgüter (1971, S. 112).

Indem nun auch die Vermittlungsinstitutionen den ihnen gebührenden Platz erhalten, ergibt sich ohne Zweifel ein umfassenderes Modell der parodistischen Textverarbeitung als bei der alleinigen Berücksichtigung von Autor und Vorlage.

Mag dabei die Bilanz des „Volksvermögens" in manchem auch etwas zu positiv ausgefallen sein, die Wichtigkeit von Vermittlung und Kanonisierung für die Parodie-Theorie dürfte wohl unbestritten bleiben. Darüber hinaus wird durch die ›Exkurse‹ deutlich, wie wenig die Parodie — oder genauer: *diese Art der Parodie* — mit begründeter Kritik und wie viel sie mit dem „Vergnügen an Sachbeschädigung" gemein hat. „Sachbeschädigung" aber heißt hier, daß es weniger um „Bloßlegung von Verfahren" geht als vielmehr um das Abweisen der mit dem Text korrelierten Normen und Wertvorstellungen, eben um ein „Hinunternumerieren" oder, wie P. Rühmkorf schreibt, um die Reduktion „höchste[r] Ansprüche und edelste[r] Bedürfnisse auf die Dimensionen eines Frühstückspaketes" (1971, S. 112).

Sofern man nicht nur eine Theorie der 'Höhenkamm-Parodie' schreiben will, scheint es daher ratsam, moralische wie ästhetisch begründete Legitimationsversuche nach Art R. Neumanns bewußt auszuklammern und statt dessen zu akzeptieren, daß der Parodist *auch* in der von C. F. Flögel beklagten unfeinen Weise mit „Nebenideen" operieren kann, ohne daß die Parodie damit jene Funktion verlieren muß, die ihr Shaftesbury im Rahmen der Komik zuweist und die im alten, alchemistischen Bild vom „Probierstein" zur Sprache kommt. Denn auch wenn die Parodie nicht „die Wahrheit sagt", d. h. nicht „entlarvt", gilt, daß sie „in jedem Fall der Wahrheitsfindung dient, daß jede Deformation gleichzeitig ein Korrekturversuch ist" (P. Rühmkorf, 1971, S. 117).

(6) Parodie und Rhetorik:
E. Rotermunds Anwendung der rhetorischen Änderungskategorien

Bei den bisher skizzierten Beiträgen zu einer Parodie-Theorie haben die Fragen nach einer adäquaten Beschreibung parodistischer Texte zumindest in der deutschsprachigen Literatur eine sekundäre Rolle gespielt. Dies mag einmal daran liegen, daß bei einer Schreibart im Gegensatz zur historischen Gattung die Deskription nur auf einem relativ hohen Abstraktionslevel geleistet werden kann, ohne natürlich die Reichhaltigkeit von Gattungsanalysen zu erreichen. Darüber hinaus kann das Ergebnis durchaus als repräsentativ für die Interessenlage insgesamt angesehen werden, bei der, von wenigen eher globalen Bemerkungen abgesehen, Untersuchungen zur Geschichte, Funktion oder Legitimation der Parodie weitaus stärker im Vordergrund gestanden haben als die Ausbildung geeigneter Beschreibungsprozeduren.

In dieser Hinsicht — darin stimmen wir W. Karrer zu — bildet die Arbeit von E. Rotermund noch immer eine gewisse Ausnahme, obgleich sie bereits 1963, also vor der Formalismus- und Strukturalismusrezeption in Deutschland, veröffentlicht worden ist. Der wohl interessanteste Aspekt der Arbeit liegt darin, daß die Relationen zwischen Vorlage und Parodie mit den aus der Rhetorik bekannten Änderungskategorien beschrieben werden sollen, wobei die einzelnen Parodietypen jeweils nach der veränderten „Strukturschicht des Originals" definiert werden (E. Rotermund, 1963, S. 18).

Daß E. Rotermund zwar „über Lausberg die vier rhetorischen Änderungskategorien von Quintilian wiedereinführt", gleichzeitig aber „für die Begründung dieser Änderungskategorien Lausberg stillschweigend verändert", hat W. Karrer kritisch angemerkt (1977, S. 67). Dabei werden von der Uminterpretation noch am wenigsten die einfachen quantitativen Veränderungen erfaßt, also die „Addition" (Erweiterung) und die „Detraktion" (Verkürzung); auch die Verwendung von „Substitution" statt des traditionellen Terminus „immutatio" dürfte an sich unproblematisch sein, sofern unter einer solchen Ersetzung tatsächlich immer das Resultat einer Detraktion und einer anschließenden Adjektion verstanden wird. Schon auf den ersten Blick fragwürdig — und hier liegt der Hauptgrund für W. Karrers Kritik — ist dagegen die Verwendung des Terminus „Karikatur", der nicht über die vierte Änderungskategorie, die „transmutatio" („Umstellung"), zu definieren ist und von E. Rotermund offenbar als in Malerei und Graphik definiert vorausgesetzt wird.

Bevor wir jedoch hierauf näher eingehen, scheinen uns einige Anmerkungen im Hinblick auf die zuerst genannten Änderungskategorien angebracht zu sein. Und zwar weniger, was ihre Uminterpretation, als vielmehr, was ihre Anwendung betrifft. Denn die Bestimmung von „Adjektion" und „Detraktion" als rein quantitative Veränderungen des äußeren Umfangs eines Originals legen die Frage nahe, ob sich mit diesen Operationen auch noch jene Parodien beschreiben lassen, die nicht einen Einzeltext, sondern eine ganze Klasse von Texten (Oeuvre eines Autors, repräsentative Werke einer Epoche etc.) zur Vorlage haben. Der Unterschied dürfte evident sein: während der Einzeltext ein „lineares Ganzes" ist, dem die Parodie auch linear folgen kann, ist die Textklasse nur als — in der Terminologie H. Lausbergs (1967, S. 31) — „zirkulares Ganzes" zu begreifen. Dieses „hat als Ganzes keine Richtung in Zeit oder Raum" — wie etwa der einzelne Text als lineare Anordnung — „sondern ruht als 'System' in sich", wobei nach H. Lausberg derartige „Ganze" u. a. die Sprache oder „der Bewußtseinhalt eines Individuums in einem gegebenen Augenblick" (1967, S. 31) sind.

Akzeptiert man einmal diese Unterscheidungen — wir wollen es dahingestellt sein lassen, ob sie tatsächlich schon der antiken Rhetorik geläufig waren —, wäre die Textklassenparodie als Resultat einer doppelten Operation zu beschreiben:
1) Umsetzung aus der „Linearität" (der Einzeltexte) in die „Zirkularität", d. h. daß ein set von Regeln für typische Verfahren der primären (sprachlichen) wie der sekundären Strukturierung aufzustellen ist, ebenso eine 'Liste' mit den besonderen lexikalischen und thematischen Präferenzen und den sich in den Einzeltexten manifestierenden spezifischen Einstellungen.
2) Umsetzung aus der „Zirkularität" in die „Linearität", d. h. Anwendung dieser Regelmenge zur Herstellung eines neuen Einzeltextes, eben jener Textklassenparodie. Dabei sind einmal, um die notwendige partielle Identität zu erreichen, einzelne Regeln zu befolgen; andererseits muß auch ein bewußter Regelverstoß vorliegen, damit die gleichfalls notwendige parodistische Diskrepanz entsteht.

Dabei kann man analog zu H. Lausbergs Bemerkungen zur Parteienrede wohl im allgemeinen davon ausgehen, daß bei solchen Umsetzungsprozessen das Ergebnis von 1) lediglich als „Bewußtseinsresultat" vorliegt und nur durch 2) zu erschließen ist. Zudem dürfte klar sein, daß die Herstellung eines neuen Einzeltextes nur als Selektionsprozeß aus der Regelmenge und den verschiedenen „Listen" bewerkstelligt werden kann. Der Grund, weshalb die Detraktion (und damit auch die Substitution bzw. die immutatio als Resultat von Detraktion und Adjektion) bei der Textklassenparodie kaum befriedigend nachgewiesen werden kann, liegt daher nicht einfach darin, daß sie nur bei „linearen Ganzen" anzuwenden wäre, wie einige Äußerungen H. Lausbergs in den ›Elementen‹ (1963, S. 31 f.) vermuten lassen. Denn vor allem die Untersuchungen der „Lütticher Schule" zu einer allgemeinen Rhetorik haben gezeigt, daß es durchaus sinnvoll ist, bestimmte Operationen auch bei nichtlinearer Anordnung der Elemente — beispielsweise bei Sem-Gruppierungen — mit Hilfe dieser Änderungskategorie zu beschreiben (vgl. J. Dubois u. a. 1974, 152 ff.). Der eigentliche Grund scheint uns vielmehr darin zu liegen, daß es bei der Textklassenparodie kaum möglich sein dürfte, so etwas wie eine „Nullstufe" der Adaption, also ein noch unverändertes Ganzes anzugeben, von dem aus sich eine Operation als Detraktion bestimmen ließe. Ein Beispiel, F. Torbergs „Großstadtlyrik", mag dies verdeutlichen:

Großstadtlyrik.

Fabriken stehen Schlot an Schlot,
vorm Hurenhaus das Licht ist rot.

Ein blinder Bettler starrt zur Höh,
ein kleines Kind hat Gonorrhoe.

Eitrig der Mond vom Himmel trotzt.
Ein Dichter schreibt. Ein Leser kotzt   (1964, S. 217).

Sicherlich findet man in diesem Text einige Stilmerkmale wieder, die für die expressionistische Großstadtlyrik typisch sind: den Zeilenstil und die Lakonie der Aussagen, zudem die Vorliebe für bestimmte Requisiten wie Fabriken, Schlote, Hurenhaus, blinder Bettler sowie für die gewaltsame Mondmetaphorik. Aber es ist wohl unbestreitbar, daß es eine ganze Reihe weiterer Requisiten gibt, die nicht verwendet werden, obgleich sie nicht weniger typisch für die Textklasse sind, so beispielsweise der Kanal, der Rauch, die schmutzigen Wogen, das Häusermeer, die Brücken, die roten Wolken. Das Fehlen dieser Lexeme bzw. Syntagmen als „Detraktion" zu bezeichnen, dürfte jedoch wenig sinnvoll sein, eben weil man sonst annehmen müßte, daß es auch einen Text gibt, der *sämtliche* Elemente enthält.

Aber auch deutliche Veränderungen gegenüber der Vorlage lassen sich zuweilen nur sehr unvollkommen mit den Änderungskategorien beschreiben. Dies gilt beispielsweise für die Pointe der Parodie, die — so könnte man zunächst meinen — auf nichts anderem als auf einer Substitution beruht, etwa auf einer Substitution einer objektsprachlichen durch eine metasprachliche Aussage, die nun in dieser Art in der expressionistischen Stadtlyrik tatsächlich nicht vorkommt. Was sich hier jedoch wirklich ereignet, ist ein bewußtes Spiel mit beiden Ebenen und damit wesentlich komplizierter: Indem im Stil der Großstadtlyrik zugleich über diese geschrieben wird, bekommt die Aussage: „Ein Leser kotzt" eine für die parodistische Pointe typische Doppeldeutigkeit, wobei das herauszulesende indirekte Werturteil in seiner Lakonie noch die Konsequenz des Verfahrens selbst zu sein scheint.

Ein möglicher Grund für die Probleme, die sich aus der Verwendung der drei (eigentlichen) Änderungskategorien zur Beschreibung der Textklassenparodie ergeben, könnte darin liegen, daß — wie W. Karrer im Anschluß an F. J. Lelièvre formuliert — „die Modifikationen Substitution, Adjektion oder Detraktion der Passagen- oder Textparodie", die Karikatur oder „Übertreibung" der „Textklassenparodie" entsprechen (1977, S. 69). Diese Hypothese scheint uns jedoch falsch, und zwar schon allein deshalb, weil auch beim Einzeltext, vor allem bei einem umfangreicheren Prosa-Text, ein Parodierungsverfahren bekannt ist, das sich nicht an der linearen Ordnung der Vorlage orientiert, sondern dem synthetisierenden Verfahren der Textklassenparodie gleicht. Als Beispiel wollen wir hier nur R. Neumanns gleichnamige Parodie auf A. Schmidts Studie über Karl May ›Sitara und der Weg dorthin‹ (1963) in einem kurzen Ausschnitt zitieren:

Sitara und der Weg dorthin
Eine Studie über Wesen, Werk & Wirkung Karl Mays
Nach Arno Schmidt

— 1 für alle x bei MAY die Berieselung mit homo-6-ueller Substanz evident schon im Autoren-Namen: MAY = der Brunftmonat, und KARL, wobei man nach Eliminierung des 1sten Buchstaben (K für Koitus) im rudimentären Rest „arl" bloß das „l" durch den angemessenen Zischlaut („sch") ersetzen muß, um zu wissen, worauf MAY sitzt. Sein Stil (Stiel!) paßt (pißt?) völlig mühelos in dieses ganze Reservoir. Daß sein Old Shatterhand auch mal mit seinen Schenkeln (!) ein „Maul-Tier" zahm quetscht, ist bloß 1 Beispiel mehr. Laut Aussage Emma Pollmers soll MAY ab ungefähr 1900 den Geschlechtsverkehr (Gesch-Lechzverkehr) mit ihr völlig eingestellt haben (also vielleicht doch Geh-schlecht-verkehr?) — 1 im Leben eines Schriftstellers auch außerhalb meiner Anal-Ysen immerhin anzumerkender Nadir! (1969 b, S. 197 f.)

Daß hier das Werk eines „überschnappenden Spezialisten" (R. Neumann), darüber hinaus eines kalauernden Sprachmanieristen „karikiert" wird, dürfte einsichtig sein. Als „Karikatur" muß man, wenn dieser Ausdruck überhaupt noch einen Sinn haben soll, aber auch eine Parodie wie H. v. Gumppenbergs ›Die Haide‹ bezeichnen:

Die Haide

Wenn still das verheißende Haiderot
Hergeistert über die Haide,
Wenn die Haide liegt so leichtentot,
So weit du nur schauest, die Haide,
Wenn der Haidemond mit bleichem Schein
Umzittert den heidnischen Haidestein,
Und der heisere Haidewind wimmert darein
Auf der Haide, der Haide, der Haide,
Der Haide, der heiligen Haide: (1971, S. 47).

Das Original für diese gewiß harmlose Parodie ist H. Allmers nicht minder harmloses Gedicht:

Heidenacht

Wenn trüb das verlöschende letzte Rot
Herschimmert über die Heide,
Wenn sie liegt so still, so schwarz und tot,
So weit du nur schauest, die Heide,
Wenn der Mond steigt auf und mit bleichem Schein
Erhellt den granitnen Hünenstein,
Und der Nachtwind seufzet und flüstert darein
Auf der Heide, der stillen Heide —

(zit. nach E. Rotermund, 1963, S. 44)

Wir haben die erste Strophe von Parodie und Vorlage zunächst einmal deshalb gebracht, weil hierdurch deutlich wird, daß auch die linear orientierte Parodie „Karikatur" sein kann, und zwar durchaus im Sinne E. Rotermunds, der beide Texte in seiner Arbeit analysiert und völlig überzeugend von „karikaturistischer Überladung" bzw. „quantitativer Überladung" spricht (1963, S. 45), so daß die Annahme einer festen Zuordnung bestimmter Änderungsoperationen zu bestimmten Umfängen der Vorlage (Text bzw. Textklasse) falsifiziert ist.

Illustrativ können die beiden Texte jedoch noch unter einem anderen Aspekt sein: Man trifft wohl E. Rotermunds Intention, wenn man davon ausgeht, daß seine aus den Veränderungskategorien entwickelten vier Kategorien generelle, unterschiedliche und unterscheidbare Operationen einer parodistischen Textverarbeitung bezeichnen sollen. Diese Annahme wird nicht allein durch zahlreiche eher beiläufige Äußerungen bestätigt (etwa: „Neben der Substitution steht die Karikatur" etc.), sondern dürfte sich auch unmittelbar aus dem von ihm vorgetragenen Definitionsvorschlag ergeben:
„Eine Parodie ist ein literarisches Werk, das aus einem anderen Werk beliebiger Gattung formal-stilistische Elemente, vielfach auch den Gegenstand übernimmt, das Entlehnte aber teilweise so verändert, daß eine deutliche, oft komisch wirkende Diskrepanz zwischen den einzelnen Strukturschichten entsteht. Die Veränderung des Originals, das auch ein nur fiktives sein kann, erfolgt durch totale oder partiale Karikatur, Substitution (Unterschiebung), Adjektion (Hinzufügung) oder Detraktion (Auslassung) und dient einer bestimmten Tendenz des Parodisten, zumeist der bloßen Erheiterung oder der satirischen Kritik. Im zweiten Falle ist das Vorbild entweder Objekt oder nur Medium der Satire" (1963, S. 9).

Dagegen zeigt unser Beispiel, daß Karikatur, Substitution, Adjektion oder Detraktion nicht generell als alternativ durchzuführende Operationen aufzufassen sind. Denn die „karikaturistische Überladung" in dieser Parodie beruht — darin folgen wir E. Rotermund — zunächst einmal ganz entschieden auf der übermäßigen Repetition des Schlüsselwortes „Heide" bzw. „Haide", wobei diese Repetition aber nun gerade durch eine Anzahl von

Substitutionen und Adjektionen einzelner Lexeme, Komposita oder Syntagmen ermöglicht wird. So finden wir neben der leicht verfremdenden, die Repetition betonenden Graphemsubstitution „Heide" –› „Haide" die weiteren Substitutionen: „Heidenacht" –› „Die Haide"; „letzte Rot" –› „Haiderot"; „sie" –› „die Haide"; „Hünenstein" –› „Haidenstein"; „Nachtwind" –› „Haidewind"; „Auf der Heide, der stillen Heide" –› „Auf der Haide, der Haide, der Haide", sowie die Adjektionen: „Mond" –› „Haidemond" und die zusätzliche neunte Zeile. Darüber hinaus wird die Überladung durch die Herstellung von Teilhomonymität noch verstärkt, und zwar durch die Substitutionen „verlöschende" –› „verheißende"; „granitnen" –› „heidnischen" bzw. die Adjektion „heisere". Schließlich gibt es noch einige weitere Substitutionen, die einen anderen „Zug" der Vorlage verstärken, nämlich das möglicherweise aus Gedichten der Droste destillierte „Schaurige" der Heidelandschaft: „herschimmert" –› „hergeistert"; „schwarz und rot" –› „leichentot"; „erhellt" –› „umzittert"; „seufzet und flüstert" –› „wimmert".

Mit diesen Anmerkungen soll nun keineswegs der Wert der Veränderungskategorien für die Beschreibung der parodistischen Schreibweise pauschal in Zweifel gezogen werden, wohl aber ihr Wert als generelle Kategorien oder als Elemente einer Definition. Denn in ihrer traditionellen Form sind sie für diesen Zweck zu unspezifisch; eine Uminterpretation — wie der Versuch E. Rotermunds — führt jedoch zur Aufgabe ihres Systemcharakters und endet schnell in der Inhomogenität. Dies zeigt sich vor allem bei den von E. Rotermund „Karikatur" genannten Operationen, die auf verschiedenen Teiloperationen beruhen können, u. a. auch auf Substitution und Adjektion, wobei jedoch im Gegensatz zur Substitution bzw. zur immutatio keine auf die Kombination dieser Operationen gegründete Definition anzugeben ist.

Die durch die Umformulierung bedingte Inhomogenität läßt sich schon daraus erkennen, daß — im Gegensatz zu „Karikatur" — die Termini „Adjektion", „Detraktion" und „Substitution" natürlich noch keine für die parodistische Schreibweise spezifischen Operationen bezeichnen. Dies gilt selbstverständlich auch dann, wenn man die Veränderung allein auf Textvorlage und Textadaption beschränkt, da beispielsweise beim epigonalen Text, bei der Travestie oder der Kontrafaktur gleichfalls eine partielle Veränderung des adaptierten Textes vorliegt.

Aus diesem Grund kommt E. Rotermunds Annahme über das *Resultat* der Veränderungsoperationen, also seiner These von der Diskrepanz zwischen den einzelnen Strukturschichten, besondere Bedeutung zu. Aber im Gegensatz zu seinem kurzen historischen Exkurs, in dem auch die Relation zwischen Vorlage und Adaption berücksichtigt wird (vgl. 1963, S. 10 ff.), situiert E. Rotermund diese „parodistische Diskrepanz" in seiner Definition allein auf der Textebene der Parodie, wodurch dieser Teil der Definition — gerade im Hinblick auf die „Karikatur" — keine generelle Gültigkeit beanspruchen kann und damit lediglich einen gewissen statistischen Wert besitzt.

Zur Begründung unserer Behauptung können wir wieder auf die Arno-Schmidt-Parodie von R. Neumann zurückgreifen: sie ist in sich völlig „stimmig"; es gibt keine Diskrepanz etwa durch die Behandlung eines „hohen Gegenstandes" auf einem niedrigen oder eines „niedrigen Gegenstandes" auf einem hohen stilistischen Niveau. Von einer „Trennung der Form eines literarischen Werkes von seinem Inhalt und dessen Ersetzung durch einen anderen, nicht dazu passenden, wodurch komische Diskrepanz (zwischen Idealität und Realität) sichtbar wird", wie O. F. Best noch jüngst — wohl in Anlehnung an E. Rotermund — im ›Handbuch literarischer Fachbegriffe‹ (1976, s. v. „Parodie") das parodistische Verfahren definiert hat, kann hier also keine Rede sein. Eine, wenn man unbedingt will, Diskrepanz gibt es gleichwohl auch in diesem Fall; allerdings nicht zwischen einzelnen Strukturschichten, sondern zwischen dem Text und dem textsortenspezifischen Erwartungshorizont, d. h. hier: den internalisierten Regeln seriöser Argumentation und ihren Darstellungsnormen. Daher käme uns der Text vermutlich auch ohne die Kenntnis von A. Schmidts Vorlage „komisch" vor, so daß wir veranlaßt werden könnten, andere Intentionen des Autors anzunehmen, als gemeinhin durch Textsorten wie wissenschaftliche Abhandlung oder Essay realisiert werden. (Jedenfalls dann, wenn wir einigermaßen sicher sind, daß es sich nicht um unfreiwillige Komik handelt).

Die eigentliche parodistische Textverarbeitung ist aber damit noch nicht beschrieben; hierzu muß vielmehr noch eine weitere Relation, nämlich jene zwischen Vorlage und Adaption, berücksichtigt werden. Denn die partielle Identität der Adaption mit der Vorlage dient natürlich nicht lediglich dazu, die Vorlage zu identifizieren und damit einen Maßstab für die Abweichungen zu geben, sondern durch sie wird zugleich insinuiert, daß alle Abweichungen von der Vorlage durch eben diese selbst motiviert sind. Und nur aus diesem Spiel von Normverletzung und scheinbarer Legitimation der Verletzung durch die Norm kann eine „Komik der Verarbeitung" erklärt werden, die nun nicht mehr nur akzidentiell, sondern konstitutiv für die parodistische Schreibweise ist.

Neben den bisher genannten gibt es noch weitere Gründe, die auch eine Verwendung des Terminus „Karikatur" in diesem Rahmen als problematisch erscheinen lassen. Denn ein Blick in neuere theoretische Abhandlungen über die Karikatur läßt erkennen, auf welch zirkuläre Argumentation man sich dann möglicherweise einlassen würde: Während E. Rotermund — offenbar in der Hoffnung, eine solide Definition aus der Kunstgeschichte übernehmen zu können — den Ausdruck zur Bezeichnung einer für die parodistische Schreibweise charakteristischen Operation verwenden will, geht B. Bornemann mit seiner ›Theorie der Karikatur‹ — ein Beitrag zur großen Zürcher Karikatur-Ausstellung von 1972 — genau den umgekehrten Weg. Bei ihm gilt nämlich die Parodie, genauer: das Satirisch-Parodistische, als ein wichtiges Kriterium zur Unterscheidung bestimmter Karikaturtypen (vgl. 1972, S. 5 ff.).

Die Verwirrung wird aber noch größer, wenn man weiterhin bedenkt, daß wir ja auch gewisse Zeichnungen, Stiche oder Gemälde als „Parodie" bezeichnen, beispielsweise jene berühmte ›Katze der Mademoiselle Dupuy‹ oder den nach einer Zeichnung Tizians von N. Boldrini gefertigten Stich zur antiken Laokoon-Gruppe. Auch M. Melot, der beide Beispiele anführt (1975, S. 110 ff.), bestimmt die Parodie zwar als eine Unterart der Karikatur, wobei jedoch ganz andere systematische Implikationen ins Spiel kommen, als dies bei B. Bornemann der Fall ist. Denn die von M. Melot betonte, durchaus einsichtige enge Verbindung von Parodie und Pasticcio macht deutlich, daß die (partielle) Identität, die man immer zwischen Vorlage und Adaption gefordert hat, gerade auch eine Identität des Mediums sein muß. Das Postulat einer medialen Identität hat für die Karikatur jedoch keine generelle Gültigkeit, was gleichfalls gegen eine Verwendung des Terminus in dem von E. Rotermund vorgeschlagenen Sinne spricht.

Nun wäre es allerdings unsinnig, etwaige terminologische Schwierigkeiten auf Kosten der 'Sache' beseitigen zu wollen, und das wäre zweifellos der Fall, wenn man mit der Terminologie auch die zugrunde liegenden Unterscheidungen aufgeben würde. Denn daß sich offenbar zwei verschiedene Formen parodistischer Textverarbeitung unterscheiden lassen, hat nicht nur E. Rotermund, sondern vor ihm beispielsweise schon Ju. Tynjanov angedeutet. Dabei wäre der von Ju. Tynjanov verwendete Ausdruck „Unterstreichung" ungefähr extensional gleich mit „Karikatur", während die Zuordnung von „Vertauschung" und „Substitution" zunächst problematisch erscheint, da, wie unsere vorherigen Beispiele vielleicht gezeigt haben, auch bei den von E. Rotermund „Karikatur" genannten Verfahren Änderungsoperationen nach Art der Substitution beteiligt sein können.

Immerhin wird hierdurch deutlich, daß die vier (modifizierten) Änderungskategorien nicht vier unterscheidbare parodistische Verfahren charakterisieren; zudem lassen einige Äußerungen E. Rotermunds den Schluß zu, daß „Substitution" auch inhaltlich interpretiert wird, d. h. daß die damit bezeichnete Operation auf einen ganz bestimmten Bereich bezogen werden soll, wodurch die Möglichkeit einer Zuordnung eher gegeben ist.

Was aber wird unterstrichen und was vertauscht? Ju. Tynjanovs Erklärung — Unterstreichung gattungshafter Merkmale bzw. deren Vertauschung mit in Opposition stehenden Merkmalen zum Zwecke der geforderten „Unstimmigkeit zwischen beiden Ebenen" (vgl. 1971, S. 307) — führt in dieser Allgemeinheit zu den schon erwähnten Schwierigkeiten. Unbefriedigend bleibt auch der Hinweis S. Freuds, zumal er offensichtlich nur die Vertauschung (aner-)kennt:

Parodie und Travestie erreichen die Herabsetzung des Erhabenen auf andere Weise, indem sie die Einheitlichkeit zwischen den uns bekannten Charakteren von Personen und deren Reden und Handlungen zerstören, entweder die erhabenen Personen oder deren Äußerungen durch niedrige ersetzen (1961, S. 229 f.).

Wichtiger als diese vermutlich ausschließlich am komischen Heldengedicht orientierten, für die Lyrik kaum applikablen Bemerkungen dürfte der Kontext sein, in dem sie stehen. S. Freud schreibt dort:

Karikatur, Parodie und Travestie, sowie deren praktisches Gegenstück: die Entlarvung, richten sich gegen Personen und Objekte, die Autorität und Respekt beanspruchen, in irgend einem Sinne *erhaben* sind. Es sind Verfahren zur Herabsetzung, wie der glückliche Ausdruck der deutschen Sprache besagt. (. . .) Wenn nun die besprochenen Verfahren zur Herabsetzung des Erhabenen mich dieses wie ein Gewöhnliches vorstellen lassen, bei dem ich mich nicht zusammennehmen muß, in dessen idealer Gegenwart ich es mir 'kommod' machen kann, wie die militärische Formel lautet, ersparen sie mir den Mehraufwand des feierlichen Zwanges, und der Vergleich dieser durch Einfühlung angeregten Vorstellungsweise mit der bisher gewohnten, die sich gleichzeitig herzustellen sucht, schafft wiederum die Aufwanddifferenz, die durch Lachen abgeführt werden kann (1961, S. 228 f.).

Versteht man die Äußerungen substantiell, müßte man annehmen, daß es nur einen beschränkten Vorrat parodierbarer Vorlagen gibt, und zwar jener, die „in irgendeinem Sinne erhaben sind". Mögen solche Texte auch bevorzugt als Vorlagen für Parodien gedient haben, insgesamt kümmert sich die parodistische Praxis jedoch nicht um derartige Beschränkungen. Jedenfalls dürfte es Schwierigkeiten bereiten, G. A. Bürgers ›Lenore‹ in den Katalog „erhabener" Werke einzureihen; und doch gibt es eine ›Lenore‹-Parodie, die nach E. Heimeran immerhin „die kürzeste Balladenparodie der Literatur" ist:

Lenore fuhr ums Morgenrot
Und als sie rum war, war sie tot.

(zit. nach: E. Heimeran, 1943, S. 229)

Interpretiert man jedoch das „Erhabene" relational, also lediglich im Hinblick auf ein bestimmtes Verhältnis von Vorlage und Adaption, könnte die Beschreibung S. Freuds durchaus zutreffen. Denn auch mit dieser Parodie wird ein Zwang abgewehrt; freilich nicht der Zwang eines substantiell verstandenen Erhabenen. Vielmehr wird gegenüber dem Zwang, sich auf das schaurige Wiedergänger-Geschehen der nächsten 254 Verszeilen überhaupt einzulassen — und zwar emotional wie auch, da es sich offenbar um eine Schülerparodie handelt, memorierend —, vorzeitig und prosaisch das Ende konstatiert.

Dabei ist auch dieses Konstatieren nicht willkürlich, sondern bleibt in mehrfacher Weise auf die Vorlage bezogen: durch den Reim, durch den scheinbaren thematischen Anschluß an die Originalzeile („Lenore fuhr ums Morgenrot/Empor aus schweren Träumen"), der tatsächlich nur durch Homonymie erzwungen wird, und schließlich — als negativer Bezug — durch die Opposition zwischen ausgiebigem 'Verdichten' und lakonischer Feststellung. Was demnach abgewehrt wird, ist der Anspruch der durch die Vorlage manifest gewordenen oder aber auch nachträglich, z. B. über das Bildungsinstitut, mit ihr korrelierten Einstellungen, Werte und Normen, wobei die Abwehr durch „Herabsetzung" oder, wie wir im Anschluß an W.-D. Stempel sagen wollen, durch bewußte „Untererfüllung" vollzogen wird.

Will man in S. Freuds Aufzählung der „Arten des Komischen" auch den zweiten Parodie-Typ wiederfinden, muß man die terminologischen Bedenken für einen Moment zurückstellen und akzeptieren, daß man in diesem Fall auf Äußerungen zurückgreift, die an sich ausdrücklich auf die Karikatur bezogen sind:

Die Karikatur stellt die Herabsetzung bekanntlich her, indem sie aus dem Gesamtausdrucke des erhabenen Objekts einen einzelnen an sich komischen Zug heraushebt, welcher übersehen werden mußte, solange er nur im Gesamtbilde wahrnehmbar war. Durch dessen Isolierung kann nun ein komischer Effekt erzielt werden, der sich auf das Ganze in unserer Erinnerung erstreckt. Bedingung ist dabei, daß nicht die Anwesenheit des Erhabenen selbst uns in der Disposition der Ehrerbietungen festhalte. Wo ein solcher übersehener komischer Zug in Wirklichkeit fehlt, da schafft ihn die Karikatur unbedenklich durch die Übertreibung eines an sich nicht komischen. Es ist wiederum kennzeichnend für den Ursprung der komischen Lust, daß der Effekt der Karikatur durch solche Verfälschung der Wirklichkeit nicht wesentlich beeinträchtigt wird (1961, S. 229).

Auch unter dem Aspekt der zuvor angedeuteten Legitimationsproblematik wären diese Bemerkungen gewiß interessant; darüber hinaus scheinen sie uns jedoch eine noch immer erfreulich klare Beschreibung dessen zu sein, was mit „Unterstreichung" gemeint sein kann. (Damit ist übrigens kein Widerspruch zu unseren vorherigen Überlegungen formuliert, da wir uns lediglich gegen die Verwendung des *Terminus* „Karikatur" und gegen die unbefriedigende systematische Konsistenz der vier „Kategorien" gewandt haben.) Die Karikatur und *ein* Typ der Parodie müßten demnach als analoge Verfahren angesehen werden, wobei bei der Parodie das Postulat der medialen Identität hinzukäme — eine Klassifizierung der Parodie als eine Art der Karikatur ist somit nicht möglich. (Im übrigen zeigt ja die ›Katze der Mademoiselle Dupuy‹ schon sehr deutlich, daß auch in der Kunst der mit Untererfüllung als dominierendem Verfahren arbeitende Parodietyp vorkommen kann.)

Obgleich sich die beiden Parodietypen also erheblich unterscheiden — beim zweiten liegt keine Untererfüllung, sondern, auch darin schließen wir uns W.-D. Stempel an, eine *Übererfüllung* bestimmter Züge (Verfahren, Themen und Motive, Einstellungen) vor —, wird die Einheit des Begriffs dadurch gewahrt, daß *beide* „Verfahren zur Herabsetzung" sind und daß dazu notwendigerweise die Adaption einer Vorlage gehört.

(7) Parodie und Grammatik: Die finite state grammar als Beschreibungsmodell bei J. Revzin

Eine erhebliche Präzisierung der Beschreibungsmöglichkeiten scheint auf den ersten Blick der Aufsatz von J. Revzin (1971) zu bieten. Dabei ist er der Intention seines Autors nach nicht einmal primär als Beitrag zur Parodie-Forschung zu sehen, sondern gehört, ähnlich wie die Untersuchungen der Russischen Formalisten, in den allgemeineren theoretischen Rahmen einer angestrebten „strukturellen Poetik". Und zwar soll analog zur strukturellen Linguistik versucht werden,

einen experimentellen Zugang zur Analyse von Kunstwerken zu finden, d. h. daß eine bestimmte Hypothese über den Generierungsmechanismus eines gegebenen Textes aufgestellt und dann der entsprechende Generierungsmechanismus konstruiert wird. Wenn dieser Mechanismus Resultate liefert, die dem analysierten Text ähnlich sind, dann darf man annehmen, daß die Hypothese des Forschers nahezu richtig war (1971, S. 587).

Daß die Parodie schließlich dennoch zum Hauptgegenstand der Untersuchung avanciert, liegt an der von der augenblicklichen Forschungssituation erzwungenen Einsicht, daß man einstweilen „eine solche Art der Behandlung nicht auf große literarische Werke und auf das individuelle Schaffen hochbegabter Persönlichkeiten anwenden" kann, da diese „bewußt oder unbewußt — die existierenden Mechanismen zur Generierung eines künstlerisch-literarischen Textes verändern" (1971, S. 587).

In der Annahme, daß solche Skrupel bei der Parodie bzw. bei einem Parodie-Typ überflüssig sind, da hier ja die „allgemeine Textkonstruktion" — d. h. vor allem die Syntax, aber auch Metrum und Rhythmus — der Vorlage erhalten bleibt, schlägt J. Revzin einen für Vorlage und Parodie gemeinsamen, an der "finite state grammar" orientierten Generierungsmechanismus vor. Die Erzeugung der Parodien — ein solcher Mechanismus erzeugt eine ganze Klasse von Texten — erfolgt nun derart, daß man zunächst von der Vorlage „auf rein automatischem Weg" ein Schema konstruiert, mit dem man das Gedicht erzeugen kann und dann anschließend den Wortschatz der Vorlage durch einen neuen „thematischen Wortschatz" ersetzt.

Dabei hat man sich unter einem solchen Schema eine mechanische Vorrichtung vorzustellen, die endlich viele Zustände annehmen kann: S_0, S_1, S_2 . . . S_n, wobei S_0 der Anfangs-, S_n der Endzustand ist. Bei jedem Übergang von einem Zustand zu einem anderen erscheint ein mit Index versehenes Wort, wobei der Index die Position des Wortes im Wörterbuch angibt. Um nicht so viele Zustände herzustellen, „wie es im ganzen Lücken zwischen den Wörtern in unseren Sätzen gibt" — was natürlich trivial wäre —, soll „eine möglichst kleine Zahl von überlegt zusammengestellten Zuständen" verwendet und die Möglichkeit des Mechanismus zur Bildung von Zyklen ausgenutzt werden (vgl. 1971, S. 592).

Auf weitere Einzelheiten wollen wir hier ebensowenig eingehen wie auf die Frage, ob das Schema einer Sprache mit endlich vielen Zuständen überhaupt beschreibungsadäquat ist (vgl. dazu auch W. Karrer, 1977, S. 64 ff.). Was uns lediglich interessiert, sind die im Hinblick auf die Parodie formulierten Prämissen, durch die jene Aspekte bestimmt werden, die — einmal vorausgesetzt, daß dieser Mechanismus tatsächlich arbeitet — Gegenstand der Beschreibung sein sollen. Doch zuvor wollen wir ausschnittsweise das Resultat oder genauer: ein Resultat dieser Prozedur vorstellen. Und zwar handelt es sich bei der Vorlage um ein Gedicht V. Brjusovs mit dem Titel ›Trockene Blätter‹:

> (1) Trockene Blätter, trockene Blätter,
>   Trockene Blätter, trockene Blätter,
>   In dem trüben Wind kreiseln sie, rascheln sie.
>   Trockene Blätter, trockene Blätter,
>   In dem trüben Wind, trockene Blätter
>   Kreiselnd; was flüstern sie, was reden sie?
>   (. . .)

Ein nach diesem Schema mögliches Gedicht mit einem anderen thematischen Wortschatz wäre das folgende:

> (1) Es miauen die Katzen, es miauen die Katzen,
> Auf dem Dach des Hauses, die Mörderkatzen,
> Was reden sie zu uns, worüber zischeln sie.

> (2) Es miauen die Katzen, es miauen die Katzen,
> Es miauen die Katzen, es miauen die Katzen,
> Auf dem Dach des Hauses winseln sie, jammern sie.
> (. . .)   (1971, S. 600)

Auch wenn man berücksichtigt, daß bei dieser Untersuchung die syntaktische Komponente im Vordergrund steht und zudem nur die „primitivsten Spielarten" untersucht werden sollten, dürfte das Ergebnis eher enttäuschend sein. Immerhin wird jedoch ex negativo deutlich, daß vor allem die semantischen Relationen zwischen Vorlage und Parodie nicht so schlicht sind, wie J. Revzin offenbar annimmt. Denn es ist zwar richtig, daß es eine Art der Parodie gibt, bei der die „allgemeine Textkonstruktion" der Vorlage (im großen und ganzen) beibehalten wird; es ist aber falsch anzunehmen, daß der Unterschied zwischen Vorlage und Parodie lediglich in einem anderen „thematischen Wortschatz" liegt. Und selbst wenn man davon ausgeht, daß der Wortschatz der Parodie eine Durchschnittsmenge aus dem Vokabular der Vorlage und einem neuen Vokabular bildet — ein solches Lexikon wäre nicht schwieriger herzustellen als ein ganz neues thematisches Lexikon —, ist für die Parodie-„Erzeugung" noch relativ wenig gewonnen. Denn zwar würde damit dem Umstand Rechnung getragen, daß die partielle Identität zwischen Vorlage und Parodie auch auf der semantischen Ebene besteht; andererseits ist jedoch das, was hier nur wie eine Durchschnittsmenge erscheinen mag, das Resultat von Prozeduren, die wir mit dem Stichwort „Übererfüllung" und „Untererfüllung" charakterisiert haben. Diese beruhen jedoch immer auf einer — zumindest rudimentären — Textinterpretation, wobei man im allgemeinen davon ausgehen kann, daß die semantisch-thematische Ebene dominiert. Über- und Untererfüllung als Prozeduren der Bloßstellung muß man aber auch bei den „primitivsten Spielarten" der Parodie annehmen, sofern man nicht ihre Spezifik gegenüber anderen Schreibweisen, die ebenfalls mit der Adaption einer Vorlage operieren, völlig aufgeben will. Für die Herstellung einer die Vorlage über- oder untererfüllenden Adaption gibt es jedoch keinen Algorithmus, sofern man nicht die entscheidenden Probleme einfach ins Lexikon abschieben will; und es ist fraglich, ob hier ein anderes, etwa an der generativen Syntax orientiertes Moedell eine wesentliche Verbesserung bringen würde. Dies jedenfalls hat Ju. M. Lotman wesentlich klarer gesehen, wenn er die Parodie eben nicht in die Klasse der „Ästhetik der Identität", sondern in die Klasse der „Ästhetik der Gegenüberstellung" einordnete, wobei für diese Klasse insgesamt gilt, daß sogar die Möglichkeit eines Entwurfs von generativen Modellen „erst noch bewiesen werden müßte" (vgl. 1972, S. 404 ff.).

(8) Die Wendung zur Rezeptionsgeschichte bei Th. Verweyen

Die für jede Parodie-Theorie wichtige Entscheidung, ob der Gegenstand der Herabsetzung immer die Vorlage sein muß, wollen wir noch kurz zurückstellen. Immerhin scheint zumindest soviel jetzt schon sicher: Wenn der Gegenstand tatsächlich die Vorlage und diese Vorlage ein literarischer Text ist, dann kann auch die von der Parodie möglicherweise geleistete Kritik nur literarisch sein.

Explizit findet man einen solchen Schluß beispielsweise bei Tuvia Shlonsky, der zwar betont, daß "the method of parody is to disrealize the norms which the original tries to realize, that is to say to reduce what is of normative status in the original" (1966, S. 797), aber zugleich einschränkt, daß es sich dabei lediglich um literarische Normen handeln kann: "The standards, norms and implications which are essential to satire, whether moral, social, religious or philosophical, are extra-literary in origin as well as in purpose and thus foreign to the purely literary nature of parody" (ebd.). Ihren Abschluß findet die Überlegung dann in der zunächst durchaus evident scheinenden Feststellung: "Pure parody maintains a relationship with literature alone and not with reality" (S. 798).

Es ist nicht zuletzt das Verdienst der Arbeit von Th. Verweyen, die Problematik jener Festlegung der Parodie auf „pur Literarisches" aufgezeigt zu haben. Und zwar durch eine sehr genaue Fallstudie zu P. Rühmkorfs Parodie des ›Abendlied‹ von M. Claudius, durch die deutlich wird, daß eine Trennung literarischer und außerliterarischer Normen für die Parodie-Theorie unfruchtbar ist, und zwar auch dann, wenn man vorgeblich nur „reine" Typen beschreibt. Dies zu verstehen, setzt freilich voraus, daß man die entscheidende These Th. Verweyens akzeptiert, nach der nicht allein der ursprüngliche pragmatische Kontext der Vorlage, sondern auch die weiteren Kontexte, in welche die Vorlage in ihrer Rezeptions- und Interpretationsgeschichte gestellt wird, mit ins parodistische Spiel kommen. Wobei Th. Verweyen die These noch insofern verschärft, als er fordert, daß die Parodie „nicht als kritische Nachahmung literarischer Sujets, sondern als kritischer Bezug auf deren Rezeption als Paradigmen kommunikativer Interaktion zu begreifen" ist (1973, S. 84).

Indem die Parodieproblematik nicht mehr im Rahmen einer nur „zweistelligen Relation von Vorlage und 'Nachahmung', die der werkimmanenten Betrachtungsweise besonders günstig ist" (1973, S. 80), diskutiert wird, findet die Forderung nach einer eingehenderen Berücksichtigung der „rezeptionsgeschichtlichen Spezifik" zweifellos ihre Begründung. Zugleich läßt sich aus der These eine plausible Antwort auf die zuvor gestellte Frage nach dem Gegenstand der „Herabsetzung" ableiten, die nicht in R. Neumanns selbstverschuldetes Dilemma führt.

Denn zwar wird auch in dieser Arbeit zunächst von der allgemein vorherrschenden Ansicht ausgegangen, daß der Gegenstand der Parodie „ein Werk, ein Individualstil, ein Gruppenstil, ein Epochenstil, ein Genre" (1973, S. 64) ist, doch erfolgt anschließend noch eine weitere Präzisierung:

Als Para- oder Nachfolgetext setzt der parodistische Text Tp nicht bloß das Sujet T als vorhanden, sondern auch das Faktum seiner Rezeption zum Zeitpunkt t, zu dem die Kenntnis des parodierten Sujets T erworben wird, voraus. Danach gilt das Wort „parodieren" nur für Formulierungszusammenhänge der Form *P parodiert den Gegenstand T in der Absicht A mit $M_1 — M_n$ für R mit den Kenntnissen $K_1 — K_n$ zum Zeitpunkt t.* t markiert immer eine zeitliche Differenz zwischen T und T_p (1973, S. 66).

Das Zitat zeigt, daß hier mit der Präzisierung ernst, manchmal etwas zu ernst gemacht worden ist! Da die Abneigung gegenüber bestimmten, in diesem Fall auch nicht unbedingt notwendigen Notationsformen zu Mißverständnissen führen kann — H. Gnügs Rezension (1974) dürfte in dieser Hinsicht noch immer als beispielhaft gelten —, wollen wir in einer umgangssprachlichen Paraphrase festhalten, daß ein Autor eine Vorlage mit einer bestimmten Absicht und unter Verwendung bestimmter Mittel parodiert, wobei er die Kenntnisse eines bestimmten Rezipientenkreises zu einem bestimmten Zeitpunkt voraussetzt. „Kenntnisse" bezeichnen dabei vor allem eine jeweils spezifische Verarbeitung der parodierten Vorlage, was durch das folgende Zitat deutlich wird:

der Parodist macht ein in besonderer Weise sich herausbildendes Textkorpus zum Gegenstand der Parodie — ein solches, das in jenem Prozeß die Stelle der Kodifikation besetzt, gewünschte Einstellungen im Adressatenkreis erzeugt/festschreibt, schematisiert und standardisiert (. . .). Trifft diese Überlegung zu, hat die Analyse des Wortes „Parodie" von Formulierungszusam-

menhängen der Form „P parodiert bestimmte *Normen der Rezeption* . . ."
auszugehen.

Und es ist nur konsequent, wenn aufgrund der solchermaßen angenommenen „Destruktion von Rezeptionsnormen" nun das, was „bisher
zum 'Objekt' der Parodierungshandlung erklärt war (. . .), in die
Funktion des 'Mediums'" rückt und damit den „Status des Repräsentativen für . . ., der Metonymie zugewiesen" bekommt (alle Zitate:
1973, S. 67).

Wir wollen nicht alle Aspekte und Konsequenzen dieser These erörtern, zumal zahlreiche Überlegungen in die vorliegende Arbeit
eingegangen sind und im jeweiligen Zusammenhang begründet werden,
sondern möchten uns auf einige Hinweise beschränken, die sich vor
allem auf die in diesem Kapitel im Vordergrund stehende Frage nach
der Generalisierungsmöglichkeit beziehen. Gestellt wird die Frage
schon in der Abhandlung selbst, mit zwei möglichen Antworten:

Die eine sucht den Rühmkorfschen Ansatz als qualitativ Neues in der Geschichte der Parodie festzuschreiben. Ihr Dilemma wäre, dessen Implikation
mit übernehmen zu müssen, nämlich: 'daß Parodie zu einer literarischen Methode mit eigenem Ausdruckswert erst wurde, werden konnte, als dringende
Zweifel in die politische Haltbarkeit des *Bürgertums* auch den Fortbestand
seiner Kultur immer fragwürdiger erscheinen ließen' (1973, S. 63).

Die zweite hingegen geht davon aus, daß

jede Parodie das Kriterium 'kritischer Auseinandersetzung mit Gegenwart'
im Medium und mittels des Parodanden

erfüllt (ebd.), und zwar in der beschriebenen Weise einer Destruktion
von Rezeptionsnormen und „arretierten Wertvorstellungen".

Damit ist freilich mehr gemeint als mit jenem bekannten Bild vom
Sack, den man schlägt, und Esel, den man meint. Denn die Vorlage ist
nicht nur „Medium" der parodistischen Kritik, sondern dient ja zugleich der Artikulation, Tradierung und Stabilisierung eben jener
Normen und Werte, die durch die Parodie einer Kritik unterzogen
werden sollen, so daß zwar ein indirektes Verfahren, aber keine eigentliche Ersatzhandlung vorliegt.

Dennoch bleiben Zweifel hinsichtlich einer Generalisierbarkeit der
in der Abhandlung eindeutig favorisierten „zweiten Antwort", auch
wenn die an P. Rühmkorfs Parodien entwickelte Funktionsbeschreibung in besonderer Weise dem weiten Kontext-Begriff J. Lyons' Rechnung trägt und zudem für eine ganze Reihe von Texten zutreffend ist.
Denn nicht erfaßt werden alle die Fälle, wo es einem Autor mehr um

die Auseinandersetzung unter Zeitgenossen geht, als „daß er die eigene
Zeit durch alte Folien betrachtet" (P. Rühmkorf).

Die Berechtigung dieser Unterscheidung mag zunächst nicht unmittelbar
einsichtig sein; ein Vergleich der theoretischen Äußerungen etwa P. Rühmkorfs und R. Neumanns läßt jedoch erkennen, daß auch die Autoren ihre
Tätigkeit jeweils unterschiedlich einschätzen: Während P. Rühmkorf — das
zeigen die Erläuterungen zu seiner Parodie ›Auf eine Weise des Joseph Freiherrn von Eichendorff‹ (1969, S. 236 ff.) deutlich genug — vor allem darauf
reagiert, was mit einem Text im Laufe seiner Rezeptionsgeschichte von den
Rezipienten gemacht worden ist und wie sich dies wiederum auf die eigene
Rezeption und Bewertung auswirkt, steht bei R. Neumann die Bewertung:
was für einen Text der Autor *gemacht* hat, im Vordergrund. In diesem Fall
bedarf es auch nicht eines „innovativen Wirklichkeitsbegriffs", wie Th. Verweyen zur Legitimation des Verfahrens fordert (1973, S. 68). R. Neumanns
Parodie auf ›Godekes Knecht‹ (1969 a, S. 76 f.) — die ihm den schon ziterten
Brief von H. Leip einbrachte — ist zunächst nichts anderes als eine Attacke
auf ein bestimmtes literarisches Verfahren und auf die damit verbundene Absicht, durch die Verwendung von „Maritimes" konnotierenden Lexemen den
Eindruck des Professionellen und Authentischen zu suggerieren. R. Neumann
zumindest wollte seine Parodie wohl als eine solche Attacke verstanden
wissen, und der Brief von H. Leip läßt erkennen, daß dieser sie auch genau
so verstanden hat.

Gleiches gilt für eine Vielzahl weiterer Texte. So veröffentlichte beispielsweise H. Eulenberg 1925 seine Parodie ›In den elysäischen Feldern‹, um
damit „Shaw und seinen Anhängern zum Trost und zur Aufheiterung (. . .)
seine Ankunft im Gefilde der Seligen, im Himmel der Denker und Dichter,
den die Griechen das Elysium nannten" (1925, S. 62), zu schildern. Wie man
aus der Ankündigung entnehmen kann, ist es also eine der häufig vorkommenden Text- bzw. Textklassenparodien, die den Autor der Vorlage zugleich
zum Helden der Parodie machen. Dabei ist der Text in diesem Fall zweifellos ziemlich harmlos und erreicht gewiß nicht die Klamauk vermeidende
Sicherheit in der Übererfüllung, die man etwa bei E. Friedells Parodie auf
›Die Welt im Drama‹ von A. Kerr (1965, S. 147 ff.) bewundern kann. (Übrigens geht es vermutlich auch E. Friedell weniger um die rezeptionsgeschichtliche Spezifik als vielmehr um die Auseinandersetzung mit A. Kerrs besonders gern in der Terminologie der Küche sich artikulierendem Subjektivismus,
eben um jenes — wie B. Brecht einmal formulierte — „so gekonnte schmat-
zende Vorkauen".)

Was H. Eulenbergs Parodie für unsere Fragestellung jedoch so interessant
macht, ist der Rahmen, in dem sie steht: Sie bildet nämlich den abschließenden Teil einer „Streitschrift" mit dem Obertitel ›Gegen Shaw‹, deren Thesen sie
— zusammen mit einer parodistischen Skizze in der Buchmitte — illustrieren
soll. Diese aber sind nun eindeutig gegen G. B. Shaws theatralische Sendung
und gegen die „Shawsche Manier, die ihm ja zweifelsohne die liebste ist",

gerichtet, da bei ihm — so H. Eulenbergs Resümee — nicht viel mehr herauskommt, „als nur ein paar bissige oder mäßige Hanswurstspäße" (1925, S. 26). Ein Resumée übrigens, das nun in keiner Weise durch einen innovativen Wirklichkeitsbegriff, wohl aber von der traditionellen Vorstellung vom großen Individuum bestimmt ist!

Andererseits tritt die rezeptionsgeschichtliche Spezifik auch in solchen Fällen natürlich nicht völlig zurück; schon deshalb nicht, weil die Parodie auf Vorlagen angewiesen ist, die einer wie eng auch immer definierten Öffentlichkeit zumindest bekannt sind. Insofern kann man zwar bei diesen Texten ebenfalls im Sinne Th. Verweyens von „Metonymie" sprechen, da mit der parodierten Vorlage auch die „Rezeptionsnormen" getroffen werden. Aber dies ist nur ein Teil des allgemeineren metonymischen Charakters der Parodie, genauer: ihres formalen Verfahrens, das — hier formulieren wir Überlegungen um, die W.-D. Stempel zur „Technik des Komischen im Rahmen der Ironie" vorgetragen hat — darin besteht, daß mit dem parodierten Zug sogleich *mehr* „bloßgestellt" als durch diesen „voll repräsentiert" wird. (Wodurch sich u. a. das Postulat einer „ausgewogenen" oder „gerechten" Kritik als undurchführbar erweist.) Was nun diesen „allgemeineren metonymischen Charakter" betrifft, so glauben wir, daß natürlich die „Rezeptionsnormen" wie die „Produktionsnormen" betroffen sind. Dabei wollen wir unter dem Kürzel all die Einstellungen, Verfahrens- und Handlungsregeln verstehen, die für die Textproduktion konstitutiv gewesen sind, also sowohl jene Regeln, die sich im rein operationellen Sinne auf die Herstellung eines Textes beziehen, als auch jene, die insgesamt sein weltanschauliches Substrat bilden. Denn es ist anzunehmen, daß die Parodie tatsächlich mit beiden Sorten in Bezug gesetzt werden muß, was schon R. Neumann in seinem ersten Aufsatz ›Zur Ästhetik der Parodie‹ (1927/28) andeutet, wenn er, voller Skrupel freilich, „zwischen Form, Stoff und Gesinnung des zu parodierenden Werkes" unterscheidet und anschließend die Hypothese formuliert: „eine Parodie ist parodistisch unterdeterminiert, wenn sie nur eine, sie ist überdeterminiert, wenn sie alle drei Komponenten übersteigernd verzerrt". Man braucht nur die Terminologie ein wenig zu ändern und von „Material", „Verfahren" und „Perspektive" zu sprechen, um diesen Formulierungen neue Aktualität abzugewinnen!

Weiterhin wollen wir von einer unterschiedlichen Dominanz des Produktions- wie des bislang in den Parodie-Theorien vernachlässigten Rezeptionsaspekts ausgehen; wobei es sicherlich beruhigend wäre, dies auf bestimmte Parodietypen zurückführen zu können. Etwa in dem Sinne, daß die Produktionsnormen stärker durch die mit Übererfüllung arbeitende, die Rezeptionsnormen stärker durch die mit Untererfüllung arbeitende Parodie betroffen sind. Ein solches Unternehmen müßte jedoch scheitern, da die Dominanzfrage eben nicht allein durch eine Analyse der Verfahren, sondern auch durch die Rekonstruktion der Kommunikationssituation — die freilich nicht die aktuelle Situation der Rede ist — und ihrer jeweils spezifischen Voraussetzungen beantwortet werden kann. Und genau hier hat die von Th. Verweyen mit der erwähnten Fallstudie initiierte und dann von W. Karrer (1977, S. 200) zu Recht geforderte empirisch und historisch orientierte Kommunikationsforschung eine zweifellos wichtige Aufgabe.

Mit diesem Kompromiß zwischen produktions- und rezeptionsorientierten Positionen soll also nicht zugleich das ablehnende Urteil gegenüber einer Beschränkung der Parodie auf rein literarische Normen revidiert werden. Denn unabhängig davon, welche Funktion jeweils dominiert, scheint uns eine derartige Verengung generell unhaltbar. Und zwar nicht nur deshalb, weil eine Trennung von Parodien mit bzw. ohne literarische Vorlage unergiebig, von Autoren und Lesern offensichtlich unerwünscht und mithin unerheblich wäre; vielmehr zeigt gerade die „Historisierung" dieser Frage — einige Beispiele dafür werden wir im V. Kapitel bringen —, daß die Vorstellung, zumindest die Parodie mit literarischer Vorlage sei allein auf Literatur und nicht auf "reality" zu beziehen, nur um den Preis einer gewaltsamen Isolierung des literarischen Lebens von der Lebenswelt insgesamt durchzuhalten ist.

2. Zum Problem eines normierten Wortgebrauchs

Offensichtlich gerät die Beschäftigung mit der Parodie sehr bald an eine Stelle, wo sich die Frage nach dem Verhältnis von Definition und Geschichte, d. h. nach den variablen und konstanten Komponenten der untersuchten Texte sowie nach der Legitimation ihrer einheitlichen Benennung stellt.

Erschwert wird eine befriedigende Antwort hierauf zunächst einmal dadurch, daß es im Grunde nicht nur um den isolierten Begriff der Parodie geht, sondern daß diese Antwort nur unter Berücksichtigung einer ganzen Reihe weiterer, systematisch zusammengehöriger Termini erfolgen kann, wie etwa „Imitatio", „Travestie", „Cento", „Pastiche", „Kontrafaktur", um nur an einige wichtige noch einmal zu erinnern. Die eigentliche Schwierigkeit jedoch liegt darin, daß in der Verwendung des Ausdrucks —wie unsere begriffsgeschichtliche Skizze ebenso gezeigt hat wie unsere Darstellung der aktuellen Parodie-Theorien — eine auch über das bei Gattungsproblemen übliche Maß hinausgehende Differenz zu bemerken ist. Hierfür könnte sich die These Ju. M. Lotmans als Erklärung anbieten, daß die Parodie zwar ein Strukturklischee zerstört, ihm jedoch keine „andersartige Struktur" entgegensetzt. In diesem Fall hätte weder der Einzeltext noch die Reihe eine eigentliche generische Wirkung, wodurch die unterschiedlichsten Auffassungen von der Parodie freigegeben würden. Diese jedenfalls sind leicht festzustellen, und zwar auch unter jeweils zeitgenössischer Perspektive.

Exemplarisch hierfür ist die Rezension, die K. Tucholsky zu R. M. Meyers Sammlung deutscher Parodien schrieb (R. M. Meyer, 1913), da in ihr eine Erfahrung formuliert wird, die man sowohl bei Anthologien des 18. und 19. wie des 20. Jh. machen kann. „Richard M Punkt Meyer" — so K. Tucholsky — „hat (im Verlag von Müller u. Rentsch) ein Büchelchen herausgegeben: ›Deutsche Parodien‹. O wären es doch welche!" (K. Tucholsky, 1960, Bd. I, S. 142 f). Mag die Enttäuschung auch nur in Andeutungen begründet werden: zumindest der lobende Hinweis auf F. Mauthner und den „einzigen Gumppenberg" läßt vermuten, daß hier der Literat gegenüber dem Literarhistoriker und seiner ansonsten „höchst fesselnden Literaturhistorie" auf einem engen Parodie-Begriff beharrt und nicht jeden Text „mit einer (wenn auch nur andeutenden) Nachbildung von Form, Stil oder Ton des Originals" (R. M. Meyer, 1913, S. XII) als Parodie akzeptiert. Noch E. Rotermund spricht im Hinblick auf diese Anthologie von „Mißbrauch"; gleichzeitig aber — und hierin zeigt sich eine ähnliche Konstellation — rügt er den „einseitigen Gebrauch des Terminus" bei R. Neumann (1963, S. 21), während er selbst nicht immer davor gefeit ist, daß der Inhalt seines Parodiebegriffs hinter den Differenzierungen verloren geht. Belegen läßt sich die Kritik vor allem durch das Dada-Kapitel, speziell durch den „Ansatz zur Interpretation der parodistischen Phänomene bei Schwitters". Denn es dürfte zumindest fraglich sein, ob „manische Verdinglichung und Verstofflichung vorgeprägter Formen und Wendungen" (1963, S. 118) mit der parodistischen Intention überhaupt vereinbar sind. Angesichts von Anthologien wie den von M. Ach und M. Bosch herausgegebenen ›Gegendarstellungen‹ (1974) kann man K. Tucholskys Wunsch jedenfalls nur wiederholen, zumal — wie dort im Nachwort ausdrücklich betont — der Anspruch erhoben wird, „Beispiele und Möglichkeiten dafür aufzuzeigen, wie Parodieren heute zu handhaben ist".

(1) Historische Familien als Axiom der Gattungstheorie

Die Beispiele zeigen, daß der Versuch, allein durch „Abstraktion" aus einem möglichst umfangreichen Korpus eine eindeutige Bestimmung zu gewinnen, ein wenig erfolgreiches Unternehmen sein dürfte. Denn bei einer lediglich unter dem Aspekt der Quantität erfolgten Korpusbildung kann nicht vermieden werden, daß in einem solchen Korpus, sofern man sich tatsächlich an der Gesamtheit der (expliziten wie impliziten) Parodie-Theorien orientiert, natürlich auch deren Widersprüche wiederzufinden sind, wobei ihre Eliminierung dann notwendigerweise zu sehr wenigen — unspezifischen — gemeinsamen Elementen führen würde. Unbefriedigend bleibt auch die von E. Rotermund im Anschluß an K. Viëtor geforderte „Zusammenschau sämtlicher zur Gattung gehörigen Einzelwerke", da — hierin stimmen wir K. W. Hempfer zu — allererst das Problem zu klären wäre, wie man angeben kann, „welche Werke zu einer Gattung gehören, wenn diese Gattung erst aufgrund der Werke" zu bestimmen ist (1973, S. 134).

Eine Möglichkeit, diesen unfruchtbaren Zirkel zu vermeiden, besteht darin, einen Normierungsvorschlag für den Wortgebrauch von „Parodie" zu machen. Gegen einen solchen Vorschlag gibt es zweifellos eine Reihe von Argumenten, wobei der gravierendste Einwand darin besteht, daß sich die Beschreibung literarischer Formen primär am Erwartungshorizont des Lesers zu orientieren habe, da sie kommunikative Größen sind, bei denen das Vorverständnis bereits konstitutives Element des Verstehens ist. Auf diesem Argument beruht H. R. Jauß' Postulat, „die Geschichte literarischer Gattungen als einen zeitlichen Prozeß fortgesetzter Horizontstiftung und Horizontveränderung" zu sehen (1972, S. 124), wobei die in der Gattungstheorie des öfteren zu findende Forderung nach einer „Historisierung des Formbegriffs" eine präzisere rezeptionsästhetische Begründung erfährt.

Interessant ist dabei, wie H. R. Jauß den Zusammenhang zwischen den einzelnen, einer Gattung zugezählten Werken beschreibt; so spricht er zunächst von den Gattungen als „Gruppen oder historischen Familien", im Verlauf der weiteren Arbeit von der „Familienähnlichkeit", womit dem Umstand Rechnung getragen werden soll, daß „die literarischen Gattungen nicht als *genera* (Klassen) im logischen Sinn" zu verstehen sind und demzufolge „nicht abgeleitet oder definiert, sondern nur historisch bestimmt, abgegrenzt und beschrieben werden" können (1972, S. 110).

Das Zitat macht deutlich, daß sich H. R. Jauß an einer bestimmten Tradition der Gattungstheorie orientiert, in der die Familie das bevorzugte Modell für die Beschreibung von Ähnlichkeitsrelationen abgibt. So kann man auch schon bei E. Coseriu eine durchaus vergleichbare Argumentation finden: „Die sogenannten literarischen Gattungen erscheinen bei näherer Betrachtung als den literarischen Sprachen analog. Sie sind nämlich keine 'Klassen' (und daher auch keine 'Gattungen' im eigentlichen Sinne), sondern vielmehr jeweils historisch gegebene Individuen, genauso wie die Sprachen. Es ist eigentlich unmöglich, *den* Roman, *die* Tragödie als Klassen zu definieren" (1971, S. 186). Und: die „literarischen Gattungen sind Individuen und, in dieser Hinsicht, auch 'Gruppen' oder, wenn man will, historische 'Familien'" (1971, S. 285). Schließlich sei noch eine Äußerung von C. Pichois und A.-M. Rousseau erwähnt, die sich — von der üppigen Metaphorisierung einmal abgesehen — in dieser Hinsicht kaum von dem vorherigen unterscheidet: „In den Augen des Kompara-

tisten entfaltet sich eine Gattung wie eine menschliche Familie, als eine
unendliche Reihe von Werken — unter sich weder absolut identisch noch völlig
verschieden — oder wie ein Baum mit gesunden, aber auch mit verwachsenen
und verdorrten Zweigen, oder wie ein ganzes Gehölz, in dem wir neben
lebenskräftigen Bäumen nicht selten entwurzelte, Bastarde, wild wuchernde
und degenerierte finden" (1971, S. 154 f.).

Auch wenn man berücksichtigt, daß die Arbeit C. Pichois' und A.-M. Rous-
seaus bereits 1967 in Frankreich erschienen ist, bedarf die Vermutung K. W.
Hempfers, daß „der Begriff der Familie zur Bestimmung der 'Gattungen'
hier zum ersten Mal" Verwendung findet (1973, S. 110) der Korrektur: Denn
die zunächst überraschende Übereinstimmung in der Argumentation bei Autoren recht unterschiedlicher Provenienz erklärt sich daraus, daß diese Argumentation noch immer mit und gegen B. Croce geführt wird, der eben mit
jenem Ausdruck einen — wie er meinte, entscheidenden — Schlag gegen jegliche Gattungstheorie illustrierte: „Jedes wahrhafte Kunstwerk hat allezeit
irgend einer festgestellten Gattung widersprochen und die Ideen der Kritiker
in Aufruhr gebracht, die sich gezwungen sahen, die Gattung zu erweitern, bis
auch die so erweiterte Gattung immer wieder zu eng ward, weil neue Kunstwerke auftauchten, denen neue Skandale folgten, neue Verwirrungen und —
neue Erweiterungen" (1905, S. 37). „Es könnte so aussehen, als ob wir mit
alledem jedes Band der Ähnlichkeit zwischen Ausdrücken (Kunstwerken)
leugnen wollten. Diese Ähnlichkeiten bestehen natürlich, und die Kunstwerke
bilden sicherlich Gruppen; aber es sind Ähnlichkeiten, wie man sie unter den
Individuen findet, die sich niemals in abstrakte Definitionen fassen lassen. Es
sind Ähnlichkeiten, die mit der Gleichsetzung, der Unterordnung und der
Beiordnung der Begriffe nichts zu tun haben. Sie bestehen in dem, was man
im gewöhnlichen Leben einen 'Familienzug' nennt, und sie haben ihren Grund
in der Ähnlichkeit der historischen Bedingungen, unter denen die verschiedenen Kunstwerke entstanden, oder in einer Seelenverwandtschaft der Künstler, die sie geschaffen" (1905, S. 72). Daß B. Croce hier nicht nur der Genie-
Ästhetik, sondern auch einer Simplifikation das Wort redet, indem er das
literarische Werk *unvermittelt* mit den historischen Bedingungen korreliert,
ohne beispielsweise den besonders von W.-D. Stempel betonten „generischen
Charakter" des schöpferischen Einzeltextes (1972, S. 179) oder der entsprechenden literarischen Reihe zu berücksichtigen, sei hier nur angemerkt; gerade
die Formulierungen von H. R. Jauß haben jedoch auch gezeigt, daß sich
B. Croces Kritik durchaus im Rahmen eines Evolutionsmodells literarischer
Texte zu einem positiven Element einer Gattungstheorie umfunktionieren
läßt.

(2) Wittgensteins Terminus „Familienähnlichkeit"
und die Möglichkeiten einer „Grenzziehung"

Sicherlich wäre für die Parodie-Theorie auch der Versuch verlockend, die verschiedenen Wortverwendungen zum Resultat eines Prozesses zu erklären, in dem sie jeweils *zeitlich unterschiedlich* fixierbare Erwartungen und Texteinstellungen markieren. Ob dies jedoch gelingt, dürfte aufgrund der Ergebnisse unserer begriffsgeschichtlichen Untersuchung mehr als fraglich sein; wahrscheinlicher ist dagegen, daß eine Bemerkung H. Markiewicz' zutrifft: "The ambiguity of the term 'parody' is a heritage of the culture which created it" (1967, S. 1264). In diesem Fall wäre die jüngst noch von J. v. Stackelberg im Hinblick auf die Parodie beifällig zitierte Anweisung K. Vosslers, daß sich die Definition einer Kunstform in deren Entwicklungsgeschichte aufzulösen habe, zumindest im Sinne einer prozeßorientierten Beschreibung unerfüllbar. Gleiches gilt auch für das von K. W. Hempfer vorgeschlagene „rezeptionsästhetisch-konstruktivistische Verfahren", bei dem das Korpus rezeptionsästhetisch erstellt werden soll, „während die Strukturierung dieser Textbasis statt von einem 'divinatorischen Erfassen des Gattungshaften' auf konstruktivistische Weise von der Reflexion der bisherigen Strukturierungsversuche und deren Objektadäquatheit ausgehen kann" (1973, S. 135). Denn seine spezielleren, der Erstellung des Textkorpus dienenden Vorschläge lassen erkennen, wie wenig damit im Falle der Parodie für eine Problemlösung erreicht wäre: die Beschränkung auf ein „historisch abgrenzbares Textkorpus", die Beachtung der „Bündelung von Texten in Handschriften", von „Gattungsgruppierungen in den zeitgenössischen Ausgaben", der „Festlegung der Gattung durch den Autor" sowie der „poetologischen Reflexion der Zeit" versprechen nur dann einen gewissen Erfolg, wenn bereits ein relativ harmonisiertes Formverständnis vorliegt. Eben dies trifft aber auf die Parodie nicht zu! Es scheint daher nur konsequent zu sein, wenn man sich mit einer Auffassung von Familienähnlichkeit zufrieden gibt, die überraschenderweise in der gattungstheoretischen Diskussion bislang kaum Beachtung gefunden hat, nämlich jener des späten Wittgenstein, der zwar nicht explizit die literarischen Gattungskonzepte nennt, dessen Bemerkungen hierfür gleichwohl aufschlußreich sein könnten.

Wir wollen nur anmerken, daß L. Wittgenstein den Ausdruck möglicherweise aus F. Nietzsches › Jenseits von Gut und Böse‹ übernimmt, wo dieser die vermeintliche „wunderliche Familien-Ähnlichkeit alles indischen, griechischen, deutschen Philosophirens" zu erklären versucht (1925, S. 28). Dabei steht er

in seiner Apologie des Immergleichen der Auffassung B. Croces gar nicht so
fern. Beide greifen zur Begründung der Ähnlichkeit auf externe Instanzen
zurück: Croce auf die „historischen Bedingungen" bzw. die „Seelenverwandtschaft"; Nietzsche auf die „gemeinsame Philosophie der Grammatik", um
keine direkten „Entlehnungen" zuzulassen. Dies jedenfalls hat schon F. Mauthner an Nietzsches These kritisiert (1923, S. 372), wobei nicht ganz auszu-
schließen ist, daß L. Wittgenstein, dessen intensive Mauthner-Lektüre belegt
werden kann, erst aufgrund der Kritik auf den Ausdruck gestoßen ist.

„Familienähnlichkeit" ist auch bei L. Wittgenstein noch immer eine
Metapher, die wiederum durch andere Metaphern und Vergleiche expliziert wird: etwa wenn die „Ausdehnung" eines Begriffs verglichen
wird mit der Tätigkeit, „wie wir beim Spinnen eines Fadens Faser an
Faser drehen", wobei die Stärke des Fadens nicht darin liegt, „daß
irgend eine Faser durch seine ganze Länge läuft, sondern darin, daß
viele Fasern einander übergreifen" (1960, S. 325).

In der Tat ist die Verwendung des Ausdrucks „Spiel", woran L. Wittgenstein unter anderem seine Überlegungen expliziert, durchaus mit jener von
„Parodie" vergleichbar, wie die Interpretation dieser Passage durch F. v.
Kutschera deutlich macht: „Obwohl wir ein Prädikat wie 'Spiel' zu gebrauchen wissen, können wir (. . .) nicht allgemein erklären, was ein Spiel ist.
Eine Definition von 'Spiel', wie sie z. B. in einem Lexikon stehen mag, ist erst
ein späterer Versuch, einen vorgegebenen Sprachgebrauch zu beschreiben, der
auch von vielen Zufälligkeiten und nicht weiter begründbaren Willkürlichkei-
ten bestimmt ist. Die Begriffsdefinition ergibt sich erst aufgrund des Wortgebrauchs. Dieser richtet sich nicht nach einem vorgegebenen Begriff, sondern
Begriffe entstehen, im Sinne der pragmatischen Grundthese erst, wo sich ein
fester Gebrauch für Prädikate etabliert hat" (1975, S. 193).
Auch wenn F. v. Kutschera darauf hinweist, daß es „unabhängig vom
Pragmatismus (. . .) eine empirische Tatsache" ist, „daß wir uns in der Anwendung des Wortes 'Spiel' auf eine neue Beschäftigungsart nicht nach allgemeinen festen Kriterien für Spiele richten, sondern nach Verwandtschaften,
die neue Beschäftigungen mit denjenigen aufweisen, die wir als 'Spiele' zu
bezeichnen gewohnt sind" (ebd.), können wir eine weitgehende Analogie zur
Benennungspraxis von Texten im Rahmen des „literarischen Lebens" annehmen, da wir in diesem Fall ebenfalls ohne ein *begriffliches* Anwendungskrite-
rium verfahren.
Einige Erläuterungen dürften allerdings angebracht sein. Zunächst einmal
— auch darin folgen wir F. v. Kutschera — lassen sich die Bemerkungen
L. Wittgensteins „offenbar nicht so verstehen, daß es keine Eigenschaft gibt,
die z. B. allen Spielen gemeinsam wäre — denn eine solche Eigenschaft ist
es eben, ein Spiel zu sein" (1975, S. 191). Darüber hinaus kann man annehmen,
daß die Eigenschaften, aufgrund derer die Ähnlichkeiten festgestellt werden,
nicht beliebig sein dürfen. L. Wittgenstein nennt im Hinblick auf die Ähnlich-

keiten, die zwischen Familienmitgliedern bestehen: „Wuchs, Gesichtszüge, Augenfarbe, Gang, Temperament etc. etc." (1960, S. 325) — er nennt jedoch beispielsweise nicht: Ort, Beruf, Familienstand etc., sondern beschränkt sich auf Oberbegriffe für Eigenschaften, die eben Familienähnlichkeit ausmachen. Man kann daraus vielleicht schließen, daß anhand der Einführungssituationen, in denen die jeweilige Wortverwendung zu lernen ist, eine Art Rahmen dafür konstituiert wird, welche Eigenschaften Kriterien der Zugehörigkeit zu einer „Familie" sein können (zum zentralen „Komplex der Einführung" vgl. auch G. Gebauer, 1971).

Zumindest für die literarischen Gattungen kommt noch ein weiterer Aspekt hinzu: Offenbar wird hier die Zugehörigkeit zu einer „Familie" nicht allein aufgrund gemeinsamer „Züge" angenommen. Setzen wir beispielsweise einmal voraus, daß in der Detektiv-Geschichte der deduktiv vorgehende Held Poe'- scher Prägung abgelöst wird durch einen Detektiv, der dem Verbrechen nicht mehr distanziert gegenübersteht, sondern selbst in es verstrickt ist, wie dies etwa bei D. Hammett der Fall ist. Zunächst könnte man mit L. Wittgenstein sagen, daß hier ein „Zug" verlorengegangen ist; aber er ist sicherlich nicht so verschwunden, wie beim Ballspielen Gewinnen und Verlieren verschwindet, „wenn ein Kind den Ball an die Wand wirft und wieder auffängt" (1960, S. 324). Natürlich wird unsere Erwartung (eines souveränen Detektivs) ent- täuscht; aber es ist eine andere Enttäuschung, als wenn der Detektiv auf der dritten Seite stirbt und der Mord deshalb unaufgeklärt bleiben muß. Im ersten Fall, so kann man mit H. R. Jauß sagen, bleibt der durch „Variation, Erwei- terung und Korrektur" bestimmte „Spielraum" erhalten, während das zweite Beispiel als „Bruch der Konvention" empfunden wird (1972, S. 119).

Unser Problem kann man nun so formulieren: Offenbar gibt es für die Parodie verschiedene „Spielräume", die — wie die Kritik K. Tu- cholskys an R. M. Meyer zeigt — gleichzeitig existieren. Dabei ist, um in Wittgensteins Bildbereich zu bleiben, nicht ohne weiteres festzu- stellen, was Haupt- und was Nebenlinien der Familie sind. Gemein- sam ist ihnen außer dem Namen noch die Adaption einer Vorlage; aber diese Gemeinsamkeit teilen sie mit allen zu Beginn des Kapitels erwähnten Ausdrücken. Gibt man sich gleichwohl mit einer derartigen Porösität des Ausdrucks zufrieden, verzichtet man zugleich auf seine aktuelle Anwendungsrelevanz. Das ist nur ein scheinbarer Widerspruch zu den Überlegungen L. Wittgensteins, da sie sich auf einen anderen Anwendungsbereich der Gattungsnamen beziehen, nämlich auf unseren alltäglichen Gebrauch, ohne daß dieser nun auch die Regeln des wis- senschaftlichen Gebrauchs diktiert. Denn die Möglichkeit präziser(er) Anwendungskriterien wird keineswegs generell ausgeschlossen, wie die folgenden Zitate aus den ›Philosophischen Untersuchungen‹ deut- lich machen:

Was ist noch ein Spiel und was ist keines mehr? Kannst du die Grenzen angeben? Nein. Du kannst welche *ziehen*: denn es sind noch keine gezogen (1960,
S. 325).

Und weiter:

Wie gesagt, wir können — für einen besonderen Zweck — eine Grenze ziehen.
Machen wir dadurch den Begriff erst brauchbar? Durchaus nicht! Es sei denn,
für diesen besonderen Zweck (1960, S. 326).

(3) Die Parodie: Gattung oder Schreibweise?

Die Frage einer derartigen Grenzziehung stellt sich unserer Ansicht
nach auch für die literaturwissenschaftliche Parodie-Forschung, sofern
sie nicht nur die Verwendung des Ausdrucks beschreiben, sondern ihn
auch im Inventar ihrer *Beschreibungsmittel* verwenden will. Es dürfte
evident sein, daß in diesem Fall nicht an allen tradierten Wortverwendungen von „Parodie" festgehalten werden kann; andererseits darf
ein Normierungsvorschlag — und nichts anderes ist die erwähnte
Grenzziehung — nicht völlig willkürlich sein, sondern muß bestimmten Adäquatheitsforderungen genügen, wie G. Gabriel ausführlich
dargelegt hat. Dabei gilt sein Hinweis, daß man sich bei Normierungen
„an den üblichen Sprachgebrauch (. . .) anzulehnen" habe, „um sich gewisser Anschlußmöglichkeiten zu versichern" (1972, S. 36), bei literarischen Formen um so mehr, worauf vor allem von Seiten der Rezeptionsästhetik aufmerksam gemacht worden ist.

Da Normierungsvorschläge in der Literaturwissenschaft nicht gerade beliebt sind, ist es vielleicht angebracht, auf einige mögliche Mißverständnisse
hinzuweisen: unser Vorschlag, den wir im folgenden explizieren wollen, ist
nicht axiomatisch, da wir uns einer repräsentativen Wortverwendung anschließen; er ist zwar notwendigerweise selektiv, aber nicht normativ. Denn in
unserem Fall geht es lediglich um die kritische Rekonstruktion eines literaturwissenschaftlichen Terminus unter Wahrung bestimmter, d. h. aus guten
Gründen für relevant gehaltener Anschlußmöglichkeiten. Es geht nicht darum,
den Literaten ihre Produktion oder den Rezipienten ihre Erwartungen vor-
zuschreiben!
Ebensowenig geht es um eine Überbetonung des „Definierens und Klassi-
fizierens von Begriffen", wie es W. Karrer der bisherigen Parodie-Forschung
vorgeworfen hat. Ob freilich nur wegen „eines derartig eingeengten und un-
zureichenden Wissenschaftsverständnisses (. . .) bis heute keine umfassende
Theoriekonstruktion über Parodie, Travestie und Pastiche versucht worden"
ist (1977, S. 10), muß bezweifelt werden. Denn es wäre zu optimistisch anzunehmen, daß damit lediglich ein spezifisches Dilemma der Parodieforschung

beschrieben würde, das durch den Anschluß an 'avanciertere' Disziplinen schnell korrigiert werden könne. Vielmehr scheint uns, daß W. Karrers Buch — so stimulierend es in vielen Aspekten ist — nicht immer der Gefahr metatheoretischer Arbeiten entgeht, durch das Herantragen von zahlreichen Forschungsperspektiven aus anderen Disziplinen Möglichkeiten eines Erkenntnisfortschritts zu suggerieren, die faktisch (noch) nicht gegeben sind.

Zudem hätte man sich auch von ihm selbst zuweilen etwas mehr „Definieren" gewünscht. Denn es bleibt unklar, warum gerade Parodie, Travestie und Pastiche als Thema gewählt werden und welchen historischen oder systematischen Beziehungen zwischen diesen Gattungen oder Schreibweisen — auch dies bleibt unklar — damit Rechnung getragen werden soll.

Natürlich sind damit die grundsätzlichen Einwände — vor allem von rezeptionsästhetischer Seite — noch nicht ausgeräumt. Allerdings muß man darauf hinweisen, daß sie auch nur insoweit Geltung beanspruchen können, wie sie sich auf *historische* Gattungskonzepte beziehen. (Wobei wir dahingestellt sein lassen wollen, ob nicht auch bei der vorgeblichen historischen Beschreibung gewisse Deduktionen unvermeidlich sind.) Nicht in Frage gestellt wird offenbar die Notwendigkeit, überhaupt über konstante Komponenten bei der Beschreibung zu verfügen, zumal — wie K. W. Hempfer bemerkt — auch „rein historisch orientierte Gattungstheoretiker, die eine Historisierung des Formbegriffs postulieren, bei ihren Analysen (. . .) ständig gezwungen sind, auf ahistorische Konstanten wie das Narrative, das Dramatische, das Satirische, das Groteske usw." zu rekurrieren (1973, S. 141).

Entgegen einer durch Anthologien und Lexika verfestigten und sich stets aufs neue stabilisierenden Tradition (vgl. zuletzt G. v. Wilpert, 1959, s. v. „Parodie") scheint es uns problematisch zu sein, den Ausdruck als Gattungsnamen zu verwenden. Daß damit zumindest auch anderes gemeint sein kann, hat H. Arntzen in einer Explikation seines Wortverständnisses deutlich gemacht:

Der Begriff „Parodie" meint hier und im folgenden nicht einfach die Gattungsbezeichnung, die bei Nestroy richtig „Travestie" heißt; er bezeichnet vielmehr die kritische Nachahmung, also die Auseinandersetzung in und durch literarische Darstellung (1972, S. 405).

Andere Formulierungen, beispielsweise der Definitionsvorschlag R. Neumanns: „Parodie ist Nachahmung mit Polemik gegen den Nachgeahmten" (1927/28, S. 439), lassen erkennen, daß es in diesem Fall nicht um eine spezifische historische Konkretisation, sondern allgemein um eine besondere Form der Bezugnahme auf eine Vorlage geht, die nicht einmal notwendigerweise an das Medium Sprache gebunden sein muß, wie Gustav Mahlers Partituranweisung „Mit Parodie" in der 1. Symphonie zeigt.

Die Frage nach der Möglichkeit einer anthropologischen Fundierung im Sinne einer „Grundhaltung" u. ä. soll hier bewußt ausgeklammert werden. Immerhin scheint die parodistische Bezugnahme kaum stärker medienfixiert und damit kaum weniger universell zu sein als die reine imitatio. Denn als parodierbar gelten nicht nur Werke, Autoren- und Epochenstile oder „die individuelle bzw. historische Gebrauchsweise von Textsorten" (W.-D. Stempel, 1972, S. 182) im Rahmen einer literarischen oder praktischen Sprachverwendung, sondern auch Werke, Stile und Gattungen der Musik, des Films, der Malerei oder der Graphik — man denke nur an die schon erwähnte ›Katze der Mademoiselle Dupuy‹ (vgl. dazu M. Melot, 1975, S. 112) —, ferner paralinguistische Erscheinungen wie Mimik und Gestik sowie nichtsymbolische Handlungen etc. Man muß daher noch eine weitere Art von "ambiguity" einkalkulieren, da mit dem Ausdruck einmal ganz allgemein eine spezifische Form der Bezugnahme auf eine Vorlage (*globale Bedeutung*), zum anderen aber eine bestimmte Strategie zur Realisierung einer solchen Bezugnahme in einem bestimmten Medium (*medienspezifische Bedeutung*) bezeichnet wird, wobei wir bei der Literatur von einer „Schreibweise" sprechen wollen. Und schließlich wird auch noch das Ergebnis der Anwendung dieser Strategie, also zum Beispiel ein Text, „Parodie" genannt (*resultative Bedeutung*).

Trotz der zur Zeit recht beliebten 'semiotischen' Ausweitungen wollen wir die globale Bedeutung nicht weiter diskutieren und uns nur auf die Schreibweise beschränken. Dabei verstehen wir unter „Schreibweise" — im Anschluß an einen Definitionsvorschlag K. W. Hempfers (1973, S. 223) — eine „absolut oder relativ konstante Komponente der 'kommunikativen Kompetenz'"; auf die Parodie bezogen heißt dies, daß es sich um einen Satz konstanter und (zumindest potentiell) stets anwendbarer Regeln für eine bestimmte Form der *Textverarbeitung*, also von Kommunikation über einem Text bzw. über Texten handelt. (Den von G. Wienold in die Diskussion um den literaturwissenschaftlichen Objektbereich eingebrachten Terminus (vgl. etwa 1972) verstehen wir hier in der Weise, daß Textverarbeitung als Operation zu einem auf den Primärtext beziehbaren [gesprochenen oder geschriebenen] Sekundärtext führt.)

K. W. Hempfers Unterscheidung zwischen (historischer) Gattung und (konstanter) Schreibweise hat nicht immer Zustimmung erfahren, wie etwa die Kritik W. Lockemanns (1974, S. 285 ff.) zeigt. Soweit sie sich nur an den eher metaphorischen Analogiebildungen zur Generativen Grammatik orientiert, ist sie sicherlich nicht unberechtigt. W. Lockemanns Vorwurf, daß die Schreibweisen „keinem einheitlichen Gesichtspunkt entstammen, ihre Konstruktion deshalb beliebig bleiben muß" (S. 298), scheint uns unspezifisch, zumal dieser Mangel mühelos auch bei den Gattungstheorien zu beobachten ist, in denen eine derartige Unterscheidung nicht getroffen wird. Denn zwischen Ausdrücken, die eindeutig bestimmte historische Realisationen bezeichnen — beispielsweise „Komisches Heldengedicht" — und einem Ausdruck wie „Parodie" bestehen gravierende Unterschiede, die nicht einfach durch Art-Gattung-Hierarchisierungen zu tilgen sind, da „Parodie" auch nicht auf derselben Ebene wie „Roman", „Drama", „Gedicht" situiert werden kann. Ehe man jedoch nun noch weitere Hyper-Gattungen konstruiert, die im Grunde frei von geschichtlich bedingten Regeln der Realisation sind und für die dann selbst die Trias der „Naturformen" (Episches, Lyrisches, Dramatisches) nicht mehr konstitutiv ist, scheint uns eine Differenzierung in „Gattungen" und „Schreibweisen" — „die in verschiedenster Weise in den jeweiligen historischen Gattungen konkretisiert sein können" (K. W. Hempfer, 1973, S. 224) — immer noch ein durchaus diskutabler Vorschlag.

Das „zarte und vielgestaltige Leben" der literarischen Formen, das K. Vossler betonte, soll mit dem Vorschlag eines normierten Wortgebrauchs keineswegs „vergewaltigt" werden; zumal er ja nicht — auch darin stimmen wir mit G. Gabriel überein — „als Definition von Dingen, Gegenständen oder Ideen" (1972, S. 117) zu verstehen ist. Und schon gar nicht als Algorithmus, mit dem nun jeder Text ohne Mühe eindeutig zu klassifizieren wäre! Grenzüberschreitungen, Funktionsvielfalt, Mischung von Schreibweisen mit jeweils sehr unterschiedlicher Dominanz können und wollen wir nicht ausschließen; aber gerade um derartiges überhaupt zu konstatieren, sollte man sich zunächst einmal an solchen Texten orientieren, von denen man sagen kann, daß *eine* Schreibweise eindeutig dominant ist.

Deshalb wurden z. B. die Romane Th. Manns ganz bewußt ausgeklammert; denn daß sein Parodie-Begriff offenbar nicht ganz unproblematisch ist, zeigt schon R. Baumgarts salomonische Unterscheidung zwischen einer „entwicklungsgeschichtlich bedingten" und damit für Th. Mann charakteristischen und einer „willkürlich ausschweifenden Parodie" (1964, S. 70). Noch deutlicher wird dies jedoch in einer interessanten Bemerkung V. Žmegač': „Das eigentlich Besondere, man möchte fast sagen Schockierende und Unkonforme seiner Erzählkunst liegt paradoxerweise in der Bewahrung überlieferter epischer Konventionen und Schemata, in der traditionellen Faktur" (1971, S. 10). Wie immer man die Parodie auch definiert: sie mag schockierend sein aufgrund ihrer geringen Pietät gegenüber der Vorlage; sie ist es aber bestimmt nicht dadurch, daß sie eine überlieferte Konvention parodistisch bewahrt!

Durch die vorgeschlagene Beschränkung möchten wir zudem auch die Gefahr vermeiden, den für literarische Texte allgemein reklamierten „Kunstcharakter" auch bei parodistischen Texten unkritisch zu erwarten und analog zu der (partiellen) Identität von Vorlage und Adaption nun gleichfalls eine Identität der Funktionen und der Bewertungskriterien anzunehmen. Die Orientierung an den zuweilen höchst artifiziellen Mischformen könnte solche Annahme zweifellos stützen und Fragen nach Innovation, Unbestimmtheit oder Totalität legitimieren; sehr zum Schaden zahlloser Texte, die dann — von wenigen „goldenen Parodien" einmal abgesehen — weitgehend dem Verdacht der Banalität und Banausie verfallen müßten.

3. Reduktionsvorschläge

(1) Imitatio und Imitationen

Als Konsequenz unserer bisherigen Überlegungen soll in diesem Kapitel versucht werden, den Wortgebrauch von „Parodie" so weit einzuschränken, daß eine eindeutige Charakterisierung von Texten möglich ist. Die Gründe für unsere schrittweise Reduktion der verschiedenen Verwendungsweisen wollen wir exemplarisch an einzelnen Texten diskutieren, wobei für die Auswahl zunächst nur die Bedingung gelten soll, daß es sich dabei um Adaptionen von Vorlagen handelt. Damit sind alle durch die Flögelsche Kombination festgelegten Möglichkeiten zugelassen.

Beginnen wollen wir allerdings mit einem 'Text', der sich auch diesen Festlegungen noch entzieht, da er seine Entstehung einem Verfahren verdankt, bei dem solche semantisch-thematischen Relationen ausgeklammert werden mußten:

Das Herz träuft

Das Laub ist aufgeflimmert
Die tote Seele wimmert
Zum Greise nah und gar
Der Schein perlt frei und stecket
Und an den Blüten recket
Die weite Woge unsichtbar

Wir lieben Schwanenlieder
Sind linde grüne Flieder
Und sind so mild und klar
Wir lichten Donnerklänge

Und schenken süße Sänge
Und liegen oben in dem Haar

Der Kamm ist heißerschallet
Der süße Taumel wallet
Am Gitter hoch und treu
Das Herz träuft hart und säuselt
Und in den Hallen kräuselt
Der milde Hafen wunderneu

Der Stamm ist hellverglühet
Die süße Linde blühet
Vom Summen fromm und rüd
Die Stirn spielt tief und wipfelt
Und in den Stollen gipfelt
Das sündge Dunkel sonnenmüd

Sie gießen Bergeshöhen
Und kennnen schöne Seen
Und scheinen manchmal neu
Die seidnen Ringelblumen
Sind tiefe junge Muhmen
Und kosten weiter von der Treu   (1967, S. 22 f.)

Auch wenn das von M. Krause und G. F. Schaudt programmierte Gedicht — ein Computertext — reichlich seltsam wirken mag, dürfte doch
völlig klar sein, daß die Vorlage M. Claudius' ›Abendlied‹ ist und daß
auch bei dieser Adaption die Identität mit der Vorlage in der Beibehaltung der „allgemeinen Textkonstruktion" besteht. Das Verfahren
selbst erscheint ziemlich simpel:

Um nun den Computer zum „Dichter" zu machen, werden ihm einige Hundert
Wörter eingegeben: Substantive, Verben, Adjektive, Adverben, Konjunk-
tionen

— bei unserem Beispiel handelt es sich wohl um eine Auswahl aus dem
Vokabular Goethes, der Droste, Claudius' und Tagores, wie einige
Hinweise der Herausgeber vermuten lassen —, außerdem werden

Versformen eingespeichert, wie sie auch der Pennäler zu repetieren hat:
A A B B oder A B A B oder A A B A A B. Und schließlich wird vorgeschrieben,
in welcher Reihenfolge Wörter zu Satzteilen oder Sätzen verbunden werden sollen (M. Krause / G. F. Schaudt, 1967, S. 15)

und welche Konnektoren es zwischen den einzelnen Sätzen geben soll.
Dabei hat man sich bei ›Das Herz träuft‹ offenbar mit einem Minimum

an Aufwand begnügt: Die 1., 3. und 4. Strophe sind nach der 1. Strophe des ›Abendlied‹, die 2. Strophe nach der 4. Strophe programmiert, während die 5. Strophe unter Beibehaltung des charakteristischen Reimschemas A A B C C B durch eine Permutation der Satzabfolge dieser 4. Strophe entstanden ist.

Die Einschätzung der Resultate als — so das Urteil ihrer programmierenden Väter — „Kuriosa am Rande" dürfte auch im Rahmen unserer Fragestellung ihre Gültigkeit behalten. Immerhin kann man jedoch erkennen, daß die Herstellung von Identität auf der Ebene von Reim und Metrum sowie auf der syntaktischen Ebene relativ leicht gelingt. Demgegenüber verlangt ein Text, der die Erwartungen nach einem kohärenten Sinnzusammenhang erfüllt, Auswahl- und Entscheidungsverfahren auf der semantisch-thematischen Ebene, die — zumindest zur Zeit — nicht programmierbar sind (vgl. S. J. Schmidt, 1974, S. 133) und die durch J. Revzins beiläufiges Reden von dem „thematischen Lexikon" wohl eher verharmlost werden.

„Komisch" — um zu den Prädikaten der Kombinatorik C. F. Flögels zurückkehren — kann man dennoch einige der Wort- und Satzkonstellationen finden; nur muß man sich natürlich darüber im klaren sein, daß hier jede Form der Sinnkonstitution dem Leser freigegeben ist, da ein mit einem Zufallsgenerator arbeitendes Verfahren keine spezifischen Äußerungs- und Wirkungsintentionen zuläßt. Insofern ist auch diese Art von Komik nicht einmal unfreiwillig! Freilich heißt das nicht, daß diese Produkte nicht auch ihren historischen Ort haben und ihre von ihm bestimmte Ästhetik, nämlich jene Auffassung von Modernität als unendlichem Progreß formaler Innovationen, durch den die Frage, ob Computer dichten können, erst sinnvoll wird.

Wie immer auch die Antwort ausfallen mag, von einer „Textverarbeitung" als Textinterpretation oder Uminterpretation, als Textkritik oder bewußte Textanwendung kann man hierbei wohl kaum reden. Und es spricht für den literarischen Sachverstand der Herausgeber, daß in ihren Erläuterungen das Wort „Parodie" erst gar nicht fällt. Denn was im Grunde tatsächlich vorliegt, ist lediglich eine partielle Strukturbeschreibung der Vorlage, bei der die semantisch-thematische Ebene eher dazu dient, die Grenzen der Beschreibungsmöglichkeiten zu illustrieren.

Als weitere Restriktionen wollen wir daher vorschlagen, daß nur solche Texte zugelassen werden, die man als eine Form der *bewußten* Adaption einer Vorlage bezeichnen kann. Außerdem sollen die Prädikate „ernsthaft" oder „komisch" dieser Adaption nicht lediglich aufgrund faktischer Rezipientenreaktionen zugesprochen werden, sondern allein unter der Annahme, daß sie den Produktionsnormen des Autors der Adaption entsprechen. Mit dieser Festlegung können die Fälle nicht mehr bewußter „mechanischer" Adaption von Vertextungsverfahren ebenso ausgeschlossen werden wie die bewußtlosen maschinellen nach der Art unseres Computer-Beispiels. Zudem wollen wir damit verhindern, daß die Entscheidung über die jeweilige Relation zwischen Vorlage und Adaption durch individual-psychische Faktoren der Rezipienten mitbestimmt wird und die Probleme zufälliger, unfreiwilliger, nicht-verstandener oder nicht-akzeptierter Komik die Diskussion unnötigerweise erschweren.

Unser nächstes Beispiel, ein Gedicht von K. Seemann, erfüllt diese Bedingungen völlig:

Astern

Astern — dunkelnde Herzen,
der Abend geht windig und kühl,
noch der Sonne müdes Verscherzen,
da schon der Sommer entfiel.

Astern auf schwärzlicher Erde —
ein Purpur, ein Lila, ein Rot,
gleich dunkelnden Lebens Gebärde
vom Brandschein der Wälder umloht.

Astern, sinkende Tage,
purpurnes Blühn und Vergehn.
Ein Nebel, ein Traum, ein Entsagen,
wenn fröstelnd die Blüten verwehn.

Astern — noch einmal ein Öffnen,
ein Hoffen im dunkelnden Sein,
doch Träume, die Sommer erlöschen
Im Nachttief um Gärten und Rain . . ."

(zit. nach D. Hasselblatt, 1963, S. 96)

Das — wie D. Hasselblatt zu recht bemerkt — „verblüffend genau imitierte Vorbild" von G. Benn dürfte schnell erkannt worden sein:

Astern

Astern — schwälende Tage,
alte Beschwörung, Bann,
die Götter halten die Waage
eine zögernde Stunde an.

Noch einmal die goldenen Herden
der Himmel, das Licht, der Flor,
was brütet das alte Werden
unter den sterbenden Flügeln vor?

Noch einmal das Ersehnte,
der Rausch, der Rosen Du —
der Sommer stand und lehnte
und sah den Schwalben zu,

noch einmal ein Vermuten,
wo längst Gewißheit wacht:
die Schwalben streifen die Fluten
und trinken Fahrt und Nacht.

(G. Benn, 1960, I, S.174)

Wir wollen auf das beliebte Spiel verzichten, im nachhinein zu beweisen, warum der als „Kopie" erkannte Text schlechter als das Original
sein muß. Daß die Adaption jedenfalls bewußt erfolgte, dürfte unbestritten sein; vor allem wenn man bedenkt, daß sie in einer Zeit geschah, da sich G. Benn besonderer Wertschätzung erfreute, weil er als
einziger den Anschluß an die neuentdeckte europäische moderne Literatur zu ermöglichen schien. D. Hasselblatts Bonmot, daß K. Seemann
„ein erstaunliches Gespür für die Stileigenarten anderer" hat und sich
dadurch „gleichsam zum Bauchredner unserer bekanntesten Lyriker"
macht (1963, S. 96), kann man — zumindest im Hinblick auf Benn —
daher durchaus zustimmen.

Ebenso ist seine Begründung dafür, daß „Imitation, Wiederholung
und Nachahmung ein negatives Kriterium sind", zunächst einleuchtend: „Stil ist Methode gewordene Eigenart; übernimmt man Eigenarten von anderen, dann hat man offenbar selber keine Eigenart
an dieser Stelle aufzubringen" (1963, S. 94). Dabei findet hier
die Übernahme eigentlich „an jeder Stelle" statt: Im Gegensatz zu
unserem vorherigen Beispiel gibt es eine zumindest partielle Identität
mit der Vorlage nicht nur auf der syntaktischen Ebene und bei bestimmten Verfahren der Sekundärstrukturierung (Reimschema, Strophenform) sowie bei einem Teil des Vokabulars, sondern auch
auf der semantisch-thematischen Ebene. Denn beide Gedichte haben
dasselbe, in der Überschrift jeweils angekündigte Sujet, nämlich
die Astern als typische Verkünder von Herbst und Winter in ihrer
nahezu natürlichen Symbolik. Und dementsprechend sind beide Texte
nach dem Prinzip der Gegenbildlichkeit, nach dem „Noch-einmal" der
Sommertage und dem „Schon-längst" des Herbstes strukturiert.

Mag es zwischen den Gedichten auch gewisse Akzentverschiebungen geben — bei K. Seemann fehlt die Einbettung des Naturvorgangs in mythologische Vorstellungen; auch ist die Zeitlosigkeit im Augenblick der Zeitenwende weniger stark akzentuiert —, insgesamt ist die Übernahme von Verfahren, Sujet und Thema weitergehend als dies im Rahmen der literarischen Evolution im allgemeinen üblich ist.

Aber gerade dies gilt als ein wichtiges Merkmal der Parodie! Und „erstaunliches Gespür für die Stileigenarten anderer" ist ein Attribut, das man H. v. Gumppenberg oder R. Neumann mit ebensolchem Recht zusprechen muß — wie überhaupt die ganze Begründung D. Hasselblatts den Argumenten ähnelt, die man zur Verurteilung des parasitären Charakters der Parodie vorgetragen hat. Erinnert man sich zudem, wie virtuos K. Seemann neben G. Benn auch noch Autoren wie K. Krolow und G. Trakl adaptiert hat, scheint die Frage, warum man diese Adaptionen nicht als „Parodien" bezeichnen soll, gar nicht mehr so abwegig zu sein, auch wenn wir intuitiv noch immer D. Hasselblatts Argumentation zustimmen mögen.

Zusammenfassen läßt sich seine Kritik in den Vorwurf des Epigonalen; was unterscheidet also die epigonale von der parodistischen Schreibweise? Soviel ist wohl schon jetzt sicher: die Entscheidung darüber, ob und in welchem Ausmaß die „allgemeine Textkonstruktion" der Vorlage übernommen wird, kann kein verläßliches Kriterium abgeben, da solche totalen oder partiellen Übernahmen sowohl bei (quasi-)aleatorischen Texten wie unserem Computerbeispiel als auch bei Texten vorkommen, die man gemeinhin „epigonal" oder aber „parodistisch" nennt. Insoweit stimmen wir daher J. Revzin zu, daß die Entscheidung, als was ein Text jeweils zu klassifizieren ist — als Parodie oder als eine andere Form der Adaption —, letztlich nur auf der semantisch-thematischen Ebene der Texte getroffen werden kann. Es gilt also festzustellen, welche Formen von Rekurrenz und Okkurrenz es auf dieser Ebene in Relation zur Vorlage gibt und wie diese im einzelnen zu bewerten sind.

Daß hierzu eine rein wortsemantisch orientierte Analyse wenig beiträgt, zeigt unser Beispiel sehr deutlich: in den ›Astern‹ K. Seemanns gibt es eine relativ große Zahl von Lexemen, die in der Vorlage nicht zu finden sind, mithin unter einem strikt wortsemantischen Aspekt als okkurrent gelten müssen. Die Aussagen, in denen sie vorkommen, lassen sich jedoch ziemlich mühelos in die beiden Gedichten gemeinsamen Paradigmen „Herbst" und „Sommer" einordnen, so daß auf der thematischen Ebene wiederum weitgehend Rekurrenz vorliegt, auch wenn das Thema zu einem überraschend großen Teil durch anderes Material realisiert worden ist.

Kennzeichen der epigonalen Schreibweise, so könnte man zunächst meinen, wäre demnach die totale oder partielle Übernahme der Textkonstruktion und die weitgehende thematische Identität, währenddessen die parodistische Schreibweise zwar auch durch die Übernahme von Verfahren der Textkonstruktion bestimmt ist, auf der thematischen Ebene jedoch weitgehend von der Vorlage abweicht. Dementsprechend müßten — dies wäre dann die weitere Folgerung — Identität oder Abweichung auch für die Kombination der Prädikate „ernsthaft" und „komisch" gelten, so daß für den epigonalen Text die Kombinationen: Vorlage ernsthaft— Adaption ernsthaft bzw. Vorlage komisch — Adaption komisch, für den parodistischen Text die Kombinationen: Vorlage ernsthaft — Adaption komisch bzw. Vorlage komisch — Adaption ernsthaft, zugelassen wären.

Ganz so simpel ist es nun aber leider nicht; denn nur durch unser extremes Beispiel eines epigonalen Textes konnte die abenteuerliche Annahme einer epigonalen Schreibweise und der Existenz klarer Anwendungskriterien für „epigonal" entstehen. Tatsächlich aber ist „epigonal" kein deskriptiver Terminus, und er besagt nicht viel mehr, als daß die Adaption einer Vorlage oder auch eines ihrer Elemente als Mangel empfunden wird.

Ab wann dies der Fall ist, kann nicht generell angegeben werden. Und zwar weder aufgrund irgendwelcher quantitativer Kriterien, etwa indem eine Grenze für die zulässige Adaption festgelegt wird, noch aufgrund qualitativer Kriterien, beispielsweise durch eine Bestimmung der Adaptionsarten, die als besonders mangelhaft gelten. Die Entscheidung hängt vielmehr — neben der Biographie der Rezipienten — zu einem ganz erheblichen Ausmaß von der jeweils herrschenden Kunstdoktrin ab.

Aber nicht nur die Entscheidung bei einzelnen Texten ist abhängig von der persönlichen Erfahrung, der Zeit und den Moden; auch die Prämisse selbst — daß ein Text negativ zu bewerten sei, sofern wir nur die Übernahme der „Eigenarten von anderen" erkennen — ist Resultat einer bestimmten geschichtlichen Entwicklung, die durch die Ästhetik-Diskussion des 18. Jh. in Gang gesetzt worden ist. Der nicht nur bei D. Hasselblatt zu findende Vorwurf der Imitation statt Innovation müßte zum inadäquaten modernistischen Argument werden, wenn er auch auf Texte bezogen würde, die vor dieser Entwicklung entstanden sind, noch dazu, wenn sie sich bewußt in die Tradition der „imitatio" stellen.

Ein Beispiel hierfür ist der folgende Text, der 1612 publiziert wurde und von dem Praeceptor am Heidelberger Paedagogium, Johannes

Adam, stammt. Wir wollen ihn hier gleich in deutscher Übersetzung wiedergeben:

In der römischen und griechischen Sprache zu sprechen, Freunde, den Musen nachjagend lerne der Knabe und studiere die göttliche Poesie von Kindesbeinen an;

er übe sich im Abfassen fleißig, und zwar in verschiedenen Gegenständen. Wenn ihn von den Bergen der Musen der Anführer der neun Schwestern und die befreundete Virtus erblickt,

soll er ausrufen: Oho, der verworren redende Doktor soll nicht mit ungebildetem Getöne den noch an Jahren jungen Zögling aufhalten, den der Weg der Kunst, in der er sich bewährt hat, zu den übrigen Künsten führt.

Groß ist der Ruhm, der mit den Buchstäblein erworben wird! Dieser Ruhm adelt auch den mächtigen Mann, und er weicht weder den Reichen mit dem geistlosen Hirn noch dem aufgeblasenen Haufen.

Die Gelehrsamkeit, die der harten Mühsal treu bleibt, gründet sich auf unbefleckten Ruhm: sie setzt ihre Kraft nicht auf das Gutdünken wechselnder Stunden und schöpft sie nicht daraus.

Die Gelehrsamkeit, die denen Flügel verleiht, die es nicht verdienen, niedergedrückt zu werden, fliegt empor an einen entrückten Ort, besitzt bleibenden Ruhm und einen ehrenvollen Namen, wenn das Leben entflieht.

Es gibt auch für bewährte Sitten einen erlauchten Lohn: dem der mutwillig frommes Leben mißachtet, wird es versagt, auf Grund der Studien sich zu bewähren und der Kunst gleichen Ruhm zu verdienen.

Oft hat gewahrte Bescheidenheit dem Gebildeten den Ungebildeten vorgesetzt, selten aber folgt dem liederlichen jungen Mann der Ruhm gleich auf den Fuß.

(1612, S. 36 f.; vgl. D. Mertens, 1974, S. 214 f. das lat. Original)

Besonders wichtig ist in unserem Zusammenhang einmal der im Titel dieses Textes gegebene Hinweis ›Ad amicos (. . .) Ex. Hor. lib. 3 Od. II‹, und zwar deshalb, weil hier die Vorlage explizit genannt wird, nämlich die berühmte Zweite Römerode des Horaz. Dabei verweist schon die für einen — im heutigen Sinne — epigonalen Text völlig unverständliche Unbefangenheit, mit der das Vorbild erwähnt wird, auf eine ganz bestimmte Tradition. Diese Vermutung bestätigt sich, wenn man den Kontext des Gedichtes berücksichtigt: es erscheint nämlich in einer Gedichtsammlung, die den bezeichnenden Titel trägt:

›Horatianarum parodiarum Liber‹ (›Buch der Horaz-Parodien‹). Der Text J. Adams muß also offensichtlich zu den schon in unserem begriffsgeschichtlichen Kapitel (II. 2) erwähnten Aneigungsformen klassischer Vorbilder gezählt werden, deren Qualität gerade nicht in der innovativen Überwindung des Vorbildes, sondern in der größtmöglichen Annäherung an dieses besteht. In dem Gelingen der Annäherung und Nacheiferung — zur Tradition der „imitatio" gehört zugleich die der „aemulatio" — liegt das Selbstwertgefühl des späthumanistischen Autors, das Bewußtsein seiner Gelehrsamkeit begründet. (Das ihn häufig genug mit dem Mangel an finanziellen Resourcen und mit dem Hochmut des Geburtsadels versöhnen muß!)

Allerdings hat D. Mertens in einer kürzlich erschienenen Interpretation (1974, S. 200 ff.) dieses Textes gezeigt, daß die Adaption der Vorlage zugleich mit einer interessanten thematischen Verschiebung einhergeht:

Der vorweg angebrachte Hinweis „Ex Hor. lib. 3 Od. II" gilt nicht dem imitierten Versmaß — dafür hätte Adam auf genau drei Dutzend anderer Lieder des Horaz verweisen können —, sondern dem Laut- und Wortmaterial, der Struktur und dem Ethos des Grundsätzlichen eben der zweiten Römerode. Der Hinweis fordert zum Vergleich mit ihr auf sowohl bezüglich des Inhalts des Ganzen als auch der Veränderungen von Strophe zu Strophe; denn wie in seinen übrigen Parodiae behält Adam die Worte des Horaz soweit wie möglich an der gleichen Stelle in Strophe und Metrum bei, so daß die Abwandlungen engstens auf das imitierte Vorbild bezogen sind. Das Thema der horazischen Ode ist die „virtus", der „ganze Mann", der abgehärtete, tapfere, ehrenhafte. Horaz nennt den Leitbegriff zweimal, am Beginn der 5. und 6. Strophe; Adam ersetzt ihn in genau derselben Stellung und Funktion durch das Wort „doctrina" (1974, S. 215 f.).

Wie weitreichend diese thematische Verschiebung ist, läßt sich gut durch eine Gegenüberstellung der berühmten Strophe des Horaz:

> „dulce et decorum est pro patria mori:
> mors et fugacem persequitur virum,
> nec parcit imbellis iuventae
> poplitibus timidoque tergo."

und der entsprechenden Strophe J. Adams zeigen:

> „GRANDE est paratum litterulis decus!
> Hoc et potentem nobilitat virum,
> Nec cedit insulsi cerébri
> Divitibus, tumidoque vulgo."

Eins darf freilich bei aller thematischen Veränderung nicht aus dem

Blick geraten: Dieser Text ist ein gelehrtes Gedicht über die Gelehrsamkeit, die auf der Kenntnis der klassischen literarischen Vorbilder beruht und sich in ihrer „imitatio" artikuliert. Und hieraus bekommen selbst die thematischen Verschiebungen noch ihre Dignität! Mag auch K. Seemanns ›Astern‹-Reduplikation komisch wirken — es wäre dann jene „außerordentliche Lust" an der Nachahmung, die zumindest nach Ansicht S. Freuds besonders schwer zu ergründen ist (vgl. 1961, S. 228) —, mögen weiterhin einzelne Formulierungen in J. Adams Horaz-Adaption für einige Leser nicht weniger komisch sein — „Groß ist der Ruhm, der mit den Buchstäblein erworben wird" beispielsweise —, der Intention ihrer Autoren nach gehören beide Texte zu den ernsthaften Adaptionen. Und trotz aller zuvor erwähnten Unterschiede wollen wir sie daher zunächst auch unter diesem gemeinsamen Aspekt zusammenfassen, wobei wir dabei sogleich an H. Grellmanns Bemerkung erinnern, daß gerade die Berücksichtigung der ernsten Nachdichtungen die Extension des Parodie-Begriffs ins Maßlose erweitert hat und deshalb auch gegenüber bestimmten geschichtlichen Entwicklungen wieder zurückzunehmen ist. (Zum Problem der „imitatio" und den Kriterien ihrer Bewertung vgl. jetzt auch W. Segebrecht, 1977, S. 142 ff.)

(2) Die Parodie als antithematische Textverarbeitung

Allerdings bleibt dies lediglich Postulat, solange keine Unterscheidungskriterien angeboten und die Konsequenzen der Unterscheidungen nicht diskutiert werden, was bislang in der Parodie-Literatur nur ausnahmsweise geschehen ist. Wir wollen uns daher Hilfe von einer Disziplin holen, die im Gegensatz zur Literaturwissenschaft von der prinzipiell möglichen Durchschaubarkeit und Bewertbarkeit ihres Gegenstandsbereichs ausgeht und dabei, wenn schon nicht die einzig möglichen, so doch plausible Vorstellungen von Wort und Sache auszusprechen hat.

Bildet den Gegenstand einer Parodie (so das Urteil des Bundesgerichtshofes vom 26. 3. 1971) ein unter Urheberschutz stehendes Werk, so darf die Parodie nur dann ohne Genehmigung des Urhebers des parodierten Werkes vervielfältigt und verbreitet werden, wenn sie ein selbständiges Werk darstellt, das in *freier* Benutzung des parodierten Werkes geschaffen worden ist. Ob und wieweit urheberrechtlich geschützte Teile des parodierten Werkes unverändert oder mit unwesentlichen Änderungen in die Parodie übernommen werden dürfen, hängt u. a. davon ab, inwieweit die Entlehnung erforderlich ist, um die parodistische Wirkung zu erreichen.

Das Urteil — es wurde anläßlich des Prozesses der Disney-Erben gegen H. Traxlers 1967 in ›Pardon‹ veröffentlichte Comic-Parodie „In memoriam Walt Disney" gesprochen — weist zweifellos etliche Unbestimmtheitsstellen auf und läßt daher erhebliche Auslegungsspielräume zu. Dies gilt vor allem bei dem sibyllinischen Hinweis auf die „freie Benutzung" der Vorlage und die relativ zur parodistischen Wirkung gestatteten Übernahmen. Glücklicherweise existiert jedoch u. a. ein kritischer Kommentar zum Disney-Prozeß von dem Juristen H.-H. Schmieder (1972, S. 30 f.), dem es dabei besonders um eine möglichst liberale Auslegung des Urheberrechts, mithin auch um einen verhältnismäßig weit gefaßten Parodie-Begriff geht (vgl. hierzu auch W. Karrer, 1977, S. 167).

Aufgrund eines Hinweises der Vorinstanzen, der flüchtige Leser könne die zu schwach ausgeprägte parodistische Wirkung nicht bemerken und müsse die Darstellung daher als echten Comic von Walt Disney ansehen, versucht H.-H. Schmieder, einige Fakten anzuführen, die als Parodie-Signale fungieren. Dies sind zunächst einmal gewisse stilistische Abweichungen vom Original (Anachronismen, Vermischung verschiedener „Welten"), die insgesamt den Eindruck der Verfremdung erwecken. Zudem kommt der aktuelle Anlaß — der Tod W. Disneys — und die dabei erfolgte Abweichung von den Spielregeln des Nachrufs; schließlich gilt es auch, so H.-H. Schmieder, den speziellen Kontext der Parodie zu berücksichtigen, nämlich ihre Veröffentlichung in der satirischen Zeitschrift ›Pardon‹, deren Leserschaft „an derartige frechfrivole Verfremdungen gewohnt ist und sicherlich im Rahmen dieses Blattes nicht den Abdruck normaler Comicstrips für Kinder erwartet" (1972, S. 30).

Auch diese Bemerkungen sind noch reichlich vage; H.-H. Schmieder präzisiert sie jedoch anschließend, indem er zwischen der „auf fremdem Geistesgut schmarotzerhaft aufbauende[n] 'Forsetzungsgeschichte'" und der für die Parodie kennzeichnenden „antithematischen Behandlung" einer Vorlage unterscheidet. Daß der Ausdruck „schmarotzerhaft" nicht in jedem Fall für auf fremdem Geistesgut aufbauende Adaptionen zutreffend ist, haben wir durch den Text J. Adams deutlich zu machen versucht; immerhin glauben wir jedoch, daß mit dem Ausdruck „antithematische Behandlung", der auch schon in einem Kommentar zum „Sherlock-Holmes-Urteil" von 1957 als Kennzeichen der Parodie verwendet wird (vgl. Neue Juristische Wochenschrift 1958, S. 460), tatsächlich ein fundamentaler Unterschied zu anderen, in jedem Fall auf Ausnutzung einer Vorlage beruhenden Adaptionen markiert werden kann. Wie die vorausgehenden Bemerkungen H.-H. Schmieders erkennen lassen, heißt dabei „antithematisch" nicht einfach, daß ein Thema lediglich durch ein anderes ersetzt wird, was bei als epigonal empfundenen Texten ja häufig geschieht, da sie zumeist nur einzelne Verfahren der Vorlage übernehmen. Selbst eine gewisse Umwertung bestimmter Wertvorstellungen — wie sie beispielsweise in J. Adams Horaz-„Parodie" erfolgte — kann noch nicht hierunter subsumiert werden. Das mag zunächst nicht ganz einsichtig sein, auch wenn ein Text wie der J. Adams gewiß nicht verfremdend und schon gar nicht „frech-frivol" ist. Analysiert man ihn jedoch tatsächlich unter dem Aspekt des *Textes in Funktion,* so dürfte klar werden, daß die vermeintliche Umwertung nichts anderes ist als der Versuch des gelehrten underdog, die *Gleichstellung* — wenn schon nicht finanziell, so doch zumindest im Ansehen — mit jenen Gruppen zu erreichen, die dem Männlichkeitsideal des Horaz eher entsprechen, nämlich vor allem dem Geburtsadel, aber auch den in Staatsgeschäften agierenden Juristen. Seine Legitimationsbasis ist aber eben jene stark rezeptiv verstandene „doctrina", d. h. die Kenntnis (und die Nachdichtung) der klassischen Texte, deren Vorbildcharakter — und das scheint uns entscheidend zu sein — also in jedem Fall erhalten bleibt.

Diesen Vorbildcharakter akzeptiert zwar auch der epigonale Autor, muß ihn faktisch akzeptieren, da er sich an der Vorlage gleichsam als Anschlußtäter orientiert, gleichwohl ist er aber aufgrund der gewandelten ästhetischen Einschätzungen zugleich ihr gegenüber in einem ständigen Wettbewerbs- und Abgrenzungszwang — was dann ja auch zu den hinlänglich bekannten Klagen der „Nachgeborenen" geführt hat.

Will man solche Unterscheidungen berücksichtigen, so ist mit der schlichten Angabe zugelassener oder verbotener Kombinationen der Prädikate „ernsthaft" und „komisch" kaum etwas erreicht. Denn schon eine Kombination, wie sie C. F. Flögel als vierte in seiner Aufzählung anführt: Original komisch — Nachahmung komisch, findet man natürlich auch bei der einfachen Nachdichtung, bei der Vokabular und Strukturierungsverfahren der Vorlage teilweise übernommen und auf eine — wie C. F. Flögel sagen würde — andere *auch* komische Materie angewendet werden.

Ein Beispiel dieser Art, von seinem Autor ausdrücklich als „Kopie" bezeichnet, ist F. Torbergs ›Begegnung‹:

Begegnung

Dem Dichter der ›Galgenlieder‹, der dieser
Begegnung offenbar vergessen hat, nach-gedichtet.

Im Wondelwald nächst Hoch-Sotern
ging Christian, der Morgenstern.

Es sahen seiner Wandrung zu
der Rabe Ralf, das Käuzchen Schuh.

Die Schleiche Schmunz schlich ihm voran,
und wandte sich und sagte: „Mann."

Und in der Tat: alsbald erschien
ein Mann am Weg und grüßte ihn.

Ein Mann? Was sage ich! Ein Greis,
das Haupt gesenkt, das Haar schlohweiß

und tausend Falten im Gesicht —
so stand er da und rührt sich nicht.

Der Morgenstern beschloß, des Biedern
Begrüßung herzlich zu erwidern.

„Grüß Gott", so sprach er, und sodann:
„Wer bist du, guter Mann? Sag an!"

Der solchermaßen Angefragte,
der trüb an seiner Lippe nagte,

besann sich lang in seinem Sinn.
„O Fremdling", seufzte er. „Ich bin —

ich bin, nun höre mit Bedacht:
ich bin der Nacht. Jawohl, *der* Nacht.

Ich bin der Nacht, der längst entschlief;
was lebt, ist nur mein Genitiv,

und niemand will von diesem Leben
dem Nachte, was des Nachts ist, geben.

Ich muß vom Tag mir und vom Morgen
die analoge Form erborgen:

'des Nachts', so höre ich mich nennen.
Den alten Nacht will niemand kennen.

Stets bringt man mich zum zweiten Falle —
den kennst auch du, den kennen alle!

Mein erster Fall, und ach, mein bester
ward ursurpiert von meiner Schwester,

die ihres Bruders nicht gedenkt.
Es hat die Nacht den Nacht verdrängt . . ."

So sprach der Greis und nickte trüb,
weil ihm nichts mehr zu sagen blieb.

Sodann, gebückt und jämmerlicht,
verschwand er stumm im Dämmerlicht.

Der Morgenstern stand tief betroffen.
Hier gab es wahrlich nichts zu hoffen!

„Dies ist", sprach er mit Trauermienen,
„das Schicksal alles Maskulinen."   (1964, S. 211 f.)

Aber auch wenn man voraussetzt, daß die Prädikate „ernsthaft"
und „komisch" im Hinblick auf einen Verarbeitungsprozeß verwendet
werden, bei dem das auf die Vorlage bezogene Prädikat zur Spezifizierung der Eingabe, das von C. F. Flögel der „Kopei" oder „Nachahmung" zugesprochene Prädikat nun zur Spezifizierung der Verarbei-
tungsmittel dient, bleibt natürlich die Frage bestehen, welcher Art
diese Eingabe und diese Mittel sein sollen. Mit anderen Worten: Ist
zur Erreichung einer antithematischen Behandlung Komik unerläßlich
oder kann man nicht auch bei der Parodie zumindest zwei der von
A. Jolles angenommenen elementaren Operationen unseres „literarischen Vermögens" voraussetzen, nämlich die Verwandlung — die
„Travestie" — „nach oben" und die Verwandlung „nach unten" (vgl.
A. Jolles, 1932, S. 287)?

Wie vor allem die Hinweise auf die „frech-frivole Verfremdung"
vermuten lassen, ist für H.-H. Schmieder die antithematische Behandlung nur in einer Richtung möglich, nämlich als eine gegen die Thematik der Vorlage gerichtete Operation, die durchaus mit der von S. Freud
erwähnten Herabsetzung zu vergleichen ist. Dabei darf nicht vergessen
werden, daß diese Bestimmung der Parodie im Zusammenhang mit
einem Plagiat-Prozeß gegeben wird, also in einer Situation, in der es
in jedem Fall auf eine deutliche Unterscheidung gegenüber anderen
Formen der Adaption ankommt. Das Problem von Definition und
Geschichte, das wir zuvor erwähnt haben, läßt sich also offenbar nicht
trennen von der Interessenproblematik: dem im Namen des historischen Interesses erhobenen Postulat nach einem möglichst weiten Parodie-Begriff, der alle je realisierten Wortverwendungen umfaßt, steht
ein auf Anwendungsbezogenheit gerichtetes Interesse gegenüber, das
die Notwendigkeit restriktiv verfahrender Rekonstruktionen von
vornherein mit einkalkuliert.

Daß wir uns in diesem Interessenkonflikt für die zweite Lösungsmöglichkeit
entscheiden, ist nach unseren bisherigen Bemerkungen wohl kaum überraschend; evident dürfte jedoch auch sein, daß wir mit der Reduktion der
Wortverwendung auf die Bezeichnung einer die Vorlage mit den Mitteln der
Komik antithematisch verarbeitenden Schreibweise einen repräsentativen,

wenn nicht *den* repräsentativen Wortgebrauch berücksichtigt haben. Denn zumindest in den nicht-fachspezifischen allgemeinen Lexika ist dies — zumal wenn der Raum für Differenzierungen begrenzt ist — die allgemein herrschende Auffassung geworden. So definiert beispielsweise der fünfbändige ›Neue Brockhaus‹ von 1971: „(. . .) eine komisch-satir. Darstellungsart, die eine vorhandene Dichtung, ja ganze Dichtungsgattungen ins Komische zieht, indem sie Form und Ton des Vorbildes beibehält, diesem aber einen nicht mehr entsprechenden Inhalt unterschiebt (. . .)" (1971, 4. Bd., 128 s. v. „Parodie").

Versteht man „antithematische Behandlung" in jener von uns verwendeten Paraphrase als eine strikt gegen die Thematik der Vorlage gerichtete Operation, so sind die Konsequenzen des Reduktionsvorschlages allerdings ziemlich weitreichend. Bevor wir darauf jedoch näher eingehen, wollen wir zunächst im Hinblick auf die „Eingabe" fragen, ob durch die Eigenschaften, die für eine Charakterisierung der Vorlage als „ernsthaft" oder „komisch" maßgebend sind, besondere Probleme einer parodistischen Verarbeitung entstehen können. Ziemlich unproblematisch für eine solche Verarbeitung ist wohl die als ernsthaft charakterisierte Vorlage; dementsprechend ist sie auch das Standardbeispiel der diversen Parodie-Untersuchungen und liefert weitgehend die Argumente für eine positive Funktionsbestimmung der Parodie als Instrument gegen übertriebenes Pathos, unerträgliche Sentimentalität, leere Bedeutsamkeit etc. Mit der als komisch charakterisierten Vorlage verhält es sich jedoch offenbar anders, wie aus einer Kontroverse zwischen R. Neumann und F. Torberg zu vermuten ist.

Anlaß dazu war die Frage, ob man die Gedichte Chr. Morgensterns parodieren könne oder nicht. Während R. Neumann diese Frage verneinte, mit Argumenten, auf die wir gleich noch eingehen wollen, widersprach F. Torberg „aus purer Gewohnheit, ohne recht zu wissen, wo es hingeraten sollte" (F. Torberg, 1964, S. 210). Freilich beließ er es nicht nur bei dem Widerspruch, sondern verfaßte neben der schon von uns zitierten Kopie noch einen weiteren Text, der — und darin waren sich beide Autoren wiederum auf merkwürdige Weise einig — als eine triumphale Widerlegung der These R. Neumanns zu gelten habe:

Der Sinn

Eine Parodie für den Fall, daß ihr Autor sich
entschlösse, die ›Galgenlieder‹ für unsinnig zu halten.

Der SINN hielt trüb auf einen Ast
am Baume der Erkenntnis Rast

und sprach zu sich an sich: „Ich bin
als Sinn für mich ganz ohne Sinn.

Ja mehr, noch mehr. Mein Ich verwest,
wenn man es nicht von mir erlöst

und mich, zum DOPPELSINN gesteigert,
sich mich zu kommentieren weigert!"

So sprach der SINN, und ließ sich schlapp
auf einen tiefern Ast hinab,

wo er (wer staunt da?) (qu. e. d.)
mit rauher Hand das Negligé

des NEBENSINNS vom Nebenast
an sich reißt, packt, ergreift, erfaßt

und jenen, welcher, jäh entkleidet,
an Schüttelfrost und Fieber leidet,

nun hämisch einen SCHWACHSINN heißt.
Die Wissenschaft fand dieses dreist,

und: „Tief bist du gesunken!" rief
man rings im Land. „Entsetzlich tief!"

Der solcherart zum TIEFEN SINN
Gestempelte verfing sich in

sich selbst, geriet nun immer tiefer,
und kam bis wo das Ungeziefer,

das uns als „Skepsis" mißbehagt,
am Baume der Erkenntnis nagt.

Hier, an der Wurzel erst, ward er
von Korff quadriert, und muß nunmehr

in vielen Morgenstern-Gedichten
als UNSINN harten Dienst verrichten. (1964, S. 212 f.)

Worin nun der Unterschied zwischen Kopie und 'Parodie' liegen soll, ist
schwer zu sagen; denn beide verwenden das von Chr. Morgenstern häufiger
benutzte Verfahren — wir erinnern nur an ›Der Werwolf‹ oder ›Die Nähe‹
(1974, S. 207 f. und 282) —, eine jede Empirie mißachtende 'grammatische'
Geschichte zu erzählen und sie vorwiegend durch bestimmte sprachliche Operationen (Deklination, Komposita-Aufzählung) zu motivieren. Und es ist
sogar zu vermuten, daß zahlreiche Leser eher den zweiten als den ersten Text
für ein Originalgedicht halten würden, wenn nicht in der vorletzten Zeile der
Hinweis auf die „vielen Morgenstern-Gedichte" erfolgen würde, mit dem auf
die ungewöhnliche, dem Gedicht vorangestellte Klausel angespielt und die

Vorlage explizit genannt wird. Erinnert man sich zudem, daß es gerade
F. Torberg war, der R. Neumanns Definitionsversuch: „Parodie ist Karikatur mit den Mitteln des Karikierten" als „einzige zulängliche — und vorbildlich präzise — Definition dieser komplizierten Kunstform" pries, nehmen
die Evidenzprobleme wohl noch stärker zu. Denn durch die ausdrückliche
Nennung der Vorlage wird diese ja nun gewiß noch nicht 'karikiert'! Und
eine einfache Ersetzungsprobe — indem man „in vielen Morgenstern-Gedichten" beispielsweise ersetzt durch „in Palma Kunkels Mondgedichten" etc. —
macht schnell klar, daß die von F. Torberg proklamierte Beziehung zwischen
Vorlage und Adaption, die sich in besonderen Verarbeitungsstrategien zeigen müßte, nur durch diese, dem indirekten Verfahren der parodistischen
Schreibweise eigentlich zuwiderlaufende, direkte Nennung in den Blick kommt
— und auch dann nur als Postulat.

M. Melots Hinweis, daß die Karikatur immer ein verbindliches Wirklichkeitsmodell voraussetzt, von dem aus sie überhaupt als solche bestimmt
werden kann, bietet sich auch als Erklärung für das Scheitern des vermeintlich triumphalen Parodieversuchs an. In diesem Sinn hatte schon R. Neumann
in der Kontroverse betont, Chr. Morgensterns „Grotesken" enthielten bereits
selbst „so viel parodistische Elemente, daß ihre Übersteigerung und Verzerrung sich nicht mehr gegen den Parodierten kehren würde, sondern gegen
den Parodisten" (F. Torberg, 1964, S. 210 sowie R. Neumann, 1969 a, S. 64).
Ob letzteres tatsächlich der Fall sein muß, wollen wir dahingestellt sein lassen;
wichtiger ist in unserem Zusammenhang, daß Übererfüllung und Untererfüllung einfach nicht mehr erkennbar sind, wenn die „Übersteigerung" und
„Verzerrung" beim Original einen bestimmten Grad erreicht haben. Und dies
ist sicherlich „in vielen Morgenstern-Gedichten" der Fall, was übrigens durch
Chr. Morgensterns nicht weniger mißlungene, gleichfalls nur durch explizite
Hinweise als solche erkennbare, Selbstparodie ›Der Igel‹ (1974, S. 346) bestätigt wird. R. Neumanns impertinenter, dem Eingeständnis der Niederlage
sogleich in Parenthese angefügter Revision: „Aber Torberg hat unrecht! Ich
habe recht!" kann man daher nur zustimmen.

Die Ergebnisse der Kontroverse zeigen wohl deutlich genug, daß
Intentionen nicht beliebig realisiert werden können, sondern sehr wohl
von den Spielregeln des jeweiligen Sprachspiels abhängen. Daß es in
diesem Sinne Grenzen der — wie wir abgekürzt sagen wollen — Verarbeitung einer komischen Vorlage mit komischen Mitteln gibt, gilt
nun nicht nur für „Grotesken" nach der Art Chr. Morgensterns; vielmehr dürfte auch der Hinweis W.-D. Stempels zutreffen, daß ebenso
Parodien sich „nicht wieder parodieren lassen, sondern allenfalls die
Imitation als pastiche erlauben" (1972, S. 181).

Die Begründung, die W.-D. Stempel hierfür gibt, ist durchaus mit
der Argumentation R. Neumanns vereinbar und ermöglicht zudem
eine gewisse Präzisierung dessen, was mit dem Ausdruck „antithemati-

sche Behandlung" gemeint sein kann: Grundlegend ist auch hier die Unterscheidung zwischen der Parodie und einer „den Mustertext bloß reproduzierenden epigonalen Imitation", wobei als Unterscheidungskriterium gilt, daß „die spezifische elocutio der Parodie (. . .) der des Mustertextes diametral entgegengesetzt ist" (1972, S. 181).

Dabei ist es freilich nicht ganz unproblematisch, die Opposition gegenüber der Vorlage nur auf die elocutio — also auf den „sprachlichen Ausdruck" der, wie H. Lausberg definiert, „gefundenen Gedanken" (1971, S. 42) — zu beschränken; eher ist zu vermuten, daß mehrere Phasen der Verarbeitung — in der Terminologie der Schulrhetorik: inventio, dispositio und elocutio — hieran beteiligt sind. In jedem Fall sollte man jedoch festhalten, daß die antithematische Behandlung nicht einfach nur in einer Ersetzung von Elementen des plots liegt — etwa indem Werthers Leiden nun durch ein happy-end kuriert werden —, sondern gegen Sinn und Sinnkonstitution der Vorlage zugleich gerichtet ist, mithin gerade auch gegen ihre jeweils spezifischen „Kunstgriffe" oder „Verfahren".

Wie wichtig die Frage nach der antithematischen Behandlung der Vorlage für die Unterscheidung von Texten sein kann, die zumindest auf den ersten Blick als sehr ähnlich erscheinen, soll im folgenden kurz illustriert werden. Beginnen wollen wir mit einem „zu Recht berühmten Beispiel" (H. Kuhn, 1974, S. 608), nämlich mit der Parodie R. Neumanns auf Eckermanns ›Gespräche mit Goethe‹, vor allem wohl auf das am Ostertage, den 26. März 1826 aufgezeichnete Gespräch:

„Dienstag, den 29. Februar 1827

Goethe war heute mittags in der herzlichsten Stimmung. Er zeigte uns zum Nachtisch einige Kupfer, die ihm kürzlich zugekommen, und auf denen die berühmte Josefine Baker, eine Negerin zu Paris, fast völlig hüllenlos in einigen Tanzstellungen festgehalten war, indem er zugleich seine Tochter neckte, in der Fastnacht gleich jener im Grunde nur spärlich bekleidet der versammelten Hofgesellschaft sich vorgestellt zu haben. 'Sie sehen hier', sagte er, die Blätter immer wieder betrachtend, 'wie bei diesen Angehörigen der sogenannten wilden Völker selbst die alltäglichen Verrichtungen anmutig und zugleich bedeutend auf den Beschauer zu wirken imstande sind. Hascht diese Rechte, unvermutet erhoben, nach einem der großen Papillons des Urwaldes, wie unser guter Meier sie uns gestern geschildert hat? Tritt diese Ferse, aus geübtem Gelenke seitwärts geschnellt, einem abgewiesenen Liebhaber vor die im Knien flehend aufgehobene Stirn? Und ist es nicht, als wollte dies tanzende Naturkind leicht rückwärts gedrängten Gesäßes den Gespielinnen seine Mißachtung bezeugen?' Wir stimmten ihm zu.

Nachdem wir vom Tisch aufgestanden und die Frauen hinaufgegangen waren, sagte ich zu Goethe: 'Es ist mir immer wieder eine Offenbarung, wie

vor Ihrem ordnenden Geiste auch das scheinbar Unzusammenhängende sich
zu einem harmonischen Weltbilde zu fügen anhebt. Ich sehe nun eine unmittel-
bare Beziehung zwischen dem Tanz jenes Negermädchens und der Szene im
zweiten Teil Ihres Faust, wo dieser, nachdem er vergebens den Papillon der
Erkenntnis zu erhaschen versucht hat, zu den Müttern hinabsteigt, um, von
Helena vor die flehende Stirn getreten, der abgewandten Mißachtung des
naturhaften Prinzips sich preisgegeben zu sehen.'
'Sie mögen da, mein Freund, in Ihrem Erklärerwillen einen wenn auch irrigen
so doch originalen Gesichtspunkt gefunden haben', erwiderte Goethe und
ging in sein Arbeitszimmer hinüber."   (R. Neumann, 1969 a, S. 50 f.)

Für eine Aufzählung der verschiedenen Formen von Identität mit der Vorlage können wir auf die Arbeit von H. Kuhn zurückgreifen, der diese Parodie etwas eingehender analysiert hat und dabei als „Erkennungsmarken"
anführt: „die Personen: Goethe, Eckermann und andere Tischgäste; die Situation: Bildungsgespräche nach der Mahlzeit, gern auf Grund von Goethes
Sammlungen, die aber, in Eckermanns Wiedergabe, gewöhnlich aus Goetheschen Monologen mit gelegentlichen, soufflierenden Einwürfen der Gäste
bestehen; dann natürlich der Lern- und Applizierungseifer Eckermanns und
Goethes Toleranz". Weiterhin nennt H. Kuhn „die Gepflegtheit der Sprache,
die reiche und zugleich klassizistisch gestraffte Syntax" sowie einzelne charakteristische Syntagmen wie „in herzlichster Stimmung", „einige Kupfer, die
ihm kürzlich zugekommen", „anmutig und zugleich bedeutend", „unser guter
Meier" (1974, S. 610).
Abweichungen von der Vorlage — „negative Erkennungsmarken" — sind für
H. Kuhn einmal „das unmögliche Datum und der Anachronismus, der Josephine Baker in die Zeit Goethes versetzt, als eigentliche Pointe aber Eckermanns altkluge abstruse symbolische Verknüpfung des Bildes der Tänzerin
mit Goethes Werk, hier dem Zweiten Teil des Faust" (1974, S. 610).

Bevor wir uns wieder dem Problem der antithematischen Behandlung
zuwenden, wollen wir zunächst noch das zweite Textbeispiel anführen,
wegen des größeren Umfangs allerdings nur auszugsweise:

„Das Wetter war heute morgen so unfreundlich, daß ich dachte, Goethe würde es wohl aufgegeben haben, den Tag in Jena zu verbringen, und so ging ich
am Vormittag zu ihm. Er saß an einem kleinen Tisch vor dem Feuer und
schrieb.
'Ich muß mich', sagte er, 'für zwei Sendungen bedanken, die mir gestern ins
Haus gebracht wurden. Die eine ist dies Buch hier, in dem Herr von Hofmannsthal die Schriften seiner jungen Jahre gesammelt hat, als ob er nun, im
Alter seiner Reife, eine Distanz zu seinem Jugendwerke hätte schaffen oder
sichtbar machen wollen. Obschon mir nicht ganz deutlich ist, was in dem Falle
das Alter der Reife bedeuten möchte, denn es zeichnet ja diesen Dichter vor-
nehmlich aus, daß seltsames persönliches Geschick und sonderbare Zeitumstände ihm schon eine Reife gegeben hatten, da er seinen Weg begann. Jugend

war es gewiß, was sich da mitteilte, aber da war doch weder jugendlicher Irrtum über die eigene Natur, noch Schwanken in der Wahl des Mittels, sie auszudrücken. Die von der Arbeit der Vorderen schön gefaßten Quellen flossen rein und wurde daran mit keiner genialischen Willkür gebessert. Ungewöhnlich war in so turbulenten Zeiten die Haltung dieses Jünglings dem überlieferten Gedichte gegenüber, wie sie wohl aus der Zucht sich ihm ergeben mußte, in der er sich selber hielt. Der Dichter hatte in ihm seine Würde wiedergefunden, ohne, wie dies Herr George und mehr noch seine Gemeinde oft tat, diese Würde selber zum recht unfruchtbaren Gegenstande seines Gedichtes und damit zweifelhaft zu machen. Denn daß er naiv im Adeltume schaltet, zeichnet den adelig Geborenen aus und wird er nie sein eigener Herold und Stabträger sein.'

Goethe nahm das naheliegende Buch zur Hand und darin blätternd fuhr er fort: 'Wo immer man es aufschlägt, findet man diesen einen bestimmten Ton, diese eine ganz bestimmte Bewegung der Hand, diesen einen bestimmten Blick der Augen — das ist eine Armut, die höchsten Reichtum bedeutet. Wenn Armut überhaupt das rechte Wort dafür ist, daß *ein* Zustand, *eine* Einstellung auf des Lebens Mannigfaltigkeit eben der einzig dichterische Zustand des jungen Hofmannsthal ist. Wem in so frühen Jahren das Gedicht zuteil wird, dem wird es auch — oft gefahrvoll — das Leben bestimmen, das er erfährt. Ich kann mir wohl denken, daß von dem allen, was das Leben diesem Jüngling in die Nähe brachte, nur *das* für ihn auch Leben *bedeutete*, was seiner Art verbunden dichterisches Erlebnis wurde. Die Jugend lebt von diesem egoistischen Mißverständnis glücklich, dem jungen Dichter ist es ganze Existenz. Und bedeutend und zum dichterischen Erlebnis wurde für Hofmannsthal, daß sich in Einem sowohl Sache als Symbol entschleierte, Ereignis und Beziehung, Traum und Wirklichkeit. Im Schnittpunkt ist die dichterische Situation und damit das Gedicht. Doch da das Herz nicht still steht und die Sinne schweifen, ist nimmer ein Fragendes in dem Gedicht, ein Schwebendes, eine Bescheidung rührender Art. ›. . . Weiß nicht, wo sich Traum und Leben spalten‹ . . ." heißt es einmal und immer.'

Ich bemerkte, daß mir damit besonders das lyrische Wesen gedeutet scheine und Hofmannsthal so eigentlich als ein Lyriker anzusprechen sei. Worauf Goethe sagte:

'Alle Lyrik ist doch wohl monologisch und schließt also einen dramatischen Konflikt ein (. . .)'." (›Der lose Vogel‹, 1913, S. 54 ff.)

Auch bei diesem Text findet man unterschiedliche Formen einer partiellen Identität mit der Vorlage. Hierzu gehören wiederum die Personen: Goethe, Eckermann sowie — wenn man den gesamten Text berücksichtigt — Ottilie und Goethes Sohn. Ebenso können Anlaß und Gegenstand des Gesprächs, eine zugegangene Büchersendung, als Übernahme eines charakteristischen Zuges der Vorlage angesehen werden. Vor allem aber gilt dies für den total asymmetrischen Dialog zwischen Goethe und Eckermann — dem, wie Goethe ihn in einem Brief an Zelter apostrophierte: „getreue[n] Eckart", der einer

„reinen und redlichen Gesinnung treu (. . .) täglich an Kenntnis, Ein- und Übersicht" wächst — und für die mit zahlreichen 'goethischen' Syntagmen durchsetzte gravitätische, Anlaß und Gegenstand ständig übersteigende Reflexion.

Die deutlichste Abweichung von der Vorlage liegt wie bei R. Neumanns Adaption in dem Anachronismus, in diesem Fall in der vorgeblichen Zeitgenossenschaft Goethes mit George, Hofmannsthal und — auch hier müssen wir wieder auf den ganzen Text verweisen — mit Dehmel, Walser, Brod, Werfel sowie mit „Herrn Wedekind".

Daß der Text trotz einiger Übereinstimmungen dennoch eine gänzlich andere Funktion hat als jener R. Neumanns, wird deutlich, wenn man den spezifischen Kontext berücksichtigt, in dem er zu interpretieren ist. Veröffentlicht wurde er nämlich 1912 unter der Überschrift ›Neue Gespräche Goethes mit Eckermann‹ in der vom Demeter-Verlag herausgegebenen Zeitschrift ›Der lose Vogel‹ — einer Publikation, von der lediglich zwei Hefte erschienen, die aber gleichwohl auch für das in dieser Hinsicht nicht arme literarische Leben jener Zeit durchaus merkwürdig war: „Eine ganz kleine Gruppe von Schriftstellern" — so schreiben die noch immer anonymen Herausgeber in der ein Jahr später als Buch erschienenen Neuveröffentlichung der beiden Hefte — „die mit der Anonymität ihrer Beiträge die Sachlichkeit betonen möchte gegenüber der heute so beliebten Betonung des Persönlichen, schreibt diese Hefte, in der vielleicht nicht ganz aussichtslosen Hoffnung, dazu zu helfen, daß dieser sogenannte „moderne" Mensch auf sein Epitheton verzichten lerne und ein Mensch werde, bestimmt durch seine Art und Begabung, aus denen, und seien sie auch noch so gering, zu wirken, ihm und damit dem Ganzen des Lebens von größerem Werte und besserem Glücke sein wird, als wenn er sich in eine immer nur oberflächliche Vielseitigkeit und falsche geistige Geschäftigkeit verliert, die ihn zum Toren macht und keinem dient" (›Der lose Vogel‹, 1913, S. III).

Die freiwillig gesuchte Anonymität, die zunächst wie eine Schrulle erscheint, entpuppt sich bei näherem Hinschauen also als eine durchaus diskutable Attacke gegen das „große Individuum". Und genau in diesem Sinne hat L. Rubiner das Erscheinen der Zeitschrift in seinem Aufsatz ›Die Anonymen‹ emphatisch begrüßt, wobei freilich nicht allein sein Schlußsatz: „Hier begann die deutsche Revolution von 1912" (1976, S. 191) nur wenig Augenmaß und überhaupt kein prophetisches Geschick erkennen lassen.

Damit die Anonymität nicht zur „Geheimniskrämerei" wird, veröffentlichen die Herausgeber immerhin in der Buchausgabe alle beteiligten Autoren, u. a. waren es M. Brod, F. Werfel, R. Walser, R. Musil, R. Stadler, M. Scheler sowie F. Blei. Ihm vor allem widmet L. Rubiner seinen Aufsatz, preist seine „Moral" als Herausgeber und Übersetzer, seine „Opferung aller persönlichen Genüsse der Sprache" (1976, S. 190).

Etwas von dieser Absage finden wir auch in den ›Neuen Gesprächen Goethes mit Eckermann‹ wieder, von denen man mittlerweile weiß, daß ihr Autor tatsächlich F. Blei ist: Sie sind der Versuch, aktuelle Literaturkritik mit einer jenseits aller Tagesmoden stehenden Autorität zu betreiben, gegen den — wie es im Vorwort zur Buchausgabe heißt — „mit allerlei Fetzen schnellerraffter Bildung sich schmückende[n] sogenannte[n] Kulturträger" (1913, S. III). Bei den zwei Gesprächen im ›Losen Vogel‹ mag das noch zweifelhaft sein; in der von F. Blei in ›Das große Bestiarium‹ übernommenen Fassung — sie ist verändert und erheblich erweitert worden — gibt es jedoch einige Formulierungen, die jene Zweifel beseitigen können:

„Goethe, der meinen Blick merkte, begann dann gleich zu sprechen. 'Ich hatte schon recht, mein lieber Eckermann, als ich im August 1914 meinen braven Diener Kräuter beauftragte, die irdische Buchpost bis auf weiteres uneröffnet liegen zu lassen. Der Lärm, mit dem man da unten um Import und Export würfelte, währte ja ein bißchen lang, und sie stürzen ja noch immer den Becher (. . .)'" (1924, S. 253 f.).

Trotz aller Ungereimtheiten, die durch diese Hinzufügungen in den Text hineingeraten, dürfte deutlich sein, daß er damit endgültig in die Tradition jener Gattung gestellt wird, der sich auch F. Mauthner einige Jahre zuvor noch mit einem gewissen Erfolg bediente, nämlich der *Totengespräche*. Unter diesem Aspekt gewinnt dann die Annahme, daß es bei dem Text nicht um „Herabsetzung" der Vorlage, sondern allein um ihre Ausnutzung geht, eine relativ große Wahrscheinlichkeit. Und zwar erfolgt die Ausnutzung, um eine aktuelle Stellungnahme zu Gegenständen und Sachverhalten zu ermöglichen, die für den Mustertext extern sind. Und sie geschieht gleich in mehrfacher Weise: Ausnutzung von spezifischen Vertextungsverfahren, Ausnutzung eines bestimmten Blickpunktes sowie der Möglichkeit, hieraus weitere Argumentationsketten abzuleiten, schließlich Ausnutzung jenes besonderen kommunikativen Potentials, das den Gesprächen Goethes zumindest bei einem an Kunst und Literatur interessierten Publikum — und eben dies ist ja auch der Adressatenkreis der ›Neuen Gespräche‹ — zweifellos zukommt.

Da sich R. Neumann natürlich ebenfalls sehr eng an der Vorlage orientiert, könnte man auch hier von einer „Ausnutzung" sprechen. Eine solche Redeweise scheint uns jedoch irreführend zu sein, weil in diesem Fall die Vorlage zugleich auch das *Thema* der Adaption ist und nicht dazu dient, einer bestimmten Ansicht — etwa über Josephine Baker — besondere Evidenz zu verleihen, wie es F. Blei beispielsweise mit seinen Aussagen über Hofmannsthal oder Wedekind gerade beabsichtigt.

Die anachronistische Ersetzung hat also eine völlig andere Funktion: Indem jene höchst anspruchsvolle, ständig neue bedeutsame Bezüge stiftende Reflexionsweise nun auf die Abbildung einer für ihre erhebliche Freizügigkeit bekannt gewordenen Tänzerin angewandt wird, ohne daß dabei, wie zu erwarten wäre, die unverhüllte Erotik der Darstellung, stattdessen aber einige weithergeholte rousseauistische Floskeln zur Sprache kommen, lenkt R. Neumann den Blick nicht nur auf das Verfahren, das für dieses Defizit verantwortlich zu sein scheint, sondern macht es zugleich lächerlich und setzt es herab.

Zwar kann man H. Kuhn darin zustimmen, daß die „eigentliche Pointe" durch „Eckermanns altkluge abstruse symbolische Verknüpfung des Bildes der Tänzerin mit Goethes Werk, hier dem Zweiten Teil des Faust" entsteht (1974, S. 610); nur sollte nicht übersehen werden, daß dies im Grunde nichts anderes als die Verlängerung einer an sich schon „abstrusen" Reflexion ist. Die Parodie R. Neumanns richtet sich also nicht allein gegen Eckermanns pedantische Vermittlung, sondern zugleich gegen die Rolle Goethes, die in dieser Vermittlung sichtbar wird. So ist es auch wohl eher eine Verharmlosung, in der Schlußformulierung lediglich den Ausdruck von „Goethes Toleranz" zu entdecken (H. Kuhn 1974, S. 610) und nicht jene besondere Variante von „Herr und Knecht", wie sie ja auch tatsächlich für das ungleiche Zwiegespräch charakteristisch war.

(3) Antithematische Behandlung oder Ausnutzung einer Vorlage: Konsequenzen der Unterscheidung

Vielleicht ist durch unseren Exkurs etwas deutlicher geworden, welch unterschiedliche Intentionen mit der antithematischen Behandlung einer Vorlage oder aber mit ihrer Ausnutzung verbunden sind: Während im ersten Fall — bei der parodistischen Schreibweise also — eine Auseinandersetzung mit der Vorlage erfolgt und dabei ihr kommunikatives Potential eingeschränkt oder doch zumindest einer kritischen Überprüfung unterzogen wird bzw. das Entstehen eines solchen Potentials verhindert oder wenigstens erschwert werden soll, sind Texte wie etwa jener von F. Blei gerade auf das Vorhandensein eines möglichst großen kommunikativen Potentials der Vorlage angewiesen, weil nur hierdurch die eigene message zur Wirkung kommt. Aus diesem Grunde werden als Vorlage ausschließlich bekannte und zumeist bereits kanonisierte Texte gewählt, wobei es im Gegensatz zu epigonalen Werken keine Wettbewerbssituation und keinen Überbietungszwang gibt, da die Erkennbarkeit der berühmten Muster gerade einen Großteil der eigenen Wirksamkeit ausmacht.

In klassifikatorischer Hinsicht bereiten die Texte erhebliche Schwierigkeiten. Insbesondere dürfte in der Praxis die Entscheidung, ob antithematische Behandlung vorliegt bzw. dominiert oder ob die Vorlage für eine von ihr unabhängige, nicht rückbeziehbare eigenständige message adaptiert wird, oft nur sehr schwer zu treffen sein. Allerdings sehen wir darin keinen gravierenden Einwand gegen solche Unterscheidungen, da wir nicht von der Annahme ausgegangen sind, daß die Poeten ihre Werke nach der literaturwissenschaftlichen Terminologie zu schreiben haben. Zudem hat man den Gewinn, wenigstens zu wissen, worin die Schwierigkeiten überhaupt liegen, und wich-

tige Unterscheidungen nicht wieder durch einheitliche Benennung zu über-
decken.

(a) Kontrafaktur

Für unsere Absicht, solche Texte nicht mehr als „Parodie", sondern
anders zu bezeichnen, wollen wir zunächst wieder von einem relativ
harmlosen Beispiel ausgehen, das sich zwanglos an eine bestimmte begriffsgeschichtliche Tradition anschließen läßt:

Thürmerlied.

Wachet auf! ruft euch die Stimme
Des Wächters von der hohen Zinne,
Wach auf, du weites deutsches Land!
Die ihr an der Donau hauset,
Und wo der Rhein durch Felsen brauset
Und wo sich thürmt der Düne Sand!
Habt Wacht am Heimathsherd
In treuer Hand das Schwert,
Jede Stunde!
Zu scharfem Streit
Macht euch bereit!
Der Tag des Kampfes ist nicht weit.

Hört ihr's dumpf im Osten klingen?
Er möcht' euch gar zu gern verschlingen,
Der Geier, der nach Beute kreis't.
Hört im Westen ihr die Schlange?
Sie möchte mit Sirenensange
Vergiften euch den frommen Geist.
Schon naht des Geiers Flug.
Schon birgt die Schlange klug
Sich zum Sprunge;
Drum haltet Wacht
Um Mitternacht
Und wetzt die Schwerter für die Schlacht!

Reiniget euch in Gebeten,
Auf daß ihr vor den Herrn könnt treten,
Wenn er um euer Werk euch frägt;
Keusch im Lieben, fest im Glauben,
Laßt euch den treuen Muth nicht rauben,
Seid einig, da die Stunde schlägt!
Das Kreuz sei eure Zier.
Eu'r Helmbusch und Panier

in den Schlachten.
Wer in dem Feld
Zu Gott sich hält,
Der hat allein sich wohl gestellt.

Sieh herab vom Himmel droben,
Herr, den der Engel Zungen loben,
Sei gnädig diesem deutschen Land!
Donnernd aus der Feuerwolke
Sprich zu den Fürsten, sprich zum Volke,
Und lehr' uns stark sein Hand in Hand!
Sei du uns Fels und Burg,
Du führst uns wohl hindurch.
Halleluja!
Denn dein ist heut
Und alle Zeit
Das Reich, die Kraft, die Herrlichkeit.

(E. Geibel, Bd. 1, 1883, S. 141 ff.)

Nur zur Erinnerung wollen wir auch noch die erste Strophe der berühmten Vorlage zitieren:

Ein Geistlich Braut-Lied
von der Stimme zu Mitternacht / vnd von den klugen Jungfrauwen /
die jhrem himmlischen Bräutigam begegnen /Matth. 25.

WAchet auff / rufft vns die Stimme /
Der Wächter sehr hoch auff der Zinnen /
Wach auff du Statt Jerusalem.
Mitternacht / heist diese Stunde /
Sie ruffen vns mit hellem Munde /
Wo seydt jhr klugen Jungfrauwen?
Wolauff / Der Bräutgam kompt /
Stehet auff / die Lampen nimpt.
Halleluia.
Macht euch bereit / Zu der Hochzeit /
Ihr müsset jhm entgegen gehn   (zit. nach A. Schöne, 1963, S. 178).

Will man den Unterschied zwischen Vorlage und Adaption pointiert beschreiben, so kann man sagen, daß hier eine religiös-transzendent orientierte Heilserwartung in eine durchaus handfeste Erwartung des irdischen „Reiches" uminterpretiert wird. Freilich ist diese Umsetzung nicht als Konkurrenz zu verstehen und schon gar nicht als kritische Distanzierung. Beide Inhalte sind nicht nur kompatibel, sondern werden — entsprechend dem Grundsatz von Thron und Altar — in E. Gei-

bels Text durchgehend kontaminiert, wie man besonders gut an der
doppeldeutigen, im heils- wie nationalgeschichtlichen Sinne zu verstehenden doxologischen Formel („Denn dein ist (. . .) Das Reich, die
Kraft, die Herrlichkeit") erkennen kann.

Nun gibt es für Umdichtungen weltlicher Lieder in geistliche, aber
auch für den umgekehrten Fall, eine eigene Bezeichnung: „Kontrafaktur", wobei allerdings eine weitergehende Abgrenzung gegenüber
„Parodie" nur in den seltensten Fällen erfolgte und die Begriffe zumeist nach dem Art-Gattung-Schema hierarchisiert worden sind.

Wenn daher A. Liede in seinem Lexikon-Artikel bemerkt, E. Geibel „parodiere" das Braut-Lied Ph. Nicolais „ins Patriotische" (1966,
S. 63), so kann er sich zwar auf eine bestimmte Wortgeschichte berufen;
andererseits scheint uns die vorhin erwähnte Gefahr einer nivellieren-
den Behandlung unterschiedlicher Produktionsstrategien und Äuße-
rungsabsichten besonders groß zu sein. Und gleiches gilt auch für die
Rezeptionsseite! Das Gedicht hat nämlich eine gänzlich andere Rezeptionsgeschichte als jene Texte, die unter den von uns vorgeschlagenen
Parodie-Begriff fallen:

Das ›Thürmerlied‹ aus dem Band ›Gedichte‹ (1840) des, wie ›Brockhaus'
Conversations-Lexikon‹ von 1884 informiert, „beliebtesten deutschen Dichters der Gegenwart", die im Verband mit weiteren Gedichtsammlungen Geibels 1883 in 99. Auflage erscheinen, wird mit Vorliebe in schulisch bestimmte
Anthologien und Lesebücher aufgenommen und zugleich emphatisch kommen-
tiert, wofür hier nur zwei Beispiele angeführt seien.
Das ›Lied‹ geht ein in den III. Teil der ›Auswahl charakteristischer Dichtungen und Prosastücke zur Einführung in die deutsche Literatur (. . .) Ein Lehr-
und Lesebuch für höhere Schulanstalten und zum Selbstunterricht‹ des Bremer
Seminardirektors August Lüben, es geht ein in den VI. Teil des ›Lesebuchs
für Bürgerschulen‹, herausgegeben von August Lüben und dem Lehrer der
I. Bürgerschule in Merseburg, Carl Nacke, es wird erläutert in beider ›Einführung in die deutsche Literatur, vermittelt durch Erläuterungen von Muster-
stücken aus den Werken der vorzüglichsten Schriftsteller. Für den Schul- und
Selbstunterricht‹: „(. . .) Das Gedicht ist nach dem Versmaß des bekannten,
trefflichen Kirchenliedes: ›Wachet auf! ruft uns die Stimme!‹ gedichtet, und
kann natürlich auch nach der schönen Melodie desselben gesungen werden.
Möchte das nur recht oft vom deutschen Volke geschehen! Das Lied ist es in
mehr als einer Beziehung werth".
Das zweite Beispiel: Geibels ›Kontrafaktur‹, später in die Sammlung seiner
„politischen" Gedichte mit dem signifikanten Titel ›Heroldsrufe‹ (1. Aufl.
1871, 4. Aufl. 1872) übernommen, wird im II. Teil ›Ausgewählte deutsche
Dichtungen für Lehrer, und Freunde der Literatur‹ von Carl L. Leimbach,
dem Direktor der Realschule zu Goslar, zugleich Dr. phil., Lizentiat und
Pastor extr., erläutert: „(. . .) Daß es dem großen Chorale des Hamburger

Hauptpastors Philipp Nicolai (. . .) nachgebildet ist, zeigt nicht nur der Anfang, sondern auch das ganze Metrum, welchem jene wunderbar kräftige
Choralmelodie sich trefflich anschmiegt" (Th. Verweyen, 1973, S. 9 f.).

Für die am ehesten als „Kontrafaktur" zu bezeichnenden Produktionsstrategien ist, wenngleich es der Text E. Geibels womöglich nahelegen könnte, das Merkmal der Kompatibilität der Inhalte von
Vorlage und Adaption allerdings nicht entscheidend. Dazu ein spre-
chendes Beispiel aus dem 16. Jh.; es ist (den Hinweis verdanken wir
D. Mertens) in einer ungedruckten Briefsammlung von ca. 1530 überliefert, die aus dem Besitz des Ulmer Arztes und Lutheraners Wolfgang Rychard stammt und mehrfach eingestreute Texte zum Zeitge-
schehen wie den folgenden enthält:

Des bapst pater noster

Papa noster qui es in Rhoma: amplificetur nomen tuum: adueniat fauor tuus:
fiat symonia tua: sicut in vrbe et in orbe: pinguia beneficia da nobis hodie.
Et dimitte nobis peccata nostra: sicut et nos tibi mittimus pecunias nostras.
Et ne nos inducas in excommunicationem. Sed libera nos a manu laicorum.
Amen.

Wir fügen eine Übersetzung des Textes hinzu:

Heiliger Vater unser, der du bist in Rom, vergrößert werde dein Name, zu
uns komme deine Gunst, dein Ämterkauf gedeihe wie in der Stadt so auf dem
Erdkreis: fette Pfründen gib uns heute. Und vergib uns unsere Sünden wie
auch wir dir geben unser Geld. Und führe uns nicht in die Exkommunikation,
sondern befreie uns von der Hand der Laien. Amen.

Die Adaption hält sich auf verschiedenen Ebenen des Textes, wie im
einzelnen dargelegt werden könnte, sehr eng an die Vorlage. Im
Unterschied zur Adaption E. Geibels von 1840 weicht sie auf der In-
haltsebene jedoch erheblich vom Ausgangstext ab, indem sie zu diesem
relativ externe, gleichwohl nicht beziehungslose Sachverhalte thematisiert: etwa das Pfründenwesen der Zeit in der Wendung „pinguia
beneficia"; oder auch die seit dem 15. Jh. immer wieder und jeweils
mit unterschiedlicher Schärfe aktualisierte Klage, daß Rom Deutschland finanziell aussauge („mittimus pecunias nostras") — und zwar
das „papistische" Rom, wie insbesondere die Ersetzung des biblischen
Topos „in caelo et in terra" durch die päpstliche Segensformel „in urbe
et in orbe" zeigt.
    Zu fragen ist nun allerdings, ob die Abweichungen eine antithemati-
sche Behandlung des Ausgangstextes darstellen. Die Antwort darauf

wird zweifellos durch einen Zusatz erleichtert, der mit der Adaption überliefert ist: „Hanc orationem papisticam continue omnis creatura Antichristi" (übersetzt: „Dieses papistische Gebet betet beständig jedes Geschöpf des Antichrist"). Bereits aus diesem Zusatz dürfte schlüssig hervorgehen, daß es nicht die Intention des ›Papanoster‹-Autors war, den Anspruch der Vorlage zu relativieren oder abzuwehren, kurz „herabzusetzen" — im Gegenteil! Auch das Verfahren der Umformulierung der Bitten ist darauf angelegt, Bedeutung und Anspruch des Paternoster — eines der zentralen „Herrenworte" in der Bibel und für die Christenheit — unablässig als Maßstab der Kritik zu vergegenwärtigen und als „positives Gegenbild" zu signalisieren, an dem gemessen die Zustände in der Kirche und der Zustand der Kirche insgesamt als verrottet zum Vorschein kommen. Nicht das das „Ideal" formulierende ›Paternoster‹, sondern die zur Verwirklichung des „Ideals" aufrufende, diesem aber selbst nicht genügende Instanz bzw. Institution ist Gegenstand der Kritik im ›Papanoster‹.

Insoweit handelt es sich hier um eine von E. Geibels Text entschieden abweichende Darstellungsweise, für die die Bezeichnung „Satire" — zumindest was ihre historische Geltung angeht — voll und ganz zutrifft. Nicht nur hierin stimmen wir G. Kieslich zu, sondern auch in seiner mehr intuitiv richtigen Begründung, „Gebetsumdichtungen" dieser Art — auf deren Tradition etwa P. Lehmann (1963), L. Röhrich (1967, S. 117 ff.), R. Schenda (1970, S. 427 ff.) aufmerksam machen — nicht „Parodie" zu nennen; und zwar deshalb nicht, weil für sie das Moment der reflexiven Herabsetzung nicht konstitutiv ist. G. Kieslich schreibt über die Gebetsumdichtungen um 1540:

Der Satire ist jedes Mittel, und so auch die Gebetsform, recht, um ihr Ziel zu erreichen. Aber: die Satire will nicht den ursprünglichen Inhalt des Gebetes — etwa im Sinne der Parodie — angreifen, will nicht Gott lästern und das Göttliche entwerten, sondern sie zeigt gerade am schroffen Gegensatz von ursprünglicher „Idealität" und neuer böser Wirklichkeit das eigentliche Problem auf (1958, S. 23).

Dennoch sollten über die Unterschiede zwischen dem ›Thürmerlied‹ und ›Papanoster‹ die Gemeinsamkeiten beider Texte nicht vernachlässigt werden. In beiden Fällen ist nämlich in exemplarischer Weise gegeben: Teilidentität auf der Textebene; Anerkennung der von den Vorlagen gesetzten, mit und über ihnen gebildeten Ansprüche und Normen; Anschluß nicht bloß an vorgegebene, sondern mit erheblichem kommunikativem Potential ausgestattete, in der Regel an sozialer Breiten- und Tiefenwirkung kaum zu übertreffende Texte. Beide Texte lassen darin beispielhaft Möglichkeiten der Kontrafaktur sichtbar werden, die bis in die Gegenwart nicht erschöpft sind.

K. Kraus' mittlerweile berühmte Sentenz:

Im kleinen Finger der Hand, mit der er fünfundzwanzig Verse der Ammerschen Übersetzung von Villon genommen hat, ist dieser Brecht originaler als der Kerr, der ihm dahintergekommen ist; und hat für mein Gefühl (. . .) mehr Beziehung zu den lebendigen Dingen der Lyrik und der Szene als das furchtbare Geschlecht des Tages, das sich nun an seine Sohlen geheftet hat (1929, Nr. 811—819, 129),

mag im Hinblick auf das damals von Zeitungen unterschiedlichster couleur veranstaltete Kesseltreiben gegen B. Brecht kühn gewesen sein; in der Sache selbst war sie es nicht und mutet heute eher wie eine Platitüde an. Dennoch kann das Verhältnis Brechts zur Tradition noch immer als problematisch gelten. Und zwar weniger, was sein Bekenntnis zur Laxheit in Fragen des geistigen Eigentums angeht; schwierig ist vielmehr die jeweilige Funktionsbestimmung der übernommenen und umfunktionierten Kunstformen, der — wie H. Mayer sagt — „aufgehobene[n] Tradition" (1965, S. 59).

Sieht man einmal von K. L. Ammers Villon-Übersetzung und der ›Beggar's Opera‹ J. Gays ab, so sind es vor allem zwei Bereiche, die Brecht als Vorlagen für sehr unterschiedliche Verarbeitungsprozesse dienten: nämlich die Bibel und die christliche Gebets- und Chorliteratur sowie die deutsche Klassik. In beiden Fällen wäre eine statische Beschreibung der mit den Adaptionen verbundenen Intentionen Brechts unzulässig, da er seine frühe Einschätzung der Klassik als bloßes Überbauphänomen einer feudalistischen Epoche in späteren Jahren erheblich revidiert hat und zudem auch die Übernahmen aus dem christlichen Bereich — das hat H. Mayer zutreffend erwähnt — sowohl der „Vertiefung oder Reinigung des Gefühls" wie der Denunziation „eine[r] falsche[n] Innigkeit" dienen konnten (1965, S. 49).

Eine auch nur halbwegs ausreichende Berücksichtigung der Stoff- wie Verfahrensadaptionen im Gesamtwerk B. Brechts schien uns im Rahmen dieser Arbeit von vornherein ausgeschlossen; wir haben uns daher auf einige wenige Beispiele aus Brechts Lyrik beschränkt, wobei als Selektionskriterium für uns entscheidend war, ob die Frage nach einer sinnvollen Abgrenzung zwischen Parodie und Kontrafaktur mit einem hier vertretbaren Interpretationsaufwand beantwortet werden kann. Da wir wiederum kontrastiv vorgehen, möchten wir zunächst die Texte wiedergeben, auf die wir uns bei unseren weiteren Überlegungen beziehen:

1
Bittet den Anstreicher, daß er den Zinsfuß uns senke!
Und ihn zugleich
Auch noch erhöh in sei'm Reich
Ohne daß der sich verrenke!

2
Mög er dem Landvolk den höheren Brotpreis bewilligen
Aber zugleich
Mög er uns Städtern im Reich
Doch auch das Brot recht verbilligen!

3
Mög er den Siedlungsgedanken in Deutschland befestigen!
Aber zugleich
Mög er die Junker im Reich
Auch nicht um Brachland belästigen!

4
Mög er der Löhne der Arbeiter gnädig gedenken!
Sorg er für sie!
Doch auch für die Industrie!
Mög er den Arbeitslohn senken!

5
Mög er dem Kleinhandel helfen aus drückenden Schulden!
Aber zugleich
Mög er für die, so nicht reich
Doch auch das Warenhaus dulden!

6
Bittet den Anstreicher, daß er verschaffe uns Posten!
Posten her! Wenn's
Sein muß von der Konkurrenz!
Und es mög keinem was kosten!

7
Lobet den Führer, den jeder durch Mark und durch Bein spürt!
Dort ist ein Sumpf
Und hier erwarten wir dumpf
Daß uns der Führer hineinführt!   (1967, Bd. 9, S. 444 f.)

Der Text ist der zweite der ›Hitler-Choräle‹, die Brecht mit wenig
Instinkt zuweilen auch „Choräle der Bekenntniskirche" nannte. Als
Vorlage dient das 1680 von J. Neander geschriebene Lob- und Dank-
gedicht ›Der Lobende‹, das als Choral sicherlich zu den bekanntesten
protestantischen Liedern zählt:

Lobe den Herren, den mächtigen König der Ehren,
Meine geliebete Seele, das ist mein Begehren,
Kommet zu Hauf,
Psalter und Harfe, wacht auf,
Lasset die Musicam hören.

(. . .)

Es ist nicht uninteressant, daß Brecht ausdrücklich darauf hinweist, daß sein Text der Melodie ›Lobe den Herren den mächtigen König der Ehren‹ folgt — auch wenn er tatsächlich nur schlecht zu singen ist, nicht zuletzt deshalb, weil Brecht die zweite Zeile des Originals, mit der die Notenfolge der ersten Zeile wiederholt wird, getilgt hat. Daraus entsteht, da natürlich die Melodie der Vorlage immer „miteinfällt", eine merkwürdige Stockung, wofür möglicherweise nicht nur Brechts bekannter Protest gegen „Glätte und Harmonie" verantwortlich ist, sondern auch sein Wunsch, schon auf dieser Ebene im Sinne einer okkasionellen Semantisierung Widerspruch zu artikulieren (vgl. B. Brecht, 1967, Bd. 19, S. 395 ff.).

Wogegen sich der Widerspruch richten könnte und welche Funktion der Text überhaupt hat, wollen wir im Vergleich mit unserem nächsten Beispiel klären, dem ebenfalls J. Neanders Gedicht als Vorlage dient:

Großer Dankchoral

1
Lobet die Nacht und die Finsternis, die euch umfangen!
Kommet zuhauf
Schaut in den Himmel hinauf:
Schon ist der Tag euch vergangen.

2
Lobet das Gras und die Tiere, die neben euch leben und sterben!
Sehet, wie ihr
Lebet das Gras und das Tier
Und es muß auch mit euch sterben.

3
Lobet den Baum, der aus Aas aufwächst jauchzend zum Himmel!
Lobet das Aas
Lobet den Baum, der es fraß
Aber auch lobet den Himmel.

4
Lobet von Herzen das schlechte Gedächtnis des Himmels!
Und daß er nicht
Weiß euren Nam' noch Gesicht
Niemand weiß, daß ihr noch da seid.

5
Lobet die Kälte, die Finsternis und das Verderben!
Schauet hinan:
Es kommet nicht auf euch an
Und ihr könnt unbesorgt sterben.   (1967, Bd. 8, S. 215 f.)

Ein Blick in die Sekundärliteratur macht auch in diesem Fall deutlich, daß eines der vordringlichsten Probleme der Parodie-Forschung darin besteht, überhaupt erst einmal eine gemeinsame Sprache zu finden:

E. Rotermund, der Brecht ein eigenes Kapitel widmet, bezeichnet den ›Großen Dankchoral‹ eindeutig als Parodie, auch wenn er „kaum komisch" wirke, da das „dazu erforderliche Gefälle zwischen 'Groß' und 'Klein' nicht vorhanden" sei; er betont jedoch andererseits die Ironie in diesem Text — freilich „in der rhetorischen Grundbedeutung gebraucht" —, die für ihn darin besteht, „daß gerade Verfall und Untergang gelobt werden sollen" (1963, S. 152).

Den Grund für das fehlende „Gefälle" sieht E. Rotermund in der für die ›Hauspostille‹ geltenden „Aufwertung der vegetativen Sphäre" und der typischen „radikalen Reduktion auf einen Naturzustand des Menschen". Beides ist sicherlich zutreffend und läßt sich bei anderen Gedichten der ›Hauspostille‹ gleichfalls nachweisen; E. Rotermund, der hierfür die sehr glückliche Formulierung „umfunktionierte Erbauungsliteratur" vorschlägt, nennt vor allem ›Gegen Verführung‹, ein Gedicht also, das zweifellos für die Sammlung programmatischen Charakter hat und das er — weniger glücklich, wie wir meinen — nun auch zu den Parodien zählt (vgl. 1963, S. 140 ff.).

Während E. Rotermund die Ironie als ein wichtiges Textmerkmal erwähnt, vermeidet K. Schuhmann jede Berücksichtigung spezifischer Spielregeln der parodistischen Schreibweise. Stattdessen wird betont, daß der ›Große Dankchoral‹ als „Gegenprogramm zur christlichen Verheißungsethik" entstand und daß „die Logik des naturwissenschaftlichen Denkens (...) bestechend" sei, da „der Verweis auf die natürliche Verwandtschaft aller Lebewesen und ihrer Vergänglichkeit (...) die christliche Verheißung vom Leben nach dem Tode" zerstöre (1971, S. 89).

Wir wollen uns Bemerkungen zur logischen Propädeutik ersparen, obgleich sie an dieser Stelle wohl nötig wären; wichtiger für die weitere Diskussion scheint es uns zu sein, daß die sich schon bei E. Rotermund andeutende Alternative zwischen programmatischem und parodistischem Aspekt hier einseitig zugunsten des ersteren entschieden wird.

Vor solchem allzu unbekümmerten Eindeutig-Machen wird in der Arbeit K. G. Justs ausdrücklich gewarnt: „Keineswegs dürfen wir uns auf den Wortlaut — im Sinne der bloßen Aussage — verlassen. Es ist ein fataler Fehler, Zitate aus Brechts Werken einfach als Belege, gleichsam zu historischer Dokumentation, zu nehmen. Nirgends meint Brecht nur das, was er sagt. Wir müssen auf den Wortlaut — im Sinne der Untertöne — lauschen" (1966,

S. 50). Zu dieser „doppelzüngigen" und „doppelbödigen" Art des Schreibens gehört es auch, daß er sich für die Übermittlung „seiner politischen Botschaft einer Form bedient, die im Bewußtsein des Lesers untrennbar mit einer andersgearteten Aussage zusammenhängt", wobei „eine derartige Übernahme bestimmter Formen für neue, ja fremde Inhalte (. . .) als Kontrafaktur bekannt" ist (1966, S. 50 ff.). Interessant an dieser sicherlich unzulänglichen Definition ist die Bedeutungserweiterung, die der Terminus „Kontrafaktur" erfährt, indem auf die ursprünglichen Bestimmungselemente „geistlich"— „weltlich" verzichtet wird zugunsten einer stärkeren Betonung der kommunikativen Funktion. Ob Parodie und Kontrafaktur als verschiedene Formen der Adaption zu verstehen sind oder nicht, bleibt in der Arbeit allerdings unklar — nicht zuletzt, weil K. G. Just nur den zweiten ›Hitler-Choral‹ interpretiert, den ›Großen Dankchoral‹ jedoch unberücksichtigt läßt.

Demgegenüber ist der Aufsatz von H. Kuhn in dieser Hinsicht von erfreulicher Präzision: Orientiert an den Parodie-Definitionen R. Neumanns, unterscheidet er explizit die Parodie als ein Verfahren, bei dem „das Ziel der Satire und der Autor der Vorlage identisch sein müssen" (1974, S. 607), von der Kontrafaktur, „deren kritische Vorbehalte nicht der Vorlage gelten, sondern lediglich ein bekanntes Stilgewand zu satirischen oder polemischen Zwecken verwendet" (1974, S. 605).

Problematisch ist dann allerdings sein Applikationsversuch. Denn nicht nur der ›Große Dankchoral‹ wird unter „Kontrafaktur" klassifiziert, da er „ja nicht in erster Linie den Barockdichter Joachim Neander parodieren, sondern Brechts eigenes nihilistisches Credo in eine möglichst einprägsame, publikumswirksame Form kleiden" wolle (1974, S. 606); gleiches geschieht auch mit dem Refrain aus dem ›Kälbermarsch‹, und zwar mit dem Argument, „die Kritik des Gedichts" sei „ja nicht gegen die Metzger gerichtet, die Naziführer und ihre Propagandisten, sondern gegen die Kälber, die dumpf, geist- und willenlos folgende Herde des deutschen Volkes" (1974, S. 606).

Die Argumentation ist einigermaßen überraschend; scheint dieser Refrain doch auf den ersten Blick die Kriterien der parodistischen Schreibweise durchaus zu erfüllen:

Hinter der Trommel her
Trotten die Kälber
Das Fell für die Trommel
Liefern sie selber.
Der Metzger ruft. Die Augen fest geschlossen
Das Kalb marschiert mit ruhig festem Tritt.
Die Kälber, deren Blut im Schlachthof schon geflossen
Sie ziehn im Geiste in seinen Reihen mit.

Sie heben die Hände hoch
Sie zeigen sie her
Sie sind schon blutgefleckt

Und sind noch leer.
    Der Metzger (. . .)

Sie tragen ein Kreuz voran
Auf blutroten Flaggen
Das hat für den armen Mann
Einen großen Haken.
    Der Metzger (. . .)
    (aus: B. Brecht, 1967, Bd. 5, S. 1976: ›Schweyk im Zweiten Weltkrieg‹)

Wenn man bedenkt, wie wichtig die Vorlage — das ›Horst-Wessel‹Lied —
für die Artikulation des Selbstverständnisses nicht nur der SA, sondern der
NSDAP überhaupt war — es wurde zumeist nach dem „Deutschland-Lied",
übrigens sogar noch nach der Dönitz-Rede auf Hitlers Tod, gespielt —,wird
die These, die Adaption sei „nicht primär auf die Vorlage und das, was sie
repräsentiert, gerichtet" (1974, S. 606 f.), doch ziemlich fragwürdig. Wahrscheinlich dürfte vielmehr sein, daß hier die antithematische Behandlung als
„Sachbeschädigung" im Vordergrund steht — durchaus vergleichbar der Art,
wie J. Heartfield in seinen Photomontagen mit den Nazi-Symbolen verfuhr.

Auf das besondere Problem der „funktionalisierten" Parodie, d. h. der
Parodie, die selbst wiederum Teil eines Textganzen ist, können wir lediglich
hinweisen; daß ein solcher Fall neue Fragen aufwirft, ist wohl unbestritten;
wir erinnern nur an die Interpretationsgeschichte der ›Lebensansichten des
Kater Murr‹ von E. T. A. Hoffmann, dessen parodistische Partien erst nach
einer Neubewertung Goethes in den Blick kamen, und zwar vor allem durch
die Arbeiten H. Singers (1965, S. 301 ff.) und W. Preisendanz' (²1976,
S. 79 ff.).

Im Anschluß an ›Des bapst pater noster‹ wollen wir — um wieder
auf die zwei Ausgangsbeispiele zurückzukommen — zunächst einmal
fragen, ob man nicht auch den ›Großen Dankchoral‹ etwa in diesem
Sinne lesen kann, daß also mit der Vorlage ein Normenkatalog formuliert wird, während durch die Adaption die schlimme Wirklichkeit als
Abweichung von diesen Normen zur Darstellung gebracht werden soll.
    Eine der wichtigsten Voraussetzungen für die Richtigkeit einer
solchen Annahme, mit der Vorlage seien auch für B. Brecht noch ver-
bindliche Normen formuliert, ist nun aber gerade nicht erfüllt! Insofern liegt hier ein entscheidender Unterschied zu dem ›Thürmerlied‹
E. Geibels oder zum ›Papanoster‹. Während beim ›Thürmerlied‹ das
eigene Thema, der Reichsgedanke, durch die Vorlage „geheiligt" wird,
und das ›Papanoster‹ zwar satirisch ist, aber eben in der Art, daß die
Vorlage den Maßstab abgibt, dient die Choral-Adaption lediglich
dazu, als berühmtes Muster dankbarer Gläubigkeit jene für Brecht
typische ironische Sklavensprache zu realisieren. Dabei bekommt die

Formulierung: „Ausnutzung eines kommunikativen Potentials", womit wir die Kontrafaktur charakterisiert haben, hier durchaus auch eine Nebenbedeutung im Sinne von „mißbrauchen"; hierin kann man eine Verwandtschaft mit G. A. Bürgers Adaptionen biblischer Vorbilder sehen — ein Verfahren, das A. Schöne als „weltliche Kontrafaktur" beschrieben und ausdrücklich von der Parodie unterschieden hat:

Es richtet sich nicht *gegen* den vorgegebenen Text, aber es nimmt ihn auch nicht mehr ernst in seinem unbedingten und ausschließenden Anspruch ([2]1968, S. 187).

Wir schließen uns daher der Ansicht K. G. Justs und H. Kuhns an, daß es B. Brecht primär nicht um eine Herabsetzung der Vorlage geht, sondern darum, „die an Widersprüchen reiche Innenpolitik des 'Dritten Reiches' (. . .) zu zeichnen" (K. G. Just, 1966, S. 53), oder genauer: in einer vorgeblich „gläubigen" Reaktion die Unzahl der nicht einlösbaren Versprechungen sozialer Besserung vorzuführen, denen das „Dritte Reich" nicht zuletzt seine Existenz verdankt.

Ist nun auch der ›Große Dankchoral‹ eine solche Ausnutzung der Vorlage oder dominiert die antithematische Behandlung? Daß E. Rotermund den Text als Parodie interpretiert, kann schon insofern nicht als eindeutige Antwort gelten, als sein Parodie-Begriff in dieser Hinsicht unspezifisch ist, da er zwischen beiden Arten der Textverarbeitung nicht differenziert. Andererseits scheint uns aber auch die Deutung H. Kuhns unbefriedigend zu sein; denn H. Kuhn nimmt zwar eine solche Differenzierung vor, orientiert sich dabei jedoch zu stark an der auf den Autor fixierten Parodie-Auffassung R. Neumanns, so daß er einmal die Rezeptionsseite aus dem Blick verliert und darüberhinaus die mit Untererfüllung arbeitenden Parodien offenbar generell zur Kontrafraktur erklären will.

Zudem muß man fragen, wie sich die von E. Rotermund festgestellte Ironie überhaupt mit seiner These und derjenigen H. Kuhns verträgt, daß hier ein weltanschauliches Credo vorgetragen werde. E. Rotermund präzisiert seine Annahme ausdrücklich mit dem Hinweis auf die „rhetorische Grundbedeutung" des Terminus. In dieser „Grundbedeutung" aber versteht man unter „Ironie" die Benutzung „des parteiischen Vokabulars der Gegenpartei im festen Vertrauen darauf, daß das Publikum die Unglaubwürdigkeit dieses Vokabulars erkennt, wodurch dann die Glaubwürdigkeit der eigenen Partei um so mehr sichergestellt wird, so daß die ironischen Wörter im Enderfolg in einem Sinne verstanden werden, der ihrem eigentlichen Sinn entgegengesetzt ist" (H. Lausberg, 1971, S. 78 f.).

Was ist aber nun jenes die Ironie bewirkende „Vokabular der Gegenpartei"? Wenn damit lediglich das Vokabular der Vorlage gemeint sein soll, so wäre die Bemerkung an dieser Stelle redundant, da sie dann für die parodistische Schreibweise schlechthin gilt. Außerdem wird mit dem Hinweis allein natürlich nicht geklärt, wogegen sich die Ironie überhaupt richtet.

Sicherlich wäre es falsch, die Äußerungen insgesamt ironisch zu verstehen, etwa in dem Sinne, daß gelobt wird, wo kein Lob, sondern nur Verzweiflung angebracht ist. Denn — darin stimmen wir E. Rotermund, H. Kuhn u. a. zu — es kann als erwiesen gelten, daß Brecht schon zur Zeit der Veröffentlichung seiner ›Hauspostille‹ der Ansicht war, daß nur durch die Destruktion christlicher Transzendenz-Erwartungen eine erfüllte Immanenz möglich sei.

Gleichwohl sind wir nicht so sicher, ob deshalb tatsächlich jedes intendierte „Gefälle" zwischen Vorlage und Adaption fehlt. Denn auch wenn die vorkommenden Ersetzungen wirklich aus einer nihilistisch-vitalistischen „Sphäre" stammen mögen, hat es doch wenig Sinn, allein mit einer „hinter" der sprachlichen Realisierung liegenden, möglicherweise aus ihr zu rekonstruierenden Weltanschauung zu operieren. Es geht hier — wie häufig bei dem Verstoß gegen Sprachspiele — um die jeweilige Formulierung selbst, also um den spezifischen Selektionsvorgang, und nicht um mögliche Paraphrasen, die ja jeden Affront verloren haben können.

„Lobet die Nacht und die Finsternis"; „Lobet das Aas / Lobet den Baum, der es fraß"; „Lobet von Herzen das schlechte Gedächtnis des Himmels"; „Lobet die Kälte, die Finsternis und das Verderben" statt „Lobe den Herren" sind nun aber Formulierungen, die — und das zeigt gerade ein Vergleich mit ›Gegen Verführung‹ —wohl kaum primär dadurch motiviert sind, daß sie als Maximen einer Weltanschauung dienen sollen. Bei solchen Ersetzungen scheint uns vielmehr trotz aller Begeisterung für den vegetativen Kreislauf die parodistische Herabsetzung zu dominieren — zumal, wenn sie von jemandem mit einem derartigen Gespür für die Sprachspiele anderer vorgenommen werden, wie wir das bei Brecht zweifellos annehmen dürfen.

Wir haben schon an anderer Stelle dafür plädiert, den Sekundärcharakter der Parodie nicht einfach aufgrund einer falschen Funktionsbestimmung pauschal zu verurteilen; andererseits gibt es jedoch in den Almanach-Publikationen wie in heruntergekommenen Feuilletons eine Unzahl von Texten, die ihre Existenz allein dem Umstand verdanken, daß ihre Autoren durch die Adaption einer Vorlage zugleich den völligen Mangel an eigener Produktivität kompensieren und sich dabei sogar noch der eigenen Bildung, des eigenen Esprits und der Zustimmung anderer erfreuen können.

Ein Musterbeispiel dieses simplen Bastelns mit vorgefertigten Texten hat K. Kraus im III. Akt, 6. Szene von ›Die letzten Tage der Menschheit‹ vorgeführt:

Tibetanzl: Hast wieder ein Gedicht gemacht? Worauf denn?
Dlauhobetzky v. Dlauhobar: Wirst gleich merken, worauf. Wanderers Schlachtlied. Das ist nämlich statt Wanderers Nachtlied, verstehst —

> Über allen Gipfeln ist Ruh,
> über allen Wipfeln spürest du
> kaum einen Hauch —

Tibetanzl: Aber du — das ist klassisch — das ist ja von mir!
Dlauhobetzky v. Dlauhobar: Was? Von dir? Das ist klassisch, das ist von Goethe! Aber paß auf, wirst gleich den Unterschied merken. Jetzt muß ich noch einmal anfangen.

> Also über allen Gipfeln ist Ruh,
> über allen Wipfeln spürest du
> kaum einen Hauch.
> Der Hindenburg schlafet im Walde,
> Warte nur balde
> Fällt Warschau auch.

Ist das nicht klassisch, alles paßt ganz genau, ich hab nur statt Vöglein Hindenburg gesetzt und dann den Schluß auf Warschau. Wenn's erscheint, laß ich mir das nicht nehmen, ich schick's dem Hindenburg, ich bin ein spezieller Verehrer von ihm.
Tibetanzl: Du, das is klassisch. Gestern hab ich nämlich ganz dasselbe Gedicht gemacht. Ich habs der Muskete einschicken wollen, aber —
Dlauhobetzky v. Dlauhobar: Du hast dasselbe Gedicht gemacht? Gehst denn nicht —
Tibetanzl: Ich hab aber viel mehr wie du verändert. Es heißt: Beim Bäcken.

> Über allen Kipfeln ist Ruh,
> beim Weißbäcken spürest du
> kaum einen Rauch.

Dlauhobetzky v. Dlauhobar: Das is ja ganz anders, das is mehr gspassig!
Tibetanzl:

> Die Bäcker schlafen im Walde
> Warte nur balde
> Hast nix im Bauch.

Dlauhobetzky v. Dlauhobar: Du, das is förmlich Gedankenübertragung!

Tibetanzl: Ja, aber jetzt hab ich mich umsonst geplagt. Jetzt muß ich warten, ob deins erscheint. Wenn deins erscheint, kann ich meins nicht der Muskete schicken. Sonst glaubt man am End, ich hab dich paradiert! (Beide ab.)

(1919, S. 241 f.)

K. Riha hat völlig zu Recht darauf hingewiesen, daß hier das, „was wie satirische Erfindung anmutet, (. . .) in Wirklichkeit — wie fast alle Satire bei Karl Kraus — nur Zitat" ist (1973, S. 323). Und in dem von ihm als Beleg angeführten Artikel — ›Goethes Volk‹ aus den Heften 454—456 der von K. Kraus herausgegebenen Zeitschrift ›Die Fackel‹ — werden in der Tat jene während des ersten Weltkriegs offenbar seuchenartig sich verbreitenden Nachdichtungen der „Klassikaner", ihre Variantenbildungen und Authentizitäts-Streitereien in der ihnen gebührenden Weise abgehandelt. Wenigstens eine Kostprobe wollen wir auch davon noch geben:

Frei nach Goethe!
Ein englischer Kapitän an den Kollegen.

Unter allen Wassern ist — „U"
Von Englands Flotte spürest du
Kaum einen Rauch . . .

Mein Schiff versank, daß es knallte,
Warte nur, balde
R — U — hst du auch!

(zit. nach: K. Kraus, 1917, Nr. 454—456, 2)

Daß sich hier jemand „an den Heiligtümern seiner verblichenen Kultur vergriffen hat, um mit der Parodie ihrer Weihe den Triumph der Unmenschlichkeit zu begrinsen", wie K. Kraus meint (1917, 2), oder — in der Paraphrase K. Rihas — daß jemand versucht, „sich am Gedicht des Klassikers die fehlende Aura für rüde Propaganda zu holen" (1973, S. 324), trifft sicherlich zu. Würde man hier allerdings bewußte Absicht unterstellen, so wäre dies schon eine viel zu starke Dämonisierung der schäbigen Produktion. In dieser Hinsicht ist die Szene aus den ›Letzten Tagen‹ viel ’realistischer’ als der expositorische Text; denn sie zeigt deutlich jene subjektiv so harmlose Munterkeit, die Freude an dem witzigen Einfall — was ist in jenen Tagen witziger als ein Einfall über den Krieg —, den Wunsch, sich einmal den Traum vom Leser als Autor zu erfüllen, auch wenn dies auf niedrigstem Niveau geschieht.

Eine derartige Verwertung der „Reichskleinodien" zur literarischen Bastelei hat nun keineswegs erst — so die zornige Behauptung K. Kraus’ — „mit dem Abdruck von Klassiker-Zitaten auf Klosettpapier eingesetzt". Und auch daß man sich damals gerade an ›Wandrers Nachtlied‹ herangemacht hat, lag wohl weniger an der Absicht, den „letzten, tiefsten Atemzug des größten Dichters zu verhöhnen", als an dem Bekanntheitsgrad der Vorlage, ihrer Kürze und dem Zufall, daß sich mit ihr aufgrund vermeintlich witziger Wortspiele eine besonders geeignete Folie für Kriegs-„Gedichte" anzubieten schien.

Insofern ist es natürlich auch nicht überraschend, daß trotz des Kriegsendes diese Art der Adaption — häufig mit anderen Vorlagen — munter weiterging und daß sich K. Kraus in der ›Fackel‹ ein weiteres Mal darüber empören mußte:

Das Seidenhöslein
(Chanson nach *Goethe*)

Sah ein Knab' ein Höslein weh'n,
— Höslein unter'm Kleide!
War so weiß und blütenschön,
Knisterte beim Geh'n und Dreh'n,
War von feinster Seide!
Höslein, Höslein, Höslein weiß!
Höslein unter'm Kleide!

Und der Knabe lief hinzu —
— Höslein unter'm Kleide!
Höslein machte leis': Frou frou!
Sei nur nicht zu schüchtern, du,
Denn ich bin von Seide!
Höslein, Höslein, Höslein weiß!
Höslein unter'm Kleide!

Und dem Knaben ward so bang,
— Höslein unter'm Kleide!
Höslein wehrte sich nicht lang,
Rauschte, flüsterte *und* — *sank!*
Seligkeit und Freude!
Höslein, Höslein, Höslein weiß!
Höslein unter'm Kleide!

Und der Knab' nahm sie zur Frau!
— Höslein unter'm Kleide!
Doch nach Wochen — *schau, schau, schau* —
Trug die holde Ehefrau,
Dem Gemahl zu Leide:
Höslein, Höschen, Hosen grau!!
Barchent und nicht Seide — — !!
(zit. nach: ›Die Fackel‹ 1925, Nr. 697—705, 66)

Allen drei Beispielen ist gemeinsam, daß die Vorlage, da sich die Adaption auf niedrigstem Niveau vollzieht, in ganz anderer — kompensatorischer — Weise ausgebeutet wird, als dies etwa bei Brecht der Fall war. Dennoch glauben wir, daß sich selbst hier die vorgeschlagene

Unterscheidung zwischen Parodie und Kontrafaktur noch einigermaßen plausibel machen läßt. Dabei scheint es uns relativ unwichtig, daß sowohl K. Kraus als auch K. Riha und D. Hasselblatt, der schon ein Jahrzehnt zuvor die Szenen aus der ›Fackel‹ zum Gegenstand seiner Untersuchungen gemacht hat, die Adaptionen von ›Wandrers Nachtlied‹ als „Parodien" bezeichnen, denn dies entspricht einfach der gängigen Wortverwendung. Eine Fehlinterpretation sehen wir freilich in der Annahme D. Hasselblatts, wir hätten es mit der „Wiederholung einer 'klassischen' Vorlage mit bewußt karikierenden Sprachmitteln" zu tun (1963, S. 243); denn man kann weder bei den U-Boot-Gedichten noch bei ›Das Seidenhöslein‹ von der Überzeichnung bestimmter Züge der Vorlage ausgehen. Aber auch eine Herabsetzung durch bewußte Untererfüllung gibt es bei den Kriegsgedichten nicht; es dominiert vielmehr — darin stimmen wir K. Kraus trotz gewisser Einschränkungen zu — die Absicht, den Krieg witzelnd zu verharmlosen und fröhliche Siegeszuversicht zu demonstrieren. Und das kann nicht einmal im Sinne einer antithematischen Behandlung mit der Vorlage in Verbindung gebracht werden!

Anders sieht es jedoch mit dem ›Seidenhöslein‹ aus: Zwar wird die Verbindung zur Vorlage zunächst ebenfalls nur über einen Kalauer hergestellt; andererseits artikuliert sich in diesem Fall der „witzige Kopf", der Connaisseur — „Höslein machte leis': Frou frou!" —, weiterhin dadurch, daß jene nur über die Natursymbolik erschließbaren zarten Andeutungen der Vorlage nun in eindeutiger Weise präzisiert und auf den entscheidenden Aspekt gebracht werden. Das ist im Vergleich zu den Normen der Vorlage ganz sicher eine bewußte Untererfüllung nach dem Motto: So sind die Weiber wirklich, zumal man nun auch noch den Fortgang nach dem happy-end erfährt, von dem schon K. Tucholsky meinte, daß er zumindest im Film aus gutem Grund „gewöhnlich ausgeblendet" wird.

Wir haben uns im Rahmen der Reduktionsvorschläge deshalb so ausführlich mit den praktischen Konsequenzen einer Änderung des Wortgebrauchs von „Parodie" und „Kontrafaktur" beschäftigt, weil wir meinen, daß es — sofern man keine ad hoc formulierten Termini einführen will — noch am günstigsten ist, die notwendige Bedeutungsverengung von „Parodie" mit einer Bedeutungserweiterung von „Kontrafaktur" zu verbinden.

Für diese Rücksichtslosigkeit gegenüber der Begriffsgeschichte haben wir schon an anderer Stelle unsere Gründe genannt. Im Hinblick auf „Kontrafaktur" wäre noch hinzuzufügen, daß das von uns vorgeschlagene Unterscheidungskriterium — erkennbare Ausnutzung des kommunikativen Potentials einer Vorlage für eine eigene, nicht antithematisch auf die Vorlage beziehbare message — natürlich gerade die Motivation für jenen ursprünglich mit „Kontrafaktur" bezeichneten Vorgang — Transfer einer Vorlage aus dem weltlichen in den geistlichen Bereich bzw. umgekehrt — erfaßt. Zudem haben auch schon andere Autoren auf „weltlich" bzw. „geistlich" als notwendige Bestimmungselemente verzichtet, so daß es uns nur konsequent zu sein schien, die systematisch nicht sonderlich befriedigende Art-Gattung-Hierarchisierung aufzuheben und eine stärker funktionsorientierte Unterscheidung zu versuchen.

(b) Cento, Pastiche, Travestie

Die Erweiterung der Bedeutung anderer Termini — „Cento", „Pastiche", „Travestie" — wäre zu diesem Zweck jedenfalls wenig brauchbar gewesen:

Mit „Cento" oder „Flickgedicht" bezeichnet man in der Regel einen Text, bei dem aus einem Korpus Syntagmen oder Sätze selegiert und — ohne daß sie selbst eine Veränderung erfahren — zu einem neuen 'Text' kombiniert werden. In gewisser Weise ist das Verfahren mit unserem Computer-Beispiel zu vergleichen; und es ist sicher nicht uninteressant, daß schon C. F. Flögel in diesem Zusammenhang an „ein gesellschaftliches Spiel" erinnert, „welches auch *Propos interrompus*, und bey den Deutschen *Schenken* und *Logiren* genannt wird; wo man von dem Nachbar zur rechten Seite etwas geschenkt bekommt, den der Nachbar zur Linken ein Quartier anweist, ohne die Sache zu wissen, welche ist geschenkt worden" (1784, Bd. I, S. 69).

Vermutlich — ganz eindeutig ist dies nicht — entscheidet sich C. F. Flögel dafür, den Cento zur Parodie zu zählen; gleichwohl betont er, daß „andre" eine solche Klassifikation ablehnen, „weil in dem Cento die Worte, die man aus einem oder verschiednen Dichtern zusammen verbindet, unverändert beybehalten werden; in der Parodie aber werden gemeiniglich einige Worte verändert, und in einem andern Verstande genommen" (1784, Bd. I, S. 355).

Solche vagen wortsemantischen Argumente dürften heute wohl kaum noch als stichhaltig angesehen werden; man kann vielmehr davon ausgehen, daß mit dem Cento sämtliche für die Parodie aufgestellten Bedingungen zu erfüllen sind. Denn durch die Zitate entsteht sowohl Identität mit der Vorlage, als auch, von der Textebene her gesehen,

Nichtidentität aufgrund der neuen Kombination. Zudem lassen sich —
dies im Unterschied zu dem Computer-Text — durch eine gezielte
Selektion bestimmte Züge der Vorlage übererfüllen, während Untererfüllung schon allein dadurch entsteht, daß „die Worte gleichsam
widerwillig zum Ausdruck eines ihnen bisher ganz fremden Sinnes gezwungen erscheinen" (G. Gerber, 1961, II, S. 370), die Syntagmen und
Sätze der Vorlage also als Versatzstücke zur Disposition gestellt werden.

Insofern spricht wenig dagegen, den Cento als einen Spezialfall der
parodistischen Schreibweise anzusehen und ihn so von anderen Formen
der Zitatmontage zu unterscheiden. Ein Beispiel dafür ist E. Weinerts

Einheitsvolkslied

Stimmt an mit hellem, hohem Klang!
Nun muß sich alles wenden.
Wer nicht liebt Wein, Weib und Gesang
Mit Herzen, Mund und Händen.

Das Wandern ist des Müllers Lust.
Was blasen die Trompeten?
Wir treten mutig Brust an Brust
Zum Beten, ja, zum Beten.

Stolz weht die Flagge schwarzweißrot
An uns und allen Dingen.
Wir sterben gern den Heldentod.
Es muß uns doch gelingen.

Ich schieß den Hirsch im wilden Furst.
Wie brennt mein Eingeweide!
Ein frischer Trunk, ein deutscher Durst
Im Wald und auf der Heide.

Ich steh' allein auf weiter Flur.
O Täler weit, o Höhen!
Drum, Brüder, reicht die Hand zum Schwur!
Sie blieb von selber stehen.

Ein freies Leben führen wir.
Ich trage, wo ich gehe,
Ein treues, deutsches Herz bei mir.
Was kommt dort von der Höhe?

Die Lerche schmettert himmelan.
Es geht von Mund zu Munde.
Der Kaiser ist ein lieber Mann
In einem kühlen Grunde.

(aus: H. R. Schatter, 1968, S. 256)

Mit „Pastiche" bezeichnet man eine Form der Adaption, die in
vielem dem Cento gleicht, wie schon der ältere, im Bereich der italienischen Renaissance-Malerei aufgekommene Terminus „Pasticcio" an-
zeigt; denn er bedeutet „ein aus einer Vielzahl von zusammengestohle-
nen Einzelheiten kombiniertes neues" und darin „täuschend in der
Manier eines großen Meisters" gefertigtes Werk (W. Hempel, 1965,
S. 165). Beruht die Evidenz des Cento auf der gekonnten Zusammenstellung bezeichnender sprachlicher Prägungen der Vorlage, so die des
Pasticcios auf der Kontamination vorgegebener Bildelemente wie
Sujetfügung, Gebärde, Faltenwurf, Farbgebung: in beiden Fällen ist
— neben der medialen Identität — partielle Identität zwischen Vorlage und Nachahmung gegeben, so daß eine Behandlung im Rahmen
der Parodie naheliegt. Die Bestimmungen gelten auch für das literarische, besonders im französischen Sprachbereich gepflegte Pastiche,
zumal es hier — wie die Untersuchung R. Picards belegt hat — im
Unterrichtswesen einen festen Bestandteil der literarisch-stilistischen
Ausbildung darstellt: « Il demande une discipline et une virtuosité
qui feront bientôt de lui un excellent exercice pédagogique et il n'est
pas surprenant qu'on le retrouve dans l'enseignement français sous la
forme de sujets de Dissertation tels que » (1963, S. 150). Allerdings
geht das an rhetorische Gepflogenheiten humanistischer Tradition
erinnernde Pastichieren über das Verfassen von Centos insofern hinaus, als es nicht nur die gekonnte Kombination vorgegebener Phrasen,
sondern auch die Nachahmung der „Stilatmosphäre", der Manier eines
Autors beinhaltet. Dafür liegt die Bezeichnung „Stilübung" sehr nahe.
Man denke etwa an F. Torbergs Text ›Begegnung‹, den der Verfasser
selbst eine „Kopie" genannt hat.

Beschränkt man sich indes nicht auf den literaturpädagogisch zweifellos gegebenen Wert des Pastiche, sondern begreift dieses darüber
hinaus als eine Form literarischer Verarbeitung, so gewinnt die von
M. Proust getroffene Unterscheidung zwischen einem «Pastiche volontaire » und einem « Pastiche involontaire » besonderes Gewicht (vgl.
W. Hempel, 1965, S. 173 f.). Das „unfreiwillige" Pastiche, die „Imitation aus Unfähigkeit", kann danach nicht mehr weit vom Epigonalen
entfernt sein. Demgegenüber ist das « Pastiche volontaire », die
„willentliche Imitation", eine Schreibweise, deren Anliegen und Effekt
darin besteht, die als höchst originär und unverwechselbar geltende
„Handschrift" eines Autors in ihrer Reproduzierbarkeit zu demonstrieren. Eine solche Form der Textverarbeitung aber ist — das hat
W. Hempel (1965, S. 175) bemerkt — ohne Komik kaum denkbar. Es
scheint uns trotz der vielen Übereinstimmungen mit der parodistischen

Schreibweise dennoch nicht sinnvoll zu sein, das Pastiche wie den Cento als einen Spezialfall derselben aufzufassen; denn die Komik kommt hier nicht erst durch die die Parodie kennzeichnenden Verfahren der Über- bzw. Untererfüllung, sondern schon durch das Verfahren der Stilimitation — wenn man will: der Erfüllung — zustande, die gleichwohl Distanz schafft.

Obgleich man „Parodie" häufig in Opposition zur „Travestie" definiert hat, ist mit der Berücksichtigung solcher systemhaften Beziehungen bislang überraschend wenig zur Präzisierung der Termini beigetragen worden. Eher haben sich sogar gewisse Systemzwänge negativ ausgewirkt. Grundlage des Definitionsversuchs — der in unzähligen Paraphrasen auftaucht und als dessen Urheber man sich für den deutschsprachigen Raum inzwischen fälschlicherweise auf A. W. Schlegel geeinigt hat — ist die Annahme einer besonderen Form-Inhalt-Dichotomie: während bei der Parodie die Form der Vorlage beibehalten und der Inhalt in unpassender Weise verändert wird, wird bei der Travestie der Inhalt zwar beibehalten, jedoch in eine unpassende Form „gekleidet".

Ein später Reflex dieser keineswegs schutzwürdigen Definitions-Tradition ist noch im Glossar des ›Funkkollegs Literatur‹ wiederzufinden, wo „Parodie" definiert ist als „verspottende Nachahmung", die dadurch „bewirkt" wird, „daß der Inhalt eines Werkes von diesem getrennt und durch einen anderen, der auf lächerliche Art unpassend ist, ersetzt wird; (. . .)" (1977, H. 13, 38).

Es fällt schwer, die unpassende Art der Definition nicht ähnlich zu qualifizieren wie das Definierte, zumal schon W. Hempel darauf hingewiesen hat, daß diese Auffassung „zum mindesten eine unzulässige Einengung des Begriffs der Parodie" bedeutet (1965, S. 164). Um dies noch einmal deutlich zu machen, wollen wir zunächst zwei Texte kurz besprechen, bei denen jeweils eine der beiden Formen parodistischer Herabsetzung besonders dominiert, und im Anschluß daran die Möglichkeiten einer plausiblen Unterscheidung diskutieren.

Unser erstes Beispiel stammt aus dem von P. Rühmkorf liebevoll durchforschten „literarischen Untergrund":

> „Kannst du nur einmal wöchentlich
> Und möchtest gerne täglich
> Dann geh doch mal zu Neckermann
> Denn Neckermann macht's möglich"
>
> (zit. nach P. Rühmkorf, 1971, S. 186)

Die Inadäquatheit der vorhin zitierten Definition dürfte evident sein; es ist nämlich nicht anzugeben, was hier „beibehaltene Form", geschweige denn was „Trennung des Inhalts eines Werkes von diesem Werk" überhaupt bedeuten soll. Die Untererfüllung der Vorlage, die bei diesem Text eindeutig dominiert, entsteht vielmehr dadurch, daß der bekannte Slogan: „Neckermann machts's möglich" in einen neuen Kontext gestellt und damit die Verheißung unbegrenzter Wunscherfüllung ad absurdum geführt wird. Und zwar nicht allein, weil der Wunsch im Rahmen der Angebote dieses Versandhauses nicht erfüllbar ist, sondern weil er in diesen künstlichen Paradiesen als unfein gilt, wie elementar er auch an sich sein mag.

Unser zweites Beispiel, die schon mehrfach erwähnte Parodie ›Godekes Knecht‹ von R. Neumann, ist gleichfalls durch Hinzufügung eines neuen Kontextes zu einem Zitat — in diesem Fall aus H. Leips gleichnamigem Roman — entstanden:

„Oihoi!
Peilte ich aus den Luken gegen den Dämmerwind: auf den Sänden in Lee stand die Brandung. Schon flogen Seil und Treil unter die Marsen, die krengten wie blake Kerlsköpfe über dem Prielgischt, der auf den Sänden bebte wie flandrische Hemdsäume.
Oder ich pliekte die Kellung. Dann hechte der weiße Kascht von den Rellingen — ohoi! ahu! — bis in die plitschende Wohlung der Spunten und hinauf, zurück, hoho, weit über das leeke Tachtersegel bis an die höchste Pulkflagge am Spiek.
Nachts lagst du dann, Hilgesill, luv in der Koje, und ich packte dich achtern und preßte den heißen Mund an deines nackten Leibes Reling. Oihoi! Wenn ich dann breek war, legtest du dich auf deinen prachten Besan — oihoi! —, daß die Hellinge zitterten.
Oder du, Klauke Dahmskuttel, des Godeke riesiger Steuermann! Pühüh, wie der kolke Wind durch die Pallinge pfiff! Du aber drücktest den hulkigen Stoppelbart gegen die Keeke und sangst das alte Lied von den Künneken. Hoh, tau leipte es unser Leip. Priek, klünke Tween! Nur immer keelgischts über die Himmung!
Oihoi!
Und so ging der Sommer vorüber . . ."   (1969 a, S. 76 f.)

Auch hier dürfte die Annahme unsinnig sein, daß die „Form" beibehalten und der „Inhalt" in unpassender Weise verändert worden ist, selbst wenn es in dem neuen Kontext — er beginnt mit: „Oder ich pliekte die Kellung" — einige „unpassende" Anspielungen geben mag.

Der Bezug zur Vorlage wird vielmehr dadurch hergestellt, daß ein bestimmtes Verfahren, nämlich die Selektion besonders stark konnotativer Lexeme, in exzessiver Weise angewendet wird, wobei die Übererfüllung sogar so weit geht, daß die in Analogie gebildeten 'Lexeme' nicht einmal mehr eine denotative Bedeutung haben.

Trotz dieses negativen Ergebnisses besteht durchaus die Möglichkeit, den Unterschied zwischen Parodie und Travestie durch einen Vergleich von „Inhalt" und „Form" bzw. — wie wir lieber sagen wollen — von Sujet (oder plot) und Sujetfügung zu explizieren. Und zwar kann man dazu auf Überlegungen G. Gerbers zurückgreifen, die im Gegensatz zu seiner Parodie-Definition bislang nur wenig Resonanz gefunden haben:

„Die Travestie", so schreibt G. Gerber in einer Anmerkung zu den „Laut- und Wortspielen", „gehört nicht zu den Werken der Sprachkunst, sondern zu denen der Dichtkunst. Sie liefert in ganz selbständiger Form ein Gegenstück komischer Art zu einem ernsten und bedeutenden Werke und hat mit diesem nur dies gemein, daß sie denselben Stoff behandelt" (1961, II, S. 374).

Im Gegensatz zur Parodie — so können wir paraphrasieren —, bei der, je nach Art der Vorlage (Einzeltext/Textklasse), entweder Teil-identität mit der Oberflächenstruktur des adaptierten Textes oder aber die Anwendung zumindest einiger der für das Textkorpus rele-vanten Textbildungsregeln vorliegen muß, gelten bei der Travestie die Bedingungen von Identität und Abweichung nur in Bezug auf das Sujet oder den plot, während die Verfahren der Sujetfügung von der Vorlage unabhängig — eben eine „ganz selbständige Form" — sind. Wenigstens auszugsweise wollen wir diese Überlegung wiederum an einem Beispiel illustrieren:

„(. . .)

39.
Er ließ die Stürme wehen,
Und that sich nichts zu leid
Und wird in Ehren stehen,
Zum Trost der Christenheit.

40.
Wie Göthe ihn verdorben,
In seinem bösen Buch,
Wär er in Sünd gestorben,
Und drückt' ihn Höllenfluch.

41.
Wie er sich mußt bekehren,
Und leben sündenfrey,
Thät uns ein Weiser lehren,
Sein Nam' ist Nikolai.
— !—!!—!!!—!!!!—!!!—!!—!—
!"
(zit. nach F. A. Hünich, 1924, 3. Stück, S. 16)

Derjenige, den Goethe verdorben hatte, ist niemand anders als Werther, wobei das glückliche, wenn auch platte Ende seiner Leiden im Sinne Nicolaischer Gottwohlgefälligkeit wohl nur als Untererfüllung des Sujets verstanden werden kann. Was nun die „selbständige Form" angeht, so zeigt das Beispiel, daß dies nicht unbedingt eine neue Form sein muß! Schon der Titel der 1775 anonym erschienenen Travestie: ›eine trostreiche und wunderbare Historia, betittult: Die Leiden und Freuden Werthers des Mannes, zur Erbauung der lieben Christenheit in Reime gebracht, und fast lieblich zu lesen und zu singen. Im Thon: Ich Mädchen bin aus Schwaben; oder auch in eigner Melodey. — Gedruckt allhier in diesem Jahr, Da all's über'n arm'n Werther herwar‹ — schon der Titel läßt erkennen, daß hier an die Stelle des intimste Empfindungen publizierenden Briefromans die holzschnittartige Perspektive des Bänkelsangs getreten ist. Damit scheint zumindest die These bestätigt, daß zur Travestie unbedingt die „unpassende" bzw. „niedrige Stilform" gehört, zumal wir noch weitere „Mordgeschichten von dem jungen Werther" in der Art des Bänkelsangs kennen.

Ob solche Restriktionen jedoch tatsächlich erforderlich sind, vor allem, wenn man — im Gegensatz zu W. Hempels Vorschlag (vgl. 1965, S. 164) — den Terminus sehr wohl als „Begriff der Literaturtheorie" zu verwenden gedenkt, dürfte fraglich sein.

Denn die Funktion der „unpassenden Stilform" liegt ja eben darin, daß mit ihr eine Perspektive angeboten wird, durch die jene herabsetzende Veränderung des plots motiviert werden kann. Insofern sollte man nicht ausschließen, daß diese Herabsetzung auch durch andere Kunstgriffe zu erreichen ist, beispielsweise durch eine Form der Pointe, die nun wirklich eine Indignation darstellt:

Marienlegende

Wer ohne Sünde ist
werfe den ersten Stein
hatte Jesus gesagt
und alles blickte zu Boden

Nur eine kleine zähe
Frau in den besten Jahren
bückte sich wütend
und nahm einen Stein und warf ihn

Nach der Steinigung
als alles zurück in die Stadt ging
sagte Jesus zu ihr:
Mutter du kotzt mich an   (E. Fried, 1972, S. 46)

Gewiß könnte man die Travestie, wie des öfteren ja tatsächlich versucht worden ist, als eine Art der Parodie klassifizieren, oder genauer — da sich die Herabsetzung lediglich durch die Transformation des der Vorlage zugrunde liegenden plots vollzieht — als eine Reduktionsform der parodistischen Textverarbeitung.

Formgeschichtlich ließe sich eine solche Entscheidung allerdings kaum rechtfertigen; uns scheint es daher plausibler zu sein, Parodie und Travestie als zwei verschiedene Möglichkeiten der Bezugnahme auf eine Vorlage aufzufassen, wobei die Frage, ob hierbei die jeweils spezifischen textkonstitutiven Verfahren der Vorlage in den Verarbeitungsprozeß einbezogen werden, als Entscheidungskriterium dienen soll — selbst wenn man in einzelnen Fällen nur durch Dominanzerwägungen darauf eine Antwort finden kann.

V. FUNKTIONEN DER PARODIE

Die Ergebnisse des letzten Kapitels haben sicherlich gezeigt, daß weder eine reine Strukturbeschreibung noch eine Klassifikation der Texte im Sinne C. F. Flögels nach komisch — ernsthaft für eine Bestimmung der parodistischen Schreibweise ausreicht. Ebensowenig kann man sich dafür, wie schon in IV.1 gesagt worden ist, auf die Rezeptionsgeschichte verlassen und berufen, da die Urteile darüber, ob ein Text parodistisch wirke, allzu unterschiedlich ausfallen.

Zwei Beispiele: Als der befreundete F. Schleiermacher A. W. Schlegels Stück ›Ehrenpforte und Triumphbogen für den Theaterpräsidenten von Kotzebue bei seiner gehofften Rückkehr ins Vaterland‹ (1800) — eine Replik auf die Persiflage ›Der hyperboreische Esel oder die heutige Bildung‹ von A. von Kotzebue, dem Liebling des Parterrepublikums — zu lesen bekam, schrieb er postwendend am 27. 12. 1800 aus Berlin: „Ich kann mich unmöglich enthalten meinem letzten Briefe sogleich einen andern nachzuschicken, um Ihnen für die Kotzebuade zu danken (. . .). Wir haben sie denselben Abend gemeinschaftlich bei Tieck gelesen unter unauslöschlichem Gelächter (. . .)" (1922, S. 199).

Während in diesem Beispiel die vom Autor intendierte Wirkung voll aufgeht, wird sie im folgenden verfehlt. Anläßlich der Publikation ›Gesammelte Gedichte‹ P. Rühmkorfs (1976) urteilte K. H. Kramberg über die „Variationen" etwa zu Klopstock und Hölderlin, sie „wirken nie parodistisch" (Süddeutsche Zeitung, 19./20. Juni 1976, S. 82). Die besondere Bezugnahme auf F. G. Klopstocks ›Dem Erlöser‹ und F. Hölderlins ›Gesang des Deutschen‹, zudem auf J. von Eichendorffs ›Das zerbrochene Ringlein‹ und M. Claudius' ›Abendlied‹ war von Rühmkorf selbst jedoch parodistisch gemeint gewesen — was sich mit seinem Essay „Anleitung zum Widerspruch", der zusammen mit den genannten „Variationen" in ›Kunststücke‹ 1962 erschienen ist, leicht entscheiden ließe.

Nicht zuletzt das zweite Beispiel macht wohl deutlich, daß ein ganz wesentlicher Faktor bei der Bestimmung der parodistischen Schreibweise die Intentionsfrage ist — ein im Grunde auch schon für den Russischen Formalismus unverzichtbarer Gesichtspunkt, insofern nämlich Bloßlegung von Verfahren bereits eine Intention ausdrückt. Aufgrund unserer früheren Darlegungen (in IV.1) ist ferner auch klar, daß die Bestimmung des vom Autor intendierten Sinns eines Textes nur über die Rekonstruktion der relevanten Kontexte möglich ist.

Ein anschauliches Beispiel dafür ist die ›Batrachomyomachia‹, der im heroischen Versmaß, im Stil und Ton Homers gehaltene ›Froschmäusekrieg‹, der den „unermeßlichen Streit, das kriegslärmtosende Werk des Ares" besingt, den Krieg, den die beiden Tiervölker da am Rande eines Teiches austrugen (H. Ahlborn, 1968, S. 9). Solange nämlich Homer als Verfasser des kleinen Epos galt, glaubte man — wie etwa in der Renaissance — in ihm nichts als "a light friskin of (...) witte", ein zweckfreies Spiel des Geistes (vgl. U. Broich, 1967, S. 250 ff.), allenfalls — wie in der Aufklärung — eine Satire zu sehen: „Ohne Zweifel hat er (sc. Homer) irgend eine kurze und lächerliche Zwistigkeit einiger kleiner Städte, oder Dörfer, die zu seiner Zeit irgendwo vorgefallen, lächerlich machen wollen". J. C. Gottsched vermutete dies aus der „Voraussetzung: daß ein so großer Geist, als Homer, auch bey diesem anscheinenden Spielwerke, nicht bloß Possen treiben; sondern unter einem, obwohl lächerlichen Bilde, doch etwas ernsthaftes habe vorstellen wollen" (1751, S. 454).

Mit der philologischen Rekonstruktion der Kontexte setzen Zweifel an solchen Interpretationen der Wirkungsabsicht ein. So ist im 19. Jh. die ›Batrachomyomachia‹ für ein Werk eines Pigres aus dem 5. Jh. v. Chr. gehalten worden. Entsprechend fällt die funktionale Bestimmung des kleinen Epos nun folgendermaßen aus: Dem „Inhalt" nach sei es zwar nur „ein harmloses Thiermärchen", „ein unschuldiger Spaß, eine scherzhafte Erzählung"; aber der „Form" nach sei es eine Art „Caricatur": es ironisiere „die Hoheit der heroisch-epischen Poesie" und habe einen bald leise, bald stark markierten „parodischen" Zug (A. Ludwich, 1896, S. 28 ff.). (Merkwürdigerweise nimmt — das muß hier angemerkt werden — U. Broich in seiner Arbeit über das komische Epos nur die vordergründige inhaltliche Beschreibung A. Ludwichs auf: ein „harmloses Thiermärchen", ein „unschuldiger Spaß" (1968, S. 191 f.); die funktionale Bestimmung hingegen unterschlägt er. Stattdessen sieht Broich im ›Froschmäusekrieg‹ eine „Parodie der homerischen Epen, die ebensowenig wie die komischen Heldengedichte die parodierten Vorlagen verspotten will" (ebd., S. 191), womit er in Widerspruch zu seinem eigenen Parodieverständnis gerät, das er mit R. Neumann expliziert (ebd., S. 147): „Wenn hier auch zwischen 'rein komischer' und 'kritischer' Parodie unterschieden wurde, letztlich ist die Parodie nie 'harmlos', sondern immer 'harmvoll', wie Robert Neumann einmal treffend feststellte, d. h. sie tut irgendwie immer der parodierten Vorlage Abbruch".)

Nach A. Ludwich hat dann H. Ahlborn in einer Diss. von 1959 noch einmal die Zuweisungsproblematik untersucht und die 1968 von ihm edierte pseudohomerische Dichtung in das 1. Jh. v. Chr. datiert. Die funktionsgeschichtliche Bestimmung der ›Batrachomyomachia‹ lautet nun: „das Ganze ist echt alexandrinischer Esprit. Wir haben hier ein feines parodisches Beispiel für die von Horaz so beklagte Entartung der epischen Dichtung seiner Zeit" (1968, S. 10). Die Formulierung ist sehr zurückhaltend; sie deutet gleichwohl an, daß man diese Parodie als eine Form der Kritik an dem Modell und an der Rezeption der homerischen Epik aufzufassen habe.

Eine Bestimmung der parodistischen Schreibweise — das dürfte das Beispiel der ›Batrachomyomachia‹ gezeigt haben — ist also nur unter Berücksichtigung des vom Autor intendierten Sinns möglich. Das ist bei den folgenden Analysen von Paradigmen aus der Geschichte der neueren deutschen Literatur nachdrücklich im Blick zu behalten.

1. Paradigmen: A. W. Schlegel, F. Th. Vischer, P. Rühmkorf

(1) A. W. Schlegels Schiller-Parodie und ihr pragmatischer Kontext

Schillers Lob der Frauen.
Parodie.

Ehret die Frauen! Sie stricken die Strümpfe,
Wollig und warm, zu durchwaten die Sümpfe,
Flicken zerrißene Pantalons aus;
Kochen dem Manne die kräftigen Suppen,
Putzen den Kindern die niedlichen Puppen,
Halten mit mäßigem Wochengeld Haus.
Doch der Mann, der tölpelhafte
Find't am Zarten nicht Geschmack.
Zum gegohrnen Gerstensafte
Raucht er immerfort Taback;
Brummt, wie Bären an der Kette,
Knufft die Kinder spat und fruh;
Und dem Weibchen, nachts im Bette,
Kehrt er gleich den Rücken zu. u. s. w.

(Bd. 2, 1846, S. 172; vgl. A. Müller, in: DLE, Reihe Romantik, Bd. 9, S. 129; vgl. E. Rotermund, 1964, S. 160)

Der Text A. W. Schlegels — in seinem Nachlaß gefunden und erstmals 1846 publiziert — bezieht sich auf F. Schillers Gedicht ›Würde der Frauen‹. Vergleicht man Vorlage und Adaption in rein textstruktureller Hinsicht, wird man zunächst eine Fülle von Übereinstimmungen auf den verschiedensten Ebenen der Adaption feststellen können: von der phonetischen über die metrische und versifikatorische bis hin zur syntaktischen und strophischen. Auch die thematische Relation Frau—Mann bleibt erhalten; freilich werden ihnen in der Adaption ständig Attribute aus ganz anderen Paradigmen zugeteilt.

Die Transformation der Paradigmen stellt nun allerdings auch das Problem der Interpretation von A. W. Schlegels Text dar. Man kann nämlich für die Transformation eine Beziehung zum humanistisch-klassizistischen Verfahren der „Kontrastierung" herstellen — um und nach 1800 ist dieses Verfahren, wie das begriffsgeschichtliche Kapitel gezeigt hat, ja durchaus noch bekannt und beliebt — und man könnte dann meinen, hier werde fast im Sinne J. C. Scaligers ein „unschuldiger Scherz" getrieben; indes widerspricht einer solchen Interpretation das intuitiv naheliegende Moment der Komik. Man kann die Transformation aber auch mit dem im 19. Jh. beliebten Verfahren der Ausnutzung der Kunstgriffe eines allbekannten Musters vergleichen, um menschliches Fehlverhalten satirisch zu behandeln, und die von uns wiederholt zitierte Almanachtradition könnte dafür ein beredtes Beispiel sein; einer solchen Interpretation widerspricht allerdings die ständige Untererfüllung des Modells der Vorlage. Man könnte schließlich die Transformation — und darin wäre das Moment der Komik zumindest teilweise mitberücksichtigt — mit jenem Verfahren der Banalisierung vergleichen, das aus der Tradition der Schülerbierzeitung und des Biertischwitzes bekannt ist und beispielsweise mit dem schon an anderer Stelle zitierten H. Blümner als eine etwas ärgerliche, im ganzen aber bloßes Gaudium erregende Albernheit aufgefaßt werden könnte. „Banalisierend" hat denn auch E. Rotermund den Text Schlegels genannt (1964, S. 25); und A. Müller beeilt sich zu versichern, „daß es keineswegs etwa persönliche Gegensätze waren, welche die Schlegels zu dieser Kritik verleiteten" (1935, S. 9). Insbesondere die letztere Möglichkeit, Schlegels Text als harmlosen Ulk anzusehen, läßt sich durch eine reine Strukturbeschreibung weder bestätigen noch entkräften. Man muß über diese also hinausgehen, um zu einer funktionsgeschichtlichen Bestimmung, zu dem vom Autor intendierten Sinn des Textes zu kommen.

Ein rezeptionsgeschichtliches Zeugnis, das für die Intention des Parodisten Schlegel selbstverständlich nicht verläßlich ist, kann erste Hinweise geben. In der dritten Abteilung von H. Heines ›Die Nordsee‹ (1827) läßt der Autor zwei „hannövrische Nobilis" über die Streitfrage befinden, „ob Goethe größer sei als Schiller, oder umgekehrt". Der eine pries „die Schillersche Tugend und Reinheit", „während der andere, ebenfalls ein langaufgeschossener Jüngling, einige Verse aus der ›Würde der Frauen‹ hinlispelte und dabei so süß lächelte wie ein Esel, der den Kopf in ein Sirupfaß gesteckt hatte und sich wohlgefällig die Schnauze ableckt. Beide Jünglinge verstärkten ihre Behauptungen beständig mit dem beteuernden Refrain: „Er ist doch größer, Er ist wirklich größer, wahrhaftig, Er ist größer, ich versichere Sie auf Ehre, Er ist größer" (3. Bd., S. 97 f.). Das ironische Zitieren und 'Kommentieren' von Schillers Gedicht deutet an, wogegen sich möglicherweise auch A. W. Schlegel gewandt hat — mit Heines Worten aus dem ersten Buch der ›Romantischen Schule‹ (1833): „Nichts ist thörichter als die Geringschätzung Goethes zu gunsten des Schiller (. . .) Oder wußte man wirklich nicht, daß jene hochgerühmten hochidealischen Gestalten, jene Altarbilder der Tugend und Sittlichkeit, die Schiller aufgestellt, weit leichter zu verfertigen waren als jene sündhaften, kleinweltlichen, befleckten Wesen, die uns Goethe in seinen Werken erblicken läßt?" (5. Bd., S. 257).

Indes wird eine Entscheidung über die mögliche kritische Funktion der Parodie Schlegels allein durch eine Rekonstruktion des pragmatischen Kontextes plausibel. 1796 erschien das Gedicht ›Würde der Frauen‹ in Schillers ›Musen-Almanach‹. Es wird zum Kritikpunkt von F. Schlegels Rezension des Almanachs im 6. Heft der Zeitschrift ›Deutschland‹ von 1796:

Strenge genommen kann diese Schrift nicht für ein Gedicht gelten: weder der Stoff noch die Einheit sind poetisch. Doch gewinnt sie, wenn man die Rhythmen in Gedanken verwechselt und das Ganze strophenweise rückwärts liest. Auch hier ist die Darstellung idealisiert; nur in verkehrter Richtung, nicht aufwärts, sondern abwärts, ziemlich tief unter die Wahrheit hinab. Männer, wie diese, müßten an Händen und Beinen gebunden werden; solchen Frauen ziemte Gängelband und Fallhut (1967, S. 6).

Die Replik des kritikanfälligen Schiller (J. Körner, 1924, S. 42, 48) und des ausgleichenden Goethe erscheint im ›Musen-Almanach‹ für 1797; sie nimmt die Blickrichtung F. Schlegels auf:

Schillers Würde der Frauen.
Vorn herein liesst sich das Lied nicht zum besten, ich les' es von hinten,
Strophe für Strophe, und so nimmt es ganz artig sich aus. (1797, S. 275)

Die Xenie Schillers/Goethes scheint „zahm" zu sein, stellt tatsächlich aber in nuce eine, wie Schiller es nannte, „kleine Hasenjagd in unserer Literatur" dar; man halte nur ein anderes Distichon aus der Gruppe der auf F. Schlegel gemünzten „aggressiven" Xenien daneben:

Neuste Kritikproben.
Nicht viel fehlt dir, ein Meister nach meinen Begriffen zu heißen,
Nehm ich das einzige aus, daß du verrückt phantasierst. (1797, S. 274)

Was Schiller und Goethe freilich nicht wissen konnten, war, daß F. Schlegel die Kritik an ›Würde der Frauen‹ wohl von dem älteren Bruder August Wilhelm „souffliert" worden ist (J. Körner, 1924, S. 41, 54) — gerade zu einer Zeit, da sich dieser „aufs innigste" an Schiller anzuschließen bemühte (ebd., S. 41), wobei das auch meint, daß August Wilhelm öffentliche Kritik an Schiller nicht riskieren durfte, wollte er die dringend benötigten Einkünfte aus den gut dotierten Beiträgen für die ›Horen‹ — fünf Louisdor pro Bogen — nicht aufs Spiel setzen (ebd., S. 54). Und es ist nicht unwahrscheinlich, daß die freimütige Caroline Schlegel daran nicht ganz unbeteiligt war (ebd., S. 71).

Caroline — geborene Michaelis und verwitwete Böhmer, derzeit August Wilhelms Frau und später die Lebensgefährtin F. G. J. Schellings, von ihrer Schwägerin Dorothea Veit-Schlegel „Madame Luzifer" genannt (R. Unger, 1913, S. 60) und in der Literaturgeschichte als „Egeria der Frühromantik" apostrophiert (J. Körner, 1924, S. 58), der erst jüngst in der ausgewogenen Biographie E. Kleßmanns von 1975 literarhistorische Gerechtigkeit widerfahren ist — schrieb nämlich schon bald nach dem Erscheinen des Schillerschen Musen-Almanachs, am 10. 2. 1796, an Luise Gotter: „Ich ruhe nicht, [F. W.] Gotter muß künftiges Jahr etwas in diesen Almanach geben — das wird allerliebst gegen die hochfahrenden Poesien abstechen, die gereimten Metaphysiken und Moralen, und die versifizierten Humboldeschen Weiblichkeiten. Schillern hängt *das Ideal* gar zu sehr nach — er meint, es ist schon gut, wenn ers nur ausspricht" (Bd. 1, Nr. 162, S. 381 f.). Caroline war es auch, die am 21. 10. 1799 ihrer Tochter Auguste berichtete: „Schillers Musencalender ist auch da, das Gedicht von der Imhof eben weiter nicht viel als ein Rudel Hexameter, aber über ein Gedicht von Schiller, das Lied von der Glocke, sind wir gestern Mittag fast von den Stühlen gefallen vor Lachen, es ist a la Voss, a la Tiek, à la Teufel, wenigstens um des Teufels zu werden" (Bd. 1, Nr. 250, S. 570); und sie schrieb noch im selben Jahr, am 27. 12. 1799, an J. D. Gries: „Schillers Allmanach ist mir auch ziemlich geschwind wieder aus dem Gedächtniß gekommen. Die Glocke hat uns an einem schönen Mittag mit Lachen vom Tisch weg fast unter den Tisch gebracht. Die ließe sich herrlich parodiren" (Bd. 1, Nr. 258, S. 592) — und August Wilhelm hat auch dieses Gedicht parodiert.

Zwischenzeitlich war — nicht zuletzt wegen der heftigen Insulten des lange um die Gunst Schillers werbenden F. Schlegel — das ohnehin gespannte Verhältnis zwischen August Wilhelm und Schiller zerbrochen. Letzterer hielt sich nämlich, da er Friedrich nicht belangen konnte, an August Wilhelm schadlos. In einem Brief vom 31. 5. 1797 schrieb er, ihm wie einem gekündigten Dienstboten gleichzeitig das noch rückständige Honorar übermittelnd:

Es hat mir Vergnügen gemacht, Ihnen durch Einrückung Ihrer Uebersetzungen aus Dante und Shakespear in die Horen zu einer Einnahme Gelegenheit zu geben, wie man sie nicht immer haben kann, da ich aber vernehmen muß, daß mich HE. Frid. Schlegel zu der nehmlichen Zeit, wo ich Ihnen diesen Vortheil verschaffe, öffentlich deßwegen schilt, (. . .) so werden Sie mich für die Zukunft entschuldigen. Und um Sie, einmal für allemal, von einem Verhältniß frei zu machen, das für eine offene Denkungsart und eine zarte Gesinnung nothwendig lästig seyn muß, so lassen Sie mich überhaupt eine

Verbindung abbrechen, die unter so bewandten Umständen gar zu sonderbar ist, und mein Vertrauen zu oft schon compromittierte (5. Bd., S. 196).

Das Zerwürfnis zwischen Schiller und August Wilhelm — es ist seinerzeit auf Betreiben Goethes und allein seinetwegen doch nicht bis zum gänzlichen Bruch gediehen (J. Körner, 1924, S. 70 ff.) — braucht im weiteren nicht ausgeführt zu werden. Es wäre dann näher auf A. W. Schlegels Parodie ›An die Dichter der „Xenien" (Monostrophische Ode in dem Silbenmaße „Ehret die Frauen")‹ oder auch auf F. Schlegels ›Scherz gegen Schiller‹ vom 1. 4. 1802 einzugehen:

„Ach wie gefällt die *Glocke* dem Volk und die *Würde der Frauen!*
Weil im Takte da klingt alles, was sittlich und platt."   (1962, S. 508)

Es dürfte vielleicht klar geworden sein, daß A. W. Schlegels Parodien alles andere als ein harmloser Ulk sind und sehr wohl die parodierten Vorlagen verspotten wollen.

Was aber wird kritisiert? Was soll nun verspottet, verlacht, „unauslöschlichem Gelächter" preisgegeben werden? Caroline Schlegels briefliche Bemerkungen zeigen die Gründe und Motive dieser parodistischen Kritik an.

Wenn Caroline dort von den „gereimten Metaphysiken und Moralen" und von den „versifizierten Humboldeschen Weiblichkeiten" spricht, dann bezieht sie sich zunächst einmal auf Schillers Gedicht ›Der Metaphysiker‹, das im ›Musen-Almanach‹ für 1796 zusammen mit ›Würde der Frauen‹ erschienen ist; sodann und entschieden auf die Aufsätze W. von Humboldts in Schillers ›Horen‹ von 1795: ›Ueber den Geschlechtsunterschied und dessen Einfluß auf die organische Natur‹ sowie ›Ueber die männliche und weibliche Form‹. Wenn Caroline ferner von dem impertinenten Gelächter über ›Das Lied von der Glocke‹ im ›Musen-Almanach‹ für 1800 berichtet — dessen Parodie veröffentlichte August Wilhelm erst im Todesjahr Goethes —, dann hat man wohl auch an Schillers Elegie ›Die Geschlechter‹ und an seine Epigramme ›Macht des Weibes‹, ›Tugend des Weibes‹, ›Weibliches Urteil‹, ›Forum des Weibes‹ und ›Das weibliche Ideal‹ zu denken, die im ›Musen-Almanach‹ für 1797 — also in dem ›Xenien‹-Almanach — erschienen sind.

Allesamt haben diese Aufsätze und Gedichte aber nicht nur ein gemeinsames Thema; sie haben auch eine einheitliche Perspektive, die August Wilhelms Bruder in der zweiten Fassung seines Aufsatzes ›Ueber die Diotima‹ von 1797 — ein „Markstein in der Geschichte der Frauenemanzipation" genannt (H. Eichner, 1962, S. XXVII) — unnachsichtig als Vorurteil bloßstellte:

Was ist häßlicher als die überladne Weiblichkeit, was ist ekelhafter als die übertriebne Männlichkeit, die in unsern Sitten, in unsern Meinungen, ja auch in unsrer bessern Kunst, herrscht?

Und weiter:

der herrschsüchtige Ungestüm des Mannes, und die selbstlose Hingegebenheit des Weibes, ist (. . .) übertrieben und häßlich. Nur selbständige Weiblichkeit, nur sanfte Männlichkeit, ist gut und schön (nach J. Minor, 1882, Bd. 1, S. 59; vgl. P. Kluckhohn, 1931, S. 350 f.).

Und in den Athenäums-Fragmenten von 1798, bei denen ja eine große Unsicherheit der Zuweisung zu Friedrich und August Wilhelm besteht, heißt es modellhaft zugespitzt:

Die Frauen werden in der Poesie ebenso ungerecht behandelt wie im Leben. Die weiblichen sind nicht idealisch, und die idealischen sind nicht weiblich (nach W. Rasch, 1964, S. 30).

Ohne uns nun auch noch auf die Diskussion um F. Schlegels ›Lucinde‹ einzulassen (vgl. H. Eichner, 1962, S. XVII—LXIX), dürfte soviel klar geworden sein, daß mit der „Frauenfrage" ein Jahrhundert-Thema in A. W. Schlegels Parodien zur Sprache kommt; daß ferner die parodistische Bezugnahme auf Schillers ›Würde der Frauen‹ zwar auch eine Kritik an Schiller darstellt, diese aber doch darin motiviert ist, daß Schiller als Repräsentant und Exponent einer bestimmten Weltanschauung gilt, nichts weiter als „Humboldesche Weiblichkeiten" zum Thema seiner Verse mache. A. W. Schlegels Text kritisiert also ein bestimmtes Modell — wobei die Art der Kritik sowohl metonymisch ist, insofern sie mit Schillers Gedicht zugleich ein Modell und eine Norm angreift, als auch partiell ist, insofern sie auf dieses Modell und diese Norm bezogen bleibt.

(2) Fr. Th. Vischers ›Faust‹-Kampf

Dr. Marianus (nachrufend).
Geh' hin in Frieden, schaue nicht mehr um!
Niemals begreifst du höchstes Symbolum!
Doch wir, vertraut dem überird'schen Glanze,
Wir suchen jetzt das inhaltvolle Ganze
In seiner Sinnbezüglichkeit
Mit heiliger Vergnüglichkeit
Zu fassen in bedeutungsvolles Wort.

Einleitend fang' ich an, ihr fahret fort!
Dieses Historium

Dr. Ecstaticus.
Ist kein Brimborium,

Dr. Seraphicus.
Ist Allegorium,

Dr. Profundus.
Ursinns Sensorium,

Faust.
Urpräzeptorium,

Lieschen.
Bildungsdoktorium,

Valentin
(von ferne, ehe er den Blicken verschwindet, ruft lachend zurück).

Schuhrevisorium!

(Es erscheinen kaum sichtbar drei Chöre von seligen Geistern und singen:)

Jünglingsgeister.
Nektarciborium!

Vollendetere Frauengeister.
Mehr als Cichorium!

Greisengeister (hüstelnd).
Logischen Urbegriffs Inhalatorium!

Dr. Marianus.
Empor nun, ganzes Auditorium!
Aufschwingt euch zum Emporium,
Allwo unbeschnipfelt
Die Idee sich gipfelt,
Wo das I sich tüpfelt,
Wo der Weltbaum wipfelt,
Wo die Weltwurst zipfelt!

(Während sämtliche leibhafte Personen sich anfassen und nach der Höhe des Wolkenbergs zu schweben beginnen, ertönt ein)

Chorus mysticus.
Das Abgeschmackteste,
Hier ward es geschmeckt,
Das Allervertrackteste,
Hier war es bezweckt;
Das Unverzeihliche,
Hier sei es verzieh'n;

Das ewig Langweilige
Zieht uns dahin!
(Der Vorhang fällt.)
Finis.   (1917, 4. Bd., S. 188—190)

Der Textausschnitt stammt aus dem elften „Auftritt" von F. Th. Vischers ›Faust‹-Parodie, die 1862 erstmals, 1886 in stark veränderter und erweiterter Fassung, 1906 in 6. Auflage und — wie der Herausgeber R. Vischer in den Nachbemerkungen angibt — 1917 auch als Feldausgabe erschienen ist. Der Ausschnitt bezieht sich auf die Schlußszene von Goethes ›Faust. Der Tragödie zweiter Teil‹; allerdings — wie die ganze elfte Szene und die Parodie insgesamt — in sehr unterschiedlicher Nähe zum Text des Originals, so daß die gelegentliche Bestimmung der Adaption als „Travestie" durch Vischer selbst nicht ganz abwegig zu sein scheint, zumal er das — ihn freilich bis zum Entsetzen treibende — komische Theater J. N. Nestroys 1860 erlebt hat (vgl. W. Preisendanz, 1969, S. 7 f.).

So ist der elfte und letzte „Auftritt" der ›Faust‹-Adaption zunächst einmal von dem in der Wiener Travestierungspraxis üblichen Substitutionsverfahren bestimmt: Goethes Thema der „Entwicklung" und „Steigerung" wird banal-komisch materialisiert, indem es auf die Dimensionen eines „toten, mechanischen Objekts", eines Stiefelknechtes als „Symbol der geistigen Entwicklung" (Kritische Gänge, 2. Bd., S. 350) reduziert wird:

(Verwandlung. Decke und Wände verschwinden, die seitliche Grenze der Bühne bilden leichte Wolken. Die drei Patres mit Dr. Marianus gruppieren sich auf die eine, Faust, Lieschen, Valentin, Bärbelchen auf die andere Seite, alle mit gespannten Blicken nach der Mitte des Hintergrundes schauend. Nach einer feierlichen Pause erhebt sich an dieser Stelle ein großer Wolkenhügel in rosenfarbner bengalischer Beleuchtung, die ihre Helle auf die vorher halbdunkel gewordene Bühne verbreitet, und erscheint auf dessen Höhe, in intensivem reinem Lichte strahlend, ein kolossaler Stiefelknecht. Allgemeiner Ausdruck ernsten Staunens. Hierauf erscheint und stellt sich zur Rechten des Stiefelknechts ein Stiefel. Sodann erscheint und stellt sich zur Linken des Stiefelknechts ein zweiter Stiefel. Darauf schwebt herbei eine Gruppe von fünf Hühneraugen. Dieselbe bewegt sich durch die Luft in rhythmischen Evolutionen, ähnlich denen des antiken Chors, und steht dann zur Rechten des einen Stiefels still. Ihr folgt eine zweite Gruppe von fünf Hühneraugen, bewegt sich in derselben Weise und steht zur Rechten des zweiten Stiefels stille. Diese zwei Gruppen werden durch Chor A und Chor B bezeichnet. Gesang dieser zwei Chöre begleitet von rhythmisch-orchestrischem Stellenwechsel der Individuen in beiden Gruppen.) (1917, 4. Bd., S. 174).

Diese Regieanweisung für die elfte Szene und ihre Konsequenzen
für den Szenentext (Prosaeinschübe, ebd., S. 184 f., übrigens in ge-
zielter Anlehnung an die Szene „Trüber Tag. Feld" aus dem ersten
Teil des ›Faust‹) haben unter Beibehaltung des Themas der „Entwicklung" und „Steigerung" einen insbesondere auf der Ebene der inhaltlichen Ersetzung liegenden travestierenden Zug.

F. Th. Vischer gibt dafür auch eine ästhetische Begründung in der apologe-
tischen Schrift ›Pro domo‹ (1873), wenn er dort u. a. „das unorganische Verhältnis zwischen Bild und Inhalt", das „Mißverhältnis zwischen Sinn und
Anschauung" erörtert und im Rahmen dieser Erörterung auf den Einfall mit
dem Stiefelknecht als „Symbol" zu sprechen kommt, der ihm für die „Veran-
schaulichung der richtigen Konsequenz des Sinnbilder ausbrütenden Verfahrens" im Alterswerk Goethes am besten geeignet schien (Kritische Gänge,
2. Bd., S. 350).

Das travestierende Sujet überlagern nun Formen der Bezugnahme
auf das Original, die nach unseren Reduktionsvorschlägen zumindest
durch eine der charakteristischen Bestimmungen der parodistischen
Praxis ausgezeichnet sind: partielle Identität auf der Textebene —
beispielsweise in dem folgenden Auszug:

Pater Ecstaticus.

Ewiger Wonnebrand,
Brennendes Liebeband,
Stiefel am Wolkenrand,
Drücke mich, zwänge mich,
Schnürend beenge mich,
Zwickend bedränge mich,
Leichdorn durchsenge mich,
Leder, das tüchtige,
Presse das Nichtige,
Daß sich's verflüchtige,
Ist es erst ganz durchbohrt,
Durchgeglüht, durchgechlort,
Früher nicht, erst alsdann
Löse den Lederbann,
Hebe des Felles Druck,
Wunderbar Schreinerstuck!   (1917, 4. Bd., S. 179)

Vergleicht man diese Adaption mit den Versen 11 854—11 865
des Originals, so wird man vom centoartigen Einsatz (11 854 f.)
über die viermalige Reimbindung durch „mich" (11 858 ff.) und die

Aufnahme des Reimpaares „das Nichtige / verflüchtige" (11 862/63)
bis hin zur rhythmischen und taktschematischen Gliederung eine Fülle
textmaterieller Identitäten feststellen können. Zugleich sind die Struk-
turbrüche mit den eingeschalteten Versen „Stiefel am Wolkenrand"
und „Leder, das tüchtige" überdeutlich signalisiert. Adaption und
Transformation greifen dabei so ineinander, daß mit der untererfüllenden Behandlung des Themas der „ewigen Liebe" eine Kumulation
sprachlicher Eigenheiten des Goetheschen Altersstils einhergeht (vgl.
etwa 7249 ff., 7297 ff., 7536 ff., 7906 f., 11 699 ff. des Originals).

Ganz offensichtlich wird auf diesen Ebenen der Adaption und
Transformation nun auch — und damit kommen wir zur Beschreibung
des Textausschnitts vom Eingang — die Bezugnahme auf den Schluß-
chor des „Chorus Mysticus" durchgespielt. Einerseits liegt nämlich eine
Ersetzungsregel vor, die die Abstrakta mit höherwertigen Konnotationen durch solche mit minderwertigen Vorstellungen ersetzt:
„das Vergängliche / das Abgeschmackte", „das Unzulängliche / das
Vertrackte", „das Unbeschreibliche / das Unverzeihliche", „das Ewig-
Weibliche / das ewig Langweilige". Andererseits liegt eine Adaptions-
regel vor, die den im zweiten Teil des ›Faust‹ reichlich verwendeten
Superlativ eben an jener Stelle einsetzt und kumuliert, wo ihn Goethe
mit den einfachen Positiv-Abstrakta gerade sorgfältig vermieden
hatte. Diese an die zeichnerische Karikatur erinnernde Übererfüllung
wird auch darin deutlich, daß Vischer die ideelle Sequenz im Original
durch das Mittel der Amplifikation des Parallelismus (dreifacher
gegen doppelten Einsatz des „Hier . . .") schematisiert.

Für die Beschreibung können wir uns auf Vischer selbst berufen. Denn in
dem wichtigen Kapitel „Der Stilwechsel" seiner Untersuchungen von 1875 —
›Goethes Faust. Neue Beiträge zur Kritik des Gedichts‹, denen Auseinander-
setzungen mit dem zweiten Teil nachweislich aus der Zeit vor Abfassung
seiner Parodie zugrunde liegen — hat er den Gebrauch des Superlativs ein-
gehend analysiert: „Wer einmal sich gewöhnt, dem deutschen Sprachgeist
zuwider den Superlativ mit unbestimmtem oder ohne Artikel zu gebrauchen,
der wird sich bald gewöhnen, ihn auch unnötig, auch mit bestimmtem Artikel
unnötig zu gebrauchen; alle überflüssige Steigerung ist aber Unnatur, *Versal-
zung, Überwürzung, Manier.* 'Und solt' ich nicht, sehnsüchtigster Gewalt, Ins
Leben ziehn die einzigste Gestalt?' Hier (sc. 7438 f.) ist alles beisammen (von
dem undeutschen Genetiv (. . .) abgesehen); der erste Superlativ ist undeutsch,
weil ohne Artikel, überflüssig, da 'sehnsüchtig' genügt; der zweite, 'einzigst'
kommt öfters vor (. . .): das Wort einzig enthält ja aber in sich schon den
Begriff des Superlativ. Goethe sagt auch der letzteste (so z. B. 7198). Die
Sprache nimmt sich allerdings die Freiheit, auch das nicht mehr zu Steigernde
zu steigern und zu sagen: der allererste, der allerletzte, aber sie hütet sich

wohl, dieses Wagnis gegen die Logik in der grammatischen Bildung selbst auszudrücken, denn da lautet es abgeschmackt; allererster geht, aber erstester ist
lächerlich (. . .). Bei jenen Superlativen ohne (oder mit unbestimmtem) Artikel ist die Meinung, es dürfe aus dem Griechischen und Lateinischen der Gebrauch herübergenommen werden, mit dem Superlativ nicht den höchsten,
sondern nur einen sehr hohen Grad auszudrücken. Dies ist und bleibt undeutsch" (1920, S. 133 f.). Und weiter schreibt Vischer: „Ach, das ist ja alles
nicht frisch, nicht jugendlich keck, sondern schnörkelhaftest (sc. anspielend auf
den Vers 6929: 'Spitzbögig, schnörkelhaftest, niedrig!'), sonderbarlichst, grei-
senhaftest! In der Prosa begann frühe dieser Altersstil mit einer gewissen
Mischung von Vornehmheit und bequemlich rundender Behäbigkeit (. . .);
Heines Vergleich mit einer Rokokostaatskutsche drückt mehr den ersteren,
als den zweiten Zug aus, der sich speziell, oder sagen wir stilgemäß einzig-
lichst in der Liebe zu dem behaglichen: und so denn — und so fortan gefällt
— ein falsches Bild der klassischen Ruhe" (ebd., S. 135 f.).

Die Sprachkritik an bestimmten Eigenheiten des Altersstils Goethes
und darin zugleich an einer Vorstellung von Klassizität ist sicher eines
der Hauptmotive für die ›Faust‹-Parodie F. Th. Vischers.

Eine Nebenbemerkung sei erlaubt. Es hat etwas mit dem Hochmut soziolo-
gischer Theorie gegenüber historischem Wissen zu tun, wenn kein anderer als
Th. W. Adorno in einem Essay zur Schlußszene des ›Faust‹ von 1959 behaup-
ten kann: „Dem heute unversöhnlich klaffenden Widerspruch zwischen der
dichterisch integren Sprache und der kommunikativen sah bereits der alte
Goethe sich gegenüber. Der zweite Teil des Faust ist einem Sprachverfall abgezwungen, der vorentschieden war, seitdem einmal die dinghaft geläufige
Rede in die des Ausdrucks eindrang (. . .)" (1965, S. 8). Der zweite Teil des
›Faust‹ ist einem Sprachverfall jedoch nicht „abgezwungen", er hat ihn vielmehr mit eingeleitet und ihm Vorschub geleistet — was eben der Ästhetiker
und Professor für Literatur Vischer erkannte: „Seit diese Superlativaffekta-
tion (sc. bei Goethe) aufgekommen, wimmelt es in unserer Literatur von
lebendigsten Blicken, braunsten und weißesten Haaren, eröffnet sich überall
dem Blick Bedeutsamstes und Fördersamstes. In unseren Romanen kommt ein
schönster Graf mit blondesten Locken zur Tür herein und seine Reden sind
interessantest" (ebd., S. 134).

Die hier en detail beschriebene und begründete Sprach- und Stilkritik F. Th. Vischers an Goethes Altersmanier ist schon vor der
„Chorus mysticus"-Adaption in dem Textteil der Stichomythie durchgeführt. Auch wenn diese eine Beziehung auf das Original in striktem
Sinne nicht hat, trifft sie doch eine charakteristische Sprach- und Stil-
gebärde Goethes: die Vorliebe für Archaisches, oder genauer, für ar-
chaisch Scheinendes: so die „Ur"-Komposita (es sei an Goethes Stan-
zenfolge ›Urworte. Orphisch‹ erinnert), die „-um"-Endungen (es sei

an das Gedicht ›Symbolum‹ erinnert), der überzogene Hang zur Gene-
tivierung (im zweiten Teil des ›Faust‹ ist sie Legion). In der Wechsel-
rede der Adaption wird genau diese Altersmanier überzeichnet, wobei
F. Th. Vischer neben der Kumulierung der genannten Eigenwilligkei-
ten zu dem Trick einer leerlaufenden Wortbildungsregel greift, indem
er das humanistische Gelehrsamkeit und kirchliche Weihe konnotieren-
de Suffix „-orium" zu einer Reihe komischer und weitgehend inakzep-
tabler Bildungen verwendet. Dabei wird die Mechanisierung des
Verfahrens noch dadurch unterstrichen, daß die Produktion solcher
Bildungen nach der Art von geselligen Fortsetzungsspielen abläuft, die
schon im Humanismus beliebt waren.

F. Th. Vischer selbst hat dieses Verfahren der Mechanisierung in
dem schon zitierten Kapitel „Der Stilwechsel" beschrieben:

Wie Goethe einmal in diesen Versstil hineingekommen war, hat das einmal in
Bewegung gesetzte Rädchen so in ihm fortgesurrt; man kann sich ganz hinein-
versetzen, ja man wird förmlich angesteckt. Wer diesen zweiten Teil in Vorlesungen behandeln, bei diesen Dingen verweilen muß, wird erfahren, daß
es wochenlang in ihm umsummt, ja er wird in demselben Ton parodisch
weiterdichten *müssen*, mit dem Zwang eines Mechanismus wird es in ihm so
forträdeln (1920, S. 137).

Diese Bemerkung ist über ihre Beschreibungsrelevanz hinaus für die
Funktionsbestimmung interessant. Denn daß in ihr eine gewisse Distanz gegenüber der ›Faust‹-Dichtung Goethes zum Ausdruck kommt,
wird man ohne Umschweife einräumen können. Aber wie weit die
Distanz tatsächlich reicht, ob sie über die Sprach- und Stilkritik hin-
ausgeht, dafür läßt sich der Hinweis selbst auf ein als zwanghaft ver-
standenes parodisches Weiterdichten allein nicht als Entscheidungshilfe
anführen. Angesichts der beschriebenen Textbeispiele könnte man den
Ausweg in der Art der Komik suchen, zumal F. Th. Vischer in seiner
Apologie ›Pro domo‹ von 1873 berichtet:

„Als das mutwillige Opus in die Welt gegangen war, versicherten mich Leute,
an deren Urteil mir etwas liegt, sie haben darüber lachen müssen, daß ihnen
die hellen Tränen in den Augen standen. Mir selbst hatten die Späße, wie sie
mir einfielen, das Zwerchfell geschüttelt" (Kritische Gänge, 2. Bd., S. 356).
Indes ist dieses Lachen folgendermaßen bestimmt: „Ich wollte harmlosen
Menschen ein fröhliches Lachen bereiten, wo sie sich sonst kläglich den Kopf
zerbrachen; nichts weiter" (ebd., S. 349); es sollte „mehr närrisch, frei humo-
ristisch als rein satirisch" sein. Die einzelnen „komischen Mittel des Witzes, der
Ironie, der Metapher" sollten „über die bloße Absicht des Beißens und Ste-
chens" hinaus „in ein Komisches" führen, „das, wie das Schöne um seiner selbst

willen schön, so um seiner selbst willen komisch" sei (ebd., S. 352). Und Vischer bittet sich Richter aus, „welche noch Sinn haben für das, was an sich komisch ist, nicht bloß für das, was durch Beziehung komisch ist" (ebd., S. 353). Komik also schon, nicht aber Kritik? Nach diesen Ausführungen hat man zudem zu fragen, ob die Bestimmung der Parodie, die Vischer wiederholt (S. 353, 358) für seine ›Faust‹-Adaption in Anspruch nimmt, dann überhaupt noch zutrifft. Denn die Komik der Parodie ist doch gerade dadurch ausgezeichnet, daß sie eine „durch Beziehung" herge- stellte und darin spezifisch ist.

Weitere Bestimmungen in derselben Schrift lassen unterdessen andere Absichten erkennen. Zunächst ist es die von uns schon hervorgehobene sprach- und stilkritische Intention: „Meine sprachlichen Schnaken haben den Zweck, die Manieriertheit, die behäbige Affektion von Goethes Altersstyl zu parodieren" (ebd., S. 354). Sie braucht aber nur partikulär zu sein.

Dann schreibt F. Th. Vischer allerdings weiter: „Auf das Übermaß des Opernhaften, was in den häufigen Gesangstücken schon hier (sc. in den ersten Teil des ›Faust‹) eindringt, sind meine Chöre unsichtbarer böser und guter Geister in den zwei ersten Akten gemünzt" — bei diesen „Sprachspielen", so Vischer selbst, mitunter aus dem süddeutschen Dialekt schöpfend; und ferner: „Ich wollte von dem greisenhaften Dichter", dem „Allegorientrödler" und „Geheimnisdüftler", „an den ursprünglichen und gesunden appellieren" (ebd., S. 354 f.) — so beispielsweise den „gröblichen Auftritt" Valentins „gegen die ausgestopften Bälge der Allegorie" rechtfertigend. Darin kommt nun eine Funktionsbestimmung zum Vorschein, die zur Zeit der Abfassung der Parodie, 1861, massiv so lautet: „Ehe ich weiter gehe, muß ich hier auf meine alten Ausstellungen gegen Goethes Schluß verweisen", nämlich: „daß ein so überladen gotischer Schluß (. . .) eine solche Ausbeutung der Rumpelkammer der Legende, ein solches breites Übergehen in die Mysterienform, ein solcher Weihrauchgeruch und von Heiligen, Kirchenvätern, Engeln wimmelnder Goldgrund einem Gedichte, wie der Faust ist, übel anstehe" (Kritische Gänge, 2. Bd., S. 345). In dem Kapitel „Der Stilwechsel" von 1875 spricht F. Th. Vischer dann von der Neigung „zu stockkatholischen Motiven", von der „Allegorienzichorie" und „Allegorienspinnerei" (1920, S. 94, 120, 121) des alten Goethe und erkennt als deren formales Äquivalent die vielen opernhaften Züge im ›Faust II‹ und im Alterswerk insgesamt (ebd., S. 85 ff.). Neben der sprach- und stilkritischen Intention liegt — das scheint hiermit ausreichend belegt zu sein — also auch eine 'modellkritische' Absicht zugrunde.

Damit aber noch nicht genug. In ›Pro domo‹ erklärt F. Th. Vischer
weiter, Goethe sei ihm „zu lieb", als daß er „lauter spitze Pfeile des
stechenden Witzes auf ihn hätte abschießen mögen. Mein Unwille gilt
ja mehr dem unkritischen Kultus seines wunderlichen Machwerkes,
mehr der wohlweisen Geschäftigkeit der Deutungswüteriche (. . .) als
ihm selbst" (Kritische Gänge, 2. Bd., S. 354). Zu den genannten Funktionen der ›Faust‹-Parodie tritt somit eine weitere hinzu: eine rezeptionskritische. Diese aber ist mit dem Argument der Entlastung
begründet.

Denn auf die von literaturkritischer Seite gestellte Legitimationsfrage, ob
eine „Travestie" eines „berühmten Werkes" nicht „ein Anachronismus" sei,
antwortet Vischer: „ich kann aber auf die Ausleger hinweisen, die sich heute
noch streiten". Und hat „man nicht unbegreiflicherweise theatralische Aufführungen versucht (. . .)"? „Nun aber die Unglücklichen, die Millionen, die
ohne gelehrten Apparat und doch mit gebildetem Sinn an ein Werk Goethes
treten, gern bewundern möchten und nicht verstehen können, bei dem besten
Willen, zu verehren, sich verdrießlich abquälen und sich's nicht zu gestehen
wagen, weil die hochnasigen Kritiker ihnen unverbesserlich das profunde
Werk anpreisen! (. . .) Und da soll eine Satire verspätet sein? Diese Unglücklichen soll nicht die *befreiende* Kraft der Komik von dem drückenden Alp
erlösen?" (Kritische Gänge, 2. Bd., S. 359).

Insgesamt wird man daher sagen können, daß die zunächst absolut
und ausschließlich scheinende Funktionsbestimmung des Komischen als
eines Komischen „an sich" aufgrund der weiteren Bestimmungen der
›Faust‹-Parodie zu relativieren ist, was bedeutet, daß die Komik den
Kritik-Aspekt jedenfalls auch hier einschließt. Was darüber hinaus zu
betonen ist — und zwar aufgrund der letzten Bemerkung Vischers und
im Anschluß an unsere Andeutungen in IV.1 —, ist dieses, daß die
Parodie als eine Form der „Sachbeschädigung" und darin zugleich als
eine Art „Probierstein" sichtbar wird, bei der die Echtheit und Haltbarkeit des Originals geprüft wird.

Dafür gibt es hier ein sehr schönes Beispiel. In einem Brief vom 28. Juli
1881 an den Freund F. Th. Vischer, in dem er alle „Teilnahme" an seinem
„fortgesetzten ›Faust‹-Kampf" bekundet, schreibt G. Keller: „Über den
zweiten Teil (sc. des ›Faust‹) bin ich durch Ihre tapfere Beharrlichkeit auch
endlich zur Ruhe gekommen. Ich war nämlich aus Mangel an durchgeführter
Belesenheit in diesem Punkte lange Zeit einer Art Behexung unterworfen,
indem ich steif und fest glaubte, daß es dem alten Goethe keineswegs voller
Ernst gewesen sei mit der Arbeit, daß er vielmehr sich eine spielende Alters-
vergnüglichkeit gemacht, um unter anderm das Abschließen seines Werkes
durch etwaige Nachfolger zu verhüten. Dadurch, glaubte ich, seien wir einzig

in den Besitz der Reihe von großen Sachen gelangt, die auch im II. Teil noch zu finden sind, und darum könne man das übrige mitlaufen lassen, ohne es anzusehen. Ich habe mich endlich nun überzeugen müssen, daß es heiliger Ernst und keineswegs Spaß war, und da erst jetzt recht die Sache dogmatisch werden und sogar die Bühne beschreiten soll, so bekommt sie eine andere Nase. Der alte Apollo wird mir in dem Finale des Lebens, wie der Tragödie, plötzlich zu einem Sprach- und Stilverderber, sobald er eine fanatische Gemeinde hinter sich hat, und damit Gott befohlen" (III/1, Nr. 396, S. 148; vgl. R. Luck, 1970, S. 229 f.).

(3) P. Rühmkorfs Parodie als Reflexionsmedium der Wirkungs- und Rezeptionsgeschichte Eichendorffs

Auf eine Weise des Joseph Freiherrn von Eichendorff.

In meinem Knochenkopfe
da geht ein Kollergang,
der mahlet meine Gedanken
ganz außer Zusammenhang.

Mein Kopf ist voller Romantik,
meine Liebste nicht treu —
Ich treib in den Himmelsatlantik
und lasse Stirnenspreu.

Ach, wär ich der stolze Effendi,
Der Gei- und Tiger hetzt,
wenn der Mond, in statu nascendi,
seine Klinge am Himmel wetzt! —

Ein Jahoo, möcht ich lallen
lieber als intro-vertiert
mit meinen Sütterlin-Krallen
im Kopf herumgerührt.

Ich möcht am liebsten sterben
im Schimmelmonat August —
Was klirren so muntere Scherben
in meiner Bessemer-Brust?! (Kunststücke, 1962, S. 85)

Der Text wurde im Oktober 1960 auf der Tagung der Gruppe 47 in Aschaffenburg gelesen (vgl. H. W. Richter, Almanach, 1962, S. 361 f.) und 1961 in der Hamburger Studentenzeitung ›konkret‹ auf der unpaginierten Rückseite unter dem Sammeltitel ›Neue Lieder von Peter Rühmkorf‹ publiziert (Heft 6, 20. März), bevor er 1962 in ›Kunststücke‹ in die Gruppe der „Variationen" aufgenommen wurde.

Es sind einige textkritische Anmerkungen zu machen. Vers 5 heißt in der
›Almanach‹-Fassung „Mein Herz ist voller Romantik“; zusammen mit „Stirnenspreu“ derselben Strophe bildet diese Variante eine Opposition, die zwar
in der Kopf und Herz-Dichotomie der literarischen Überlieferung motiviert
ist, den Gestus der modernen Adaption aber empfindlich stört. Zu Vers 13
gibt es sowohl in der ›Almanach‹- als auch in der ›konkret‹-Fassung die Variante „Ich möcht, ein Jahoo, lallen“; die nachgetragene Apposition ermöglicht
wohl eine deutlichere Bezugnahme auf den Text der Vorlage, indes kann sie
in der musikalischen Intonation leicht zu einem bedeutungslosen Füllsel ab-
sinken. Vers 20 schließlich lautet allein in der ›konkret‹-Fassung „in meiner
trojanischen Brust“; darin kommt eine modifizierte Intention gegenüber der
›Almanach‹- und ›Kunststücke‹-Version zum Vorschein, worauf noch einzugehen ist.

Der Text P. Rühmkorfs bezieht sich auf ›Das zerbrochene Ringlein‹
mit den Eingangsversen „In einem kühlen Grunde/Da geht ein Mühlenrad“. Gleichermaßen textstrukturelle wie wirkungs- und rezeptionsgeschichtliche Untersuchungen zum Werk Eichendorffs haben die
Gründe aufgedeckt, weshalb auch dieses Gedicht (von 1813) zu einem
der populären Lieder seines Oeuvres werden konnte. Es ist — das hat
als erster R. Alewyn (1957/58) an der integralen Funktion des Fenster-
motivs und dann E. Lämmert (1967) am „optativischen“ Gestus des
lyrischen Sprechens bei Eichendorff deutlich gemacht — jenes „Schwel-
lenphänomen“, das erlaubt, „die Formen des Wünschens und Sehnens
von der eigenen Lebensform abzusondern“ (E. Lämmert, 1967, S. 227).
So sind hier, im Lied vom Mühlrad im kühlen Grunde, die 3. und 4.
Strophe nicht „Strophen vom Spielmann und vom Reiter (. . .), sondern
Wunschformeln zur Nachempfindung des Spielmanns- und des Reiters-
lebens“. Daß eine solche Lyrik, die die „Trennung von Lebens-Ideal
und Lebens-Wirklichkeit“ suggeriert, „die Wirklichkeitsfremdheit und
den sozialen Anachronismus späterer romantischer Ideologien“ hat
vorbereiten helfen können (ebd., S. 229), ist nicht unwesentlich — und
darin kann man über E. Lämmerts biographisch begründete und ideo-
logiegeschichtlich angelegte Interpretation hinaus auf R. Alewyn
zurückkommen — von der subjektiven Evidenz dieser Lyrik (1957/58,
S. 983) und zugleich von der Allgemeinheit ihres Modells mit bestimmt.
Eichendorff hat nämlich — man vergleiche D. E. Zimmer, 1969,
S. 243 f. — die ständisch-soziale Dimension seiner Vorlage — ›Müllers
Abschied‹ aus A. v. Arnims und C. Brentanos Liedersammlung ›Des
Knaben Wunderhorn‹ — beseitigt, indem er beispielsweise die raum-
zeitlichen Situierungen des Liedes („Da droben“ — „Da unten“; „des
Ritters Töchterlein“ — „ein Müller“) aufhob. Das Lied vom Lieben
und Scheiden eines Müllers hat er somit ins Ubiquitäre und Jederzeit-

liche gewendet, d. h. derart modelliert, daß es „Grundbestände unserer Welterfahrung" auszudrücken scheint, „die allen gemein sind" (R. Alewyn, 1957/58, S. 985). Und mit dieser Enthistorisierung und Verallgemeinerung geht zugleich eine Subjektivierung einher. Denn die „Wunschformeln" der Spielmann- und Reiterstrophe, aber auch der abschließenden Liebestodstrophe sind völlig aus der Unmittelbarkeit eines erlebenden Subjekts motiviert. Das wird sofort einsichtig, wenn man die Schlußverse von ›Müllers Abschied‹ daneben hält. Die Verse „Dies Liedlein, ach, ach! / Hat wohl ein Müller erdacht; / Den hat . . ." ziehen eine 'episch' anmutende Meta-Ebene ein, auf der ein zweites Ich das Liebesleid des ersten Ich reflektiert und sozial interpretiert. Eben diese Meta-Ebene tilgt Eichendorff um der Einheit eines lyrischen Sprechens willen, in dem die Erfahrungen vom Lieben und Scheiden als Erfahrungen eines *Subjekts* und als *ein* Erfahrungs- und Empfindungszusammenhang dargestellt und imaginierbar sind.

Was wird nun aus der späten Adaption einer Adaption, aus der nochmaligen Textverarbeitung durch einen Autor, der — mit E. Lämmert gesprochen — „romantik-fernen Generationen" angehört? Um zu einer Antwort zu kommen, die insbesondere eine Bestimmung der Funktion von P. Rühmkorfs „Variation" im Auge hat, sind einige Ausführungen zum „Wandel Eichendorffs unter den Deutschen" unumgänglich.

Man nehme beispielsweise eines der Gedichte des Naturlyrikers Wilhelm Lehmann:

In Solothurn

Vor hundert Jahren suchte ich die schöne Magelone.
Sie liebte mich, ich war ihr gut genug.
Vor hundert Jahren, als mein Fuß mich schwebend trug.

Ich bin in Solothurn. Frag ich, ob sie hier wohne?
Die weiße Kathedrale fleht den Sommerhimmel an.
Auf hoher Treppe sitze ich, ein junggeglühter Mann.
Die alten Brunnenheiligen stehn schlank;
Die Wasser rauschen, Eichendorff zu Dank.

Hôtel de la Couronne. Mit goldnen Gittern schweifen die Balkone.
Ein Auto hielt. War sie's, die in den Sitz sich schwang?
Adieu! Dein Reiseschal des Windes Fang.

Die Brunnen rauschen. Ihre Stimme spricht
Uns hundert Jahre wieder ins Gedicht;
Mich, Peter von Provence, dich, Magelone.		(Bd. III, 1962, S. 597)

Der Text, ein leicht abgewandeltes Sonett, stammt aus der Gedichtsammlung
›Noch nicht genug‹ von 1950. Und zur Verdeutlichung fügen wir ein Gedicht
aus dem Zyklus ›Der grüne Gott‹ von 1942 hinzu:

An einen früheren Dichter

Geliebter Mund! Spräche er heute,
Wie er vor hundert Jahren sprach,
Als kaum ein Pfiff der Dampfmaschine
Die Einsamkeit der Welt zerbrach?

Vergrämten Flugzeug, Panzerschiff
Des alten Dichters leises Glück?
Noch immer zaubern Vogel, Fisch
Gewesenes ins Sein zurück.

Weinrote Amaryllis schmiegt
An mein sich wie an dein Gesicht,
Der Schmerzensleib der Erde biegt
Sich aufwärts im Gedicht.

Die Fei strählt länger nicht ihr Haar,
Das Posthorn tönt uns nicht wie dir.
Doch nähme niemand mehr dich wahr,
Man fände dich in mir.
(Bd. III, 1962, S. 477; vgl. H. D. Schäfer, 1969, S. 290)

Beide Texte zeigen, daß ein mit Eichendorff identifiziertes Auf-
fassungs- und Wahrnehmungsmuster auch um die Mitte dieses Jahrhunderts noch nicht verbraucht schien, obwohl es immerhin schon im
Jahrhundert zuvor voll in Geltung gewesen war, wie hier nur mit
einer Briefnotiz F. Gregorovius' an seine italienische Freundin aus dem
Jahre 1872 angedeutet sein soll:

Stellen Sie sich eine kleine Landstadt vor, anmutig und sauber, die auf einem
lachenden Hügel liegt, zu dessen Fuß ein reißender Fluß, die Traun, lärmend
dahinläuft, während überall ringsherum dunkle Wälder und majestätische
Berge den Ort einsäumen. Wenn ich durch jene Wälder streife, empfinde ich
die ganze Wonne der Erinnerung an meine Kindheit. Ich rufe mir ins Gedächtnis all die schönen Lieder zurück, die unsere Dichter dem Wald gewid-
met haben, dem Wald — der frommen Sagen Aufenthalt [vgl. ›Der Jäger
Abschied‹, Vers 16]. Gewiß ist keine andere Dichtung so reich wie die deutsche an Waldliedern. Zu den wunderbarsten zählen die von Eichendorff
(zit. nach J. Hönig, 1921, S. 139).

Über die Dichtung der Art, wie sie der in den 50er Jahren vielfach
preisgekrönte und geehrte Wilhelm Lehmann publizierte, ist gesagt

worden, sie sei für „das Ausdrucksverlangen der zweiten Nachkriegszeit" bezeichnend; man vergleiche H. E. Holthusen und F. Kemp im Nachwort zur 9. Aufl. der Lyrik-Anthologie ›Ergriffenes Dasein‹. Und Autoren so unterschiedlicher Gruppenzugehörigkeit wie H. Heissenbüttel (in seinem Abriß ›Neue Linke und die bundesdeutsche Literatur nach 1945‹, 1972, S. 152 f.) und P. Rühmkorf (in seiner Bestandsaufnahme ›Das lyrische Weltbild der Nachkriegsdeutschen‹, 1962, S. 451 ff.) haben bei aller unterschiedlichen Bewertung die Feststellung der Anthologie-Herausgeber ausdrücklich bestätigt; sie ist im übrigen durch den neuerlichen Beitrag H. D. Schäfers allenfalls modifiziert worden und war allerdings auch dahingehend zu modifizieren, daß die Kontinuität jener Dichtung und Dichtungskonzeption in den 30er und frühen 40er Jahren gegen die These der „Kahlschlag"-Situation 1945 nachdrücklicher als bisher in den Blick zu nehmen sei (1977, S. 95 ff.). Die befremdlich, weil unzeitgemäß anmutende Wirkungs- und Rezeptionsgeschichte der romantischen Naturpoesie und nicht zuletzt Eichendorffs ist schon früh kritisch reflektiert worden — nicht erst mit Rühmkorfs spöttischer Bilanz, „daß die gesamte poetische Moderne (sc. der Deutschen) ein einziger Blumenladen war" und daß „die Wunschvorstellung einer Wiedergeburt des Mythos aus dem Geiste der Kleingärtnerei zwangsläufig fehlschlagen mußte, weil das Mißverhältnis zwischen den tatsächlichen Ängsten, Melancholien, Krisenstimmungen des dividierten Individuums und der mediokren Heilskonzeption nur zu unfreiwillig komischen Effekten führen konnte" (1962, S. 452 f.).

Bereits M. Frisch hat in einer Tagebuchnotiz von 1947 das „Antiquarische" der deutschen Lyrik der Zeit zur Sprache gebracht: „Die Sense des Bauern, die Mühle am Bach, die Lanze, das Spinnrad, der Löwe, das sind ja nicht die Dinge, die uns umstellen. Das Banale der modernen Welt (jeder Welt) wird nicht durchstoßen, nur vermieden und ängstlich umgangen. Ihre Poesie liegt immer *vor* dem Banalen, nicht *hinter* dem Banalen. Keine Überwindung, nur Ausflucht — in eine Welt nämlich, die schon gereimt ist, und was seither in die Welt gekommen ist, was sie zu unserer Welt macht, bleibt einfach außerhalb ihrer Metaphorik" (1965, S. 221 f.). Indes stellt eine solche Kritik nur die ständige Begleiterscheinung des Phänomens Eichendorff redivivus dar. So hat sich beispielsweise A. Holz einerseits von dem epigonalen Zug dieser Wirkungs- und Rezeptionsgeschichte distanziert, als er in einem Brief an M. Trippenbach vom 2. 12. 1894 über E. Geibel schrieb: „Erst heute komme ich dazu, Dir für Dein Geibelbuch zu danken Es war mir ein Klang aus alter Zeit . . . Im übrigen ist mir unser ehemaliger Heros natürlich längst ein toter Mann geworden, und wenn ich heute überhaupt noch etwas in ihm zu sehn vermag, so ist es nur noch das eine: den vollendetsten Typus des Eklektikers in unserer Literatur. Eine totale Null in der Entwicklung! Uhland, Eichendorff, Lenau, Heine, sogar Freiligrath, alle haben Töne gefunden, wie sie vor ihnen noch nie erklungen waren, Geibel ist Reproduzent geblieben all sein Lebtag" (1948, S. 98). Andererseits hat A. Holz in einem Brief an O. Jerschke vom Sommer 1885 Eichendorff jedoch auch gegen die Avantgardisten K. Bleibtreu, H. Conradi, K. F. Henckell und O. E. Hartleben verteidigt: „Aber was kann ich dafür, daß mich ein Ekel beschleicht, wenn ich einen dieser Blechschädel über Dichter wie Eichendorff, Freiligrath usw. lächelnd die Zähne blecken sehe? . . . . 'Arroganz und Impotenz — die sind nicht zu trennen', fühlt man sich versucht, angesichts dieser kindischen Gesellen Goethe zu travestieren! . . . . (1948, S. 68 ff.). A. Holz ließ es sich denn auch nicht nehmen, in die neue Ausgabe seines ›Buch der Zeit. Lieder eines Modernen‹ (von 1892) eine „Eichendorff" betitelte Parodie aufzunehmen, in der er wie H. von Gumppenberg im „Abendlied" die Möglichkeiten des Centos nutzte, um mit einer Eichendorff-Huldigung eine Kritik der Eichendorff-Epigonen seiner Zeit zu verbinden. Darin aber wird ein wesentliches Moment der Wirkung und Rezeption Eichendorffs beispielhaft sichtbar: die mit seiner volksliedhaften Lyrik — und mit seiner ›Taugenichts‹-Erzählung — geltend gemachte Kategorie der Authentizität.

Sie ist kaum einmal in Zweifel gezogen worden — wie etwa in H. Kestens später Polemik: Eichendorff „hat nichts aus erster Hand. Alles ist abgeschrieben, nachgeahmt, nachgebildet, imitiert, kopiert"; er „hat eine Unmenge schlechter Verse, ja fast nur schlechte Verse geschrieben, und seine schlechten Verse sind impotent. Seine wenigen schönen Verse" — und womöglich zählte H. Kesten die Lieblingsgedichte seiner Jugend dazu: ›Schweigt der Menschen laute Lust‹, ›In einem kühlen Grunde‹, ›Laue Luft kommt blau geflossen‹, ›Es war, als hätt' der Himmel‹ — „sind banal und holprig und konventionell" (1959, S. 466 f.); oder wie in R. Musils Satire ›Wer hat dich, du schöner Wald‹ von 1936, die stellvertretend die Wirkung Eichendorffscher Poesie als Krankengeschichte konnotieren läßt; denn es ist der Fiebergeplagte, der, „im Grenzverkehr zwischen Tod und Leben", „allen Spott" über ›Der Jäger Abschied‹ fahren läßt wie einer, der in der Mittagsglut einen Wald sieht, dieses Lied singt und summt: „Das geschieht mit automatischer Sicherheit und gehört zu den Reflexbewegungen des deutschen Volkskörpers"; und es ist in der Satire der Genesende, dem mit der Genesung „der böse Geist" wiederkehrt und dem zwar noch immer „das dankbare Lied zu(brummt), das nun einmal nicht abzuschütteln ist"; der aber während der Rekonvaleszenz eines Tages Kenntnis davon nimmt, „daß der Wald nicht bloß aus einer Notenfolge, sondern aus Bäumen besteht", die zudem kein anderer „Meister" als ein „Forstmeister, Oberforstmeister oder Forstrat" zu dem geordnet hat, was man einen pflichtbewußten „deutschen Wald" nennen darf: „Soll man nun singen: Wer hat dich, du schönes Magazin der Technik und des Handels, aufgebaut so hoch da droben?" (1957, S. 498 ff.).

Solche zur Reflexion stimulierenden Stimmen sind in der Wirkungs- und Rezeptionsgeschichte Eichendorffs freilich seltener. Vielmehr ergibt man sich, wie E. Lämmert (1967, S. 219 ff.) dargelegt hat, der „süßen Narkose" dieser „Weisen". Dafür seien einige weitere Beispiele angeführt, die belegen, daß nicht allein nach Th. Manns Auffassung Texte wie die genannten und ›Wer in die Fremde will wandern‹, ›Dämmrung will die Flügel spreiten‹ (in ›Betrachtungen eines Unpolitischen‹ von 1918 und ›Das Lieblingsgedicht‹ von 1948) als „Kleinode der deutschen Lyrik" und als „Perle[n] der Perlen" gelten. „Ich habe", so bekennt in Erinnerung an ›O Täler weit‹ und ›Wer hat dich, du schöner Wald‹ F. Schoenberner 1944, „von Kindheit an Eichendorff so besonders geliebt, weil dieser Dichter für mich etwas verkörperte, das sich nur mit dem Wort Innigkeit ausdrücken läßt. (. . .) Es ist etwas sehr Deutsches, etwas, das gerade die Dichter der deutschen Romantik und vor allem Eichendorff auszeichnet. Etwas sehr Reines, Rührendes, ein Gefühl von großer Tiefe und Einfachheit, das aus dem Lärm der Welt immer wieder träumend zurückflüchtet zu den stillen Wundern der großen Natur" (1969, S. 181).

Und nach „einigem Nachdenken" kommt seinerzeit der Chefredakteur der ›Zeit‹, J. Müller-Marein, bei der Frage nach seinem Lieblingsgedicht darauf, „daß Eichendorffs ›Heimweh‹-Gedicht mich jedesmal, wenn ich es las oder in der Wolfschen Vertonung hörte, wie ein coup de foudre traf"; worin ihm ›Wer in die Fremde will wandern‹ aber besonders „ans Herz greift", ist „die letzte Zeile: 'Grüß dich, Deutschland'". Eingebettet in die letzte Strophe umschließe sie alles, „was der Begriff Deutschland in seiner ganzen Tiefe bedeutet, alles, die Ströme und Berge, die Dome und Wälder, natürlich auch die Deutschen und das, was sie erleben und erleiden" (1961, S. 58 ff.).

Schließlich befand über eine Eichendorff-Parodie — es handelt sich um P. Rühmkorfs „Variation" — K. Schindler, den schon H. Kestens Polemik geärgert hatte (1962, S. 99), im Eichendorff-Almanach ›Aurora‹: „Möge sich jeder seinen Vers darauf selber machen! — Uns reicht es" (1970/71, S. 147).

Diese für die 'narkotische' Wirkung Eichendorffscher Lyrik keineswegs atypischen Äußerungen stellen nun alles andere als ästhetische Urteile dar. Sie sind nicht einmal bloß Bekenntnisse zu einer das „sinnliche Apperzeptionsvermögen" ansprechenden Poesie — darin wären sie nach E. Lämmerts paradigmatischer Interpretation des Liedes ›O Täler weit, o Höhen‹ als „mehrdeutiges Gedenkbild" (1967, S. 236 f.) an und für sich schon fragwürdig genug. Es handelt sich hier vielmehr um „Reflexbewegungen" im Sinne der Musilschen Satire, zunächst also um 'allergische' Reaktionen.

Bezeichnenderweise stammt nämlich das Bekenntnis F. Schoenberners — über den exilierten Publizisten wird man auch heute noch am besten durch H. Kestens Porträt (1959, S. 237 ff.) informiert — aus einer Rundfunkansprache an die deutschen Hörer mit dem Titel ›Die Nazis und Eichendorff‹; und dort ist hellsichtig deren „perverse Vorliebe für Eichendorffs blaue Romantik" erklärt: „Diese lyrische Weltflucht, diese Abgewandtheit von der Wirklichkeit, ist ein wahrhaft deutscher Charakterzug. Aus dieser Wurzel wächst ein Dichter wie Eichendorff. Und aus derselben Wurzel wächst die schreckliche Unverantwortlichkeit eines Volkes, das sich gewöhnt hat, von den Tatsachen wegzusehen (. . .), solange man ihm nur erlaubt, in Träumen zu leben, in irgendeinem luftigen Reich der reinen Poesie (. . .)" (1969, S. 182). Dem Bekenntnis J. Müller-Mareins wiederum liegt die Auffassung zugrunde, im Gegensatz zu Eichendorffs ›Heimweh‹-Dichtung „klingt" der „Begriff „Deutschland" (. . .) in so manchen Liedern in einer Betonung auf, die nichts ist als ein propagandistischer, ein nationalistischer Akzent — mindestens kommt es uns, die wir mancherlei erlebt haben, so vor" (1961, S. 59 f.). Der Eifer K. Schindlers schließlich ist in der kulturkritischen Ansicht begründet, „welche Fratze aus dem Leben des zwanzigsten Jahrhunderts geworden ist, gemessen an Schönheit, Würde und Gehalt jener Poesie" (1970/71, S. 147).

Allen drei Reaktionen ist dabei ein Modell eigen, nach dem Eichendorffs Dichtung als Spiegel des „Verfalls" der politischen wie kulturellen Normen und Wertvorstellungen fungiert. Und unversehens schlagen die Reaktionen in Programme um: K. Schindler tritt mit dem trotzigen „Uns reicht es" Rühmkorf entgegen, „für den das 'Abendland ein Begriff von reinem Ablagerungscharakter'" geworden sei (1970/71, S. 147); J. Müller-Marein appelliert: „Deutschland, gegrüßt aus Herzensgrund — welch heilsames Wort für uns Deutsche! Und wie groß ist der Dichter aus den oberschlesischen Wäldern, der so einfach und allumfassend sein Deutschland lieben konnte, das auch das unsere ist!" (1961, S. 60); F. Schoenberner schließt seine Rundfunkansprache „mit einem seltsam beschwörenden Vers" des Gedichts ›Dämmrung will die Flügel spreiten‹:

> Was heut müde gehet unter,
> Hebt sich morgen neugeboren.
> Manches bleibt in Nacht verloren.
> Hüte dich, bleib wach und munter!   (1969, S. 182)

Es ist als Resümee wohl nicht abzuweisen, daß Poesie hier in einer nicht nur für Eichendorff charakteristischen Weise konkretisiert worden ist, indem ihr Funktionen aufgedrängt werden — und es handelt sich dabei nur um einen stellvertretenden Ausschnitt, wie die Untersuchung E. Lämmerts zeigt —, die aus dem jeweils als defizient empfundenen politischen und kulturellen Zustand auf eine wie immer zu bewertende „heile Welt" zurückweisen sollen.

Damit haben wir den Punkt erreicht, an dem die Ausgangsfrage wiederaufgenommen werden kann, was 1960 aus der Adaption einer Adaption, aus der nochmaligen Textverarbeitung eines Gedichts wie ›In einem kühlen Grunde‹ wird. Die Frage kann zudem nun präzisiert werden; gegenüber der Auffassung R. Neumanns nämlich in dem Sinne, warum ein solcher Text denn überhaupt noch parodiert werden soll. Nach der Rekonstruktion der pragmatischen Kontexte, in welche — mit anderen Gedichten Eichendorffs — die Vorlage in ihrer Rezeptions- und Interpretationsgeschichte gestellt worden ist, liegt die Ant-

wort auf der Hand, wenngleich sie im Anschluß an P. Rühmkorfs
›Anleitung zum Widerspruch‹ (1962) literaturwissenschaftlich erst von
Th. Verweyen (1973) ihrer Tragweite nach deutlich gemacht worden
ist. Sie ist nämlich damit gegeben, daß in solchen Vorlagen, indem man
sie aus ihrem ursprünglichen pragmatischen Kontext herauslöst, Paradigmen einer fast zeitlos gültigen Selbstaussprache gesehen werden —
wie es unsere wirkungs- und rezeptionsgeschichtliche Skizze zeigen
sollte; dazu noch, in welchem Maße gerade die in der Nähe zum „Lied"
konzipierte, mit dem „Lied" gleichgesetzte und übrigens nicht zuletzt
über die musikalische Rezeption konkretisierte Dichtung Eichendorffs
einen die gängigere Vorstellung von Lyrik prägenden Einfluß gewonnen
hat. Es liegt daher auch in dieser selbstverständlicheren, für authen-
tisch gehaltenen Lyrikkonzeption und ihrer „soziale[n] Breiten- und
Tiefenwirkung" (E. Lämmert, 1967, S. 223) begründet, wenn wir ein
derart ausgezeichnetes Literaturbeispiel funktionsgeschichtlich untersuchen. Das Beispiel selbst — natürlich läßt sich auch 'mehr' darüber
sagen — steht dafür ein, daß nicht unter der Hand eine Akzentverschiebung zugunsten der „goldenen Parodie" erfolgt.

P. Rühmkorfs „Variation" reflektiert gerade das zuletzt genannte
Moment der Wirkungs- und Rezeptionsgeschichte Eichendorffs bereits
in ihrem Titel ›Auf eine Weise des . . .‹. Dieser bringt nämlich genau
die doppelte Bedeutung des Ausdrucks „Weise" ins Spiel: die verbale
und die tonale. Darin suggeriert die „Variation" einerseits den Anschluß an die Verfahren der Textkonstitution der Vorlage (wie Anzahl
der Strophen, Strophenbau, Versschema, Motive, optativischer Gestus,
„Weltmodell"), andererseits den Anschluß an die vielgerühmte „Innigkeit" der Tonfolge, welche übrigens den Textautor nahezu vergessen
ließ. Dabei ist nun interessant, daß die „Variation" — von geringfügi-
gen „Ton"-Beugungen wie für Zeile 6 abgesehen — mit jener an auto-
matische Sicherheit grenzenden Selbstverständlichkeit zu singen und
zu summen ist, von der R. Musil in der Satire gesprochen hat und die
fast mechanisch sogar die Tonbeugung dem tonalen Schema anzupas-
sen zwingt.

Wenn die „Variation" des romantik-fernen Autors dennoch nicht
zu einer epigonalen Adaption wird, liegt das gegenüber der weitgehend
eingehaltenen tonalen Spielregel an der ständigen Verletzung der
für die Einfachheit und Einheit auf der semantisch-thematischen
Ebene konstitutiven Spielregeln. Denn in den Grundtext sind durchgehend Elemente montiert, die zu Verfremdungen, Oppositionen,
Vermischungen verschiedener Ebenen, Diskrepanzen führen.

Dazu einige Beispiele: In die 1. Strophe dringt mit dem technischen

Terminus „Kollergang" Fachsprache ein. In der 2. Strophe ist das Motiv von der treulosen Liebsten, das für den mit „Romantik" bezeichneten Bereich steht, mit eben diesem Meta-Begriff der Literaturgeschichtsschreibung kontrastiert. Die Wunschformel der 3. Strophe richtet sich nun auf das exotische Leben einer Figur aus dem frühen Romanzyklus Karl Mays. Der Wunschformel der 4. Strophe ist eine Anspielung an J. Swifts Staatssatire in ›Gulliver's Travels‹ unterschoben, in deren IV. Teil der englische Kapitän im Land der edlen Pferde mit dem Namen Houyhnhnms auf die „verabscheuungswürdige" Klasse der „affenähnlichen" Yahoos trifft, die vollkommen dem menschlichen Geschlecht gleicht (1948, S. 253). Die 5. Strophe schließlich münzt das in der Rezeptionsgeschichte zum 'Wonnemonat Mai'-Lied gewordene Gedicht Eichendorffs in ein „Schimmelmonat-August"-Lied um.

Welche Funktion haben diese — und die hier nicht aufgeführten — Kontaminationen und Montierungen, in welcher Absicht sind sie durchgeführt? Die Antwort D. E. Zimmers — seine entschlüsselnde Leistung hat die Band-Herausgeberin Hilde Domin eigens hervorgehoben (1969, S. 20) — lautet:

Es wäre indessen grundfalsch, Peter Rühmkorf die Absicht zu unterstellen, er wolle mit seiner Variation (. . .) den illustren Dichtervorfahr lächerlich machen (. . .). Obwohl er den Begriff Parodie im Hinblick auf diese seine Kontrafakturen selber nicht verschmäht, fehlt ihnen doch das wichtigste Merkmal der eigentlichen Parodie: sich im Bezug zu ihrem Objekt zu erschöpfen (1969, S. 242).

Nicht nur aus Furcht, den Vorwurf der Unterstellungshermeneutik auf uns zu ziehen, halten wir die Auffassung, die „Variation" als Kontrafaktur zu lesen, für diskussionswürdig. D. E. Zimmer begründet sie unter anderem damit, Rühmkorfs

wahrer Gegenstand (sei) nicht ein bestimmtes Gedicht von Eichendorff, (. . .) nicht Eichendorff überhaupt und auch nicht das, was unter dem Begriff romantischer Poesie zusammengefaßt wird, (sondern) das Bewußtsein von Peter Rühmkorf (1969, S. 243).

Indes scheint uns der für eine Funktionsbestimmung entscheidende Bezug der „Variation" auf die Vorlage weit enger zu sein, als dies in der Explikation zum Tragen kommt. So erfolgt die fachsprachliche Montierung bezeichnenderweise in der Mühlrad-Strophe; durchsetzt die literaturtheoretische Terminologie gerade die Strophe von der treulosen Liebsten; überlagert die Karl May-Romantik eben die Spielmann-Strophe; bezieht sich die Satire vom Land der edlen Pferde und der friedlosen und kriegslüsternen Yahoos (1948, S. 272) signifikant auf die Reiterschlachtlied-Strophe; dringt die Geste der Weltschmerz-Poesie gerade in die Liebestod-Strophe ein. Das aber bedeutet, daß das Moment der Bezüglichkeit von Vorlage und Adaption durchaus gegeben ist.

Inwieweit dieser Bezug zugleich im Sinne unserer Reduktionsvorschläge zu interpretieren ist, soll beispielsweise an der 4. Strophe, die für D. E. Zimmer die „schwächste" ist, gezeigt werden. J. Swifts satirische Kennzeichnung seiner Zeitgenossen als Yahoos, denen die "capacity for reason and speech" nur zu allem Unheil ausschlägt, dazu ihre satirische Zeichnung als unter den Stand der Houyhnhnms gesunkene affenähnliche Wesen kehrt auf der Allusionsebene dieser Strophe in der Reihe „Jahoo", „lallen", „-vertiert", „-Krallen" wieder. Dabei ist diese Ebene durch Wortspiel und Kompositumbildung mit einer nur rezeptionsgeschichtlich deutbaren Ebene verkettet: „intro-vertiert" und „Sütterlin-Krallen" — das Kompositum spielt auf die Einführung der Sütterlin-Schrift als Grundschrift in den Schulen vor und während des Dritten Reiches an — geben die Richtung der „Vertierung" an und interpretieren sie darin auch. Hält man sich nämlich das rezeptionsgeschichtliche Resümee E. Lämmerts nochmals vor Augen, daß es für die Festlegungen „des spezifischen Deutschtums" Eichendorffs entscheidend blieb, „ob man sich zur Bestimmung des ‚Deutschen' (. . .) den traumwandlerisch einfältigen Taugenichts zum Muster nahm oder den vermeintlich heroisch kampfbereiten Lützower Jäger, als der er im späteren 19. Jahrhundert so gut wie in der nationalsozialistischen Zeit zum Dichtervorbild erhoben wurde, oder schließlich den heimatverwurzelten Sänger eines waldesgrünen Schlesien oder Deutschland, als den man ihn nach dem Ersten Weltkrieg so gut wie 1938 oder 1954 preist" (1967, S. 222), dann dürfte plausibel sein, daß in der „Variation" das parodietheoretisch zu fordernde Moment der herabsetzenden Reflexivität realisiert worden ist. In einem Kolloquium mit Konstanzer Literaturstudenten über die Parodie in der neueren deutschen Literatur (1974) hat P. Rühmkorf von den zu wenig beachteten „Regressionsmotiven" in seinen „Variationen" gesprochen. Sie lassen sich auch in der Eichendorff-„Variation" nachweisen. In der 1. Strophe ist das unmittelbar ‚ästhetische' und ästhetisch vermittelte Bild vom im kühlen Grunde gehenden Mühlrad durch die Rückbildung auf die pragmatische Funktion des Kollergangs materialisiert; in der 2. Strophe das magische Bild vom zerbrechenden Treuering getilgt und die emotive Geschichte vom Lieben und Scheiden mit der Metapher „Stirnenspreu" heruntergespielt; in der 3. das Wunschbild ins Triviale gewendet; in der 4. das Wunschbild satirisiert. In der Schlußstrophe schließlich ist die Liebestodformel poetologisch gefaßt: denn die Metapher „Bessemer-Brust" beschreibt den poetischen Akt der — wie Rühmkorf sagte — „Aneignung" und darin der Horizontverschmelzung einer emotional besetzenden Lyrik, wie die in der ›konkret‹-Fassung verwendete Metapher „trojanische Brust" etwas aussagt über den poetischen Akt der „Enteignung" einer solchen Lyrik von den falschen Rezeptionen — eben durch deren Kritik. Beide Versionen aber zeigen, daß die Skrupel eines romantik-fernen Autors nicht zuletzt in einer Rezeptionsgeschichte motiviert sind, die ästhetisch vermittelte Subjektivität erschwert. Darauf läßt sich ästhetisch wohl nur mit Rezeptionserschwernis antworten (vgl. P. Rühmkorfs Essay in H. Domins ›Doppelinterpretationen‹, 1969, S. 236 ff.).

Deshalb dürfte auch klar sein, warum D. E. Zimmers Bestimmung der „Variation" als Kontrafaktur unbefriedigend bleibt. Ihr liegt — und damit kommen wir kurz zu einer weiteren Begründung seiner Ansicht — die Parodie-Theorie R. Neumanns zugrunde:

Der Zweck richtiger Parodie ist die Polemik: Ein Vorbild soll mit seinen eigenen Mitteln geschlagen werden, und zwar gewöhnlich durch Übertreibung einzelner Züge (1969, S. 242 f.).

Der Typus der rein übererfüllenden Herabsetzung dürfte indes das rezeptionskritische Parodiemodell Rühmkorfs ebensowenig möglich machen wie der Typus der rein untererfüllenden Herabsetzung in Beispielen der folgenden Art: „In einem kühlen Grunde, / da geht ein Mühlenrad, / mein Onkel ist gestorben, / der dort gewohnt hat" (zit. nach K. Schindler, 1962, S. 97).

2. Komik und Kritik

(1) Komik als Verarbeitungsprinzip

Die Fallstudien sollten einmal verschiedene, jeweils autorenspezifische Ziele des Parodierens, daneben aber zugleich die „antithematische Behandlung", die „Herabsetzung" als zentrale und durchgängige Funktion darlegen. Wenn unsere Annahme zutrifft, daß diese Funktion für die parodistische Schreibweise insgesamt das entscheidende Merkmal ist, bekommt das Problem der Komik und des Lachens für die Parodie-Theorie eine zentrale Bedeutung, allerdings ohne daß auch nur eine halbwegs befriedigende Lösung in Aussicht stünde. Entgegen manchen optimistischen Prognosen können wir in dieser Hinsicht die Skepsis nur teilen, die W. Preisendanz bei Texten von G. Grass, A. Drach, Janosch und W. Kempowski geäußert hat: „Wer sich weigern sollte, (sc. hier) Komisches zu registrieren" wäre mit der „Explikation dessen, (...) was das Verhältnis von Text und Kontexten aller Art unabdingbar zum Garanten von Komik macht", kaum „zur Raison zu bringen". Und wer beispielsweise noch die Bemerkung K. H. Krambergs über die „Variationen" P. Rühmkorfs im Ohr hat, sie „wirken nie parodistisch" — und das heißt im Kontext: „nie komisch" —, dem dürfte auch die Begründung W. Preisendanz' einleuchten:

> Voraussetzungen und Bedingungen dafür, daß sich etwas komisch ausnimmt, als Komik aufgefaßt, akzeptiert und quittiert wird, sind aufgrund der historischen, sozialen, kulturellen, psychischen, situativen Faktoren so komplex und problematisch, ein allgemein verbindlicher und gültiger Begriff des Komischen ist so unabsehbar, daß ich es für ausgeschlossen halte, die Behauptung, hier handle es sich (...) um Komik, so zu *verifizieren*, daß diese Behauptung (und mithin der sie bestimmende Eindruck) absolute intersubjektive Verbindlichkeit gewönne (1976, S. 155 f.).

Zudem wird beispielsweise auch der Optimismus W. Karrers, die Beiträge über Witz, Komik und Humor S. Freuds eröffneten der Erforschung „der Wahrnehmung von Parodien" eine bislang unberücksichtigte Perspektive (1977, S. 173 f.), durch die Untersuchung W. Preisendanz' erheblich in Frage gestellt, da die angeblich vielversprechenden Ergebnisse einer Durchdringung jener Phänomene auf der Basis der psychoanalytischen Theorie nur um den Preis fataler Reduktionen auf „Privatheit" und „Nachfühlen" zustande kommen. W. Preisendanz hat nämlich die Möglichkeit erwogen, die in den Romanen der genannten Autoren vorgenommene „Komisierung des Unguten bis Heillosen im Sinne des Freudschen Humorverständnisses zu interpretieren" — mit dem Ergebnis, daß einige gravierende Defizite in der Komik- und Humor-Theorie S. Freuds sichtbar werden:

> (...) „einmal ist der Humor schon in der Lebenspraxis nicht nur ein Mittel, Unlust gegen Lust zu tauschen, nicht nur eine ausgezeichnete Möglichkeit psychischer Selbststabilisierung durch Umbesetzung und Verschiebung anstatt von Verdrängung, sondern noch einiges Wesentliche mehr: ein Medium zwischenmenschlicher Beziehung, eine Verständigungsebene, eine Verhaltens- und Verkehrstaktik, ein Positionssignal, eine okkasionelle 'Charge', ein rollenähnlicher Habitus und Gestus (...). Erst recht gilt dies für das elaboriert Humoristische literarischer Darstellung, Schreibart, Kommunikation". Das Freudsche Schema „von Unlustbereitschaft, Abfuhr durch Verschiebung und

Lustgewinn" läßt sich offenbar nicht „ohne eine gewisse Naivität" auf „das Verhältnis eines Autors zu seinem Vorwurf" beziehen, „um dann auch noch die humoristische Bändigung unlustträchtiger Gefühlserregung, wie sie sich im Autor abspielen soll, sub specie Nachfühlung auf den Leser zu prolongieren. Erst recht erhebt sich dieser Einwand, wenn es sich um einen fiktionalen Vorwurf handelt, wo es sich, wenigstens oberhalb der Ebene tagtraumartiger Produktionen, doch wohl eher um die Wahl einer Vermittlungsebene, einer Darstellungs- und Schreibart, eines artistischen Codes handeln dürfte als um die Reproduktion humoristischen Lustgewinns, um die Mimesis oder Widerspiegelung humoristischer Unlustersparnis" (1976, S. 157 f.).

Gewiß scheint der Hinweis berechtigt, daß wir mit der Zustimmung zu dieser Einschränkung nun auch die von uns zitierten Bemerkungen S. Freuds zu Karikatur und Parodie in Frage stellen; wir glauben jedoch, daß sie nicht in dem Ausmaß theoriegebunden sind und daß — eben weil Parodie und Karikatur im Rahmen der Nachahmung behandelt werden — der Aspekt der Verarbeitung hier zumindest ansatzweise berücksichtigt wird.

Indem W. Preisendanz gegenüber der Frage nach den Bedingungen von Akzeptabilität und Nachvollziehbarkeit darauf insistiert, daß es sich beim literarischen Humor und Komischen in erster Linie um eine Darstellungs- und Schreibart, um eine Vermittlungsebene handelt, wird die Frage nach den „Möglichkeiten *kognitiver* Leistung" vorrangig, zu deren Beantwortung sich W. Preisendanz vor allem auf die Untersuchungen M. Bachtins über Rabelais und Dostojewskij stützen kann. Von gewissen Modifikationen und Erweiterungen abgesehen, ist nämlich für M. Bachtin wie für W. Preisendanz „Lachen (. . .) eine bestimmte (. . .) ästhetische Einstellung zur Wirklichkeit, eine bestimmte Weise, die Wirklichkeit künstlerisch zu sehen und zu erschließen" (1969, S. 66). Das literarische Äquivalent des Lachens — die „Karnevalisierung" — stellt für beide „eine überaus flexible Form des künstlerischen Sehens" dar, „eine Art heuristisches Prinzip, das es gestattet, das Neue und Niegesehene zu entdecken" (1969, S. 69). Dabei ist das „Neue und Niegesehene" als Ergebnis dieser speziellen Heuristik die Hervorbringung des „Lachaspekts"; denn alles, so M. Bachtin, besitzt „seine Parodie, das heißt: seinen Lachaspekt" (1969, S. 55). Das aber meint insbesondere, daß „jede einseitige dogmatische Ernsthaftigkeit" ausgeschlossen und nicht zugelassen wird, „daß sich ein einzelner Standpunkt, ein einzelner Pol des Lebens und Denkens absolut setzt" (1969, S. 68).

Damit liegt wiederum der verschiedentlich von W. Preisendanz geäußerte Vorschlag nahe, M. Bachtins Auffassung des Lachens und des Komischen mit der an einer Reihe literarischer Beispiele und Phäno-

mene explizierten Theorie des Lachens von J. Ritter zu verbinden.
Denn ihr zentraler Aspekt ist: Das Lachen habe die „eigentümliche
Funktion, die dem Ernst nicht zugängliche Zugehörigkeit des Anderen
zu der es ausgrenzenden Lebenswirklichkeit sichtbar zu machen", nämlich „diese geheime Zugehörigkeit des Nichtigen zum Dasein".

Es sei
dabei „gleichgültig, ob dies nun in dem tieferen Sinn einer Kritik an
der ernsten Welt selbst und ihrer Ordnung gemeint ist oder ob dies der
vitalen Freude am Reichtum des Lebens und am Recht des Unsinns
und Unverstands entspringt"; in jedem Falle rufe das Komische und
das Lachen „das Wesen herbei, das die verständige und anständige
Ordnung nur als das Unverständige und Unanständige duldet, und
[setze] diese Ordnung selbst matt" (J. Ritter, 1974, S. 79, 76, 80, 88).

Der J. Ritters Lachauffassung mit der M. Bachtins verbindende Gesichtspunkt könnte dabei in der „sozial-geschichtliche[n] Sphäre als
Bezugssystem" liegen, die O. Marquard in dem Beitrag ›Exile der Heiterkeit‹ betont hat: „Komisch ist und zum Lachen bringt, was im offiziell Geltenden das Nichtige und im offiziell Nichtigen das Geltende
sichtbar werden läßt" — eine Akzentuierung freilich, die zwar W. Preisendanz ausdrücklich akzeptiert, die O. Marquard selbst aber eine
„Neuformulierung" der Lachauffassung J. Ritters nennt und zudem
den Untersuchungen H. Plessners über ›Lachen und Weinen‹ entgegen-
stellt (1976, S. 141 f.).

Ist nun aber die Verarbeitung dieser auf sehr unterschiedlichen
philosophischen und ästhetischen Voraussetzungen fußenden Komik-
und Lachauffassungen im Hinblick auf die Parodie möglich oder sind
hier nicht unüberwindbare Probleme aufgeworfen, gerade auch bezogen auf das Verhältnis von Theorie und Geschichte? Denn man muß
sich vergegenwärtigen, daß nicht nur M. Bachtins Studien über F. Rabelais und F. M. Dostojewskij (1940 bzw. 1929) in einer Zeit entstanden sind, deren kennzeichnendes Merkmal „Lachfeindlichkeit" war
(vgl. das Nachwort A. Kaempfes zur Auswahl aus den Schriften
M. Bachtins, 1969, S. 142 ff.); sondern daß auch die Arbeiten J. Ritters
und H. Plessners (1940 bzw. 1941) durch die Erfahrung ihrer eigenen
lachfeindlichen Gegenwart mit bestimmt sein dürften. Inwieweit sich
aber in diesem Fall die jeweiligen Situationserfahrungen auf den verschiedenen Ebenen theoretischer Aussage auswirken, ist kaum reflektiert worden. Und insofern liegt die Frage nach der Brauchbarkeit
nahe und die Mutmaßung, daß manche Übertragung jener Komik-
und Lachauffassungen möglicherweise ihren spezifischen Kontext nicht
genügend berücksichtigt hat. Überdies dürfte kaum von der Hand zu
weisen sein, daß beispielsweise mit der Komik-These O. Marquards

nur ein Teilbereich der parodistischen Praxis — etwa die institutionen-
kritische Banalparodie oder die rezeptionskritische Parodie — beschreibbar würde, daß mit ihr aber kaum der parodistische Typus, der
vorwiegend die von der Vorlage gesetzten Ansprüche herabsetzt und
abwehrt, zu erfassen ist.

Trotz der Bedenken ist der Anschluß an die hier skizzierten Aspekte
der Komik-Diskussion für die Parodie in mehrfacher Beziehung nicht
ohne Gewinn.

Auffällig ist zunächst einmal, daß in den sehr unterschiedlich fun-
dierten Komik- und Lachauffassungen durchgängig das *Relationale*
betont wird: das mag bei J. Ritter noch durch die Hegelsche Denkweise
mit bedingt sein, wenn es nach ihm darum geht, „im Komischen die
Identität eines Entgegenstehenden und Ausgegrenzten mit dem Ausgrenzenden herzustellen" (1974, S. 78); der Aspekt taucht aber auch
in einer ganz anders gearteten Begründung wieder auf, in H. Plessners
anthropologisch grundgelegter Komik-Bestimmung von der „Gegen-
sinnigkeit als Einheit" (1970, S. 93); M. Bachtin wiederum faßt die
Karnevalisierung ausdrücklich „funktionell und nicht substantiell"
auf (1969, S. 51); und nach W. Preisendanz schließlich resultiert das
Komische hauptsächlich aus der „Relation des Präsentierten zum Re-
präsentierten" (1976, S. 413).

Hinzu kommt sodann der weitere Aspekt, daß das literarische
Komische das Ergebnis eines *Verarbeitungsprinzips* ist, und nicht um-
gekehrt „die jeweilige Darstellung als Reaktion auf eine selbstredende,
gleichsam kanonische, in gesellschaftlicher Übereinkunft verbürgte
Komik der erzählten und geschilderten Sachverhalte" gelten kann
(W. Preisendanz, 1976, S. 159). Darin ist zumindest mit J. Ritter
Übereinstimmung gegeben, für den es „der Kunst" bedarf, die geheime
Zugehörigkeit des durch den Ernst Ausgegrenzten zum ausgrenzenden
Ernst „herauszuarbeiten" (1974, S. 78); darin geht W. Preisendanz
andererseits — und nicht zu Unrecht — über S. Freud und H. Plessner
hinaus, während er demgegenüber wieder den Anschluß an M. Bachtins
Bestimmungen der „karnevalisierenden" Sehweise wahrt (1969,
S. 47 ff.).

Schließlich ergibt sich als dritter Aspekt, daß die komische Verarbeitung eine bestimmte *Richtung* hat. So bestimmt H. Plessner das Komische als „Kollision mit irgendeiner Norm" und als „Normwidrig-
keit" (1970, S. 96 f.); für J. Ritter beruht die komische Wirkung auf
bestimmten Kunstgriffen (wie Wortwitz, Wortverdrehung, Wortspiel
etc.) und auf dem sie organisierenden Prinzip der „Anspielung", wobei deren Funktion darin besteht, daß einerseits ein „Lebensbereich"

da und dort auftritt, „wo er ernsthafter- und anständigerweise nicht hingehört", daß dieser andererseits gerade „in der Weise des Anständigen und Zulässigen" seinen Auftritt erhält (1974, S. 74); M. Bachtin wiederum spricht von der karnevalistischen „Familiarisierung", „Deplazierung", „Mesalliance", „Profanation" (1969, S. 48 f.); W. Preisendanz endlich sieht das „dem Komischen eigentümliche Irritationsmoment" in „der Verleugnung dessen, was für den normativen Ernst Geltung und Bedeutung hätte"; nach ihm dispensiert sich die komische Darstellungsweise „von der Beachtung des aptum, des in jeder Beziehung Gehörigen"; desavouiert sie die „primären, normalen, erwartungsgemäßen Möglichkeiten", solche Sachverhalte zu verarbeiten und zu behandeln, die bei aller geschichtlich und kulturell bedingten Relativität doch einem „allgemein verbindlichen, autoritativen Begriff der Humanität" nach als böse, verwerfliche, makabre Dinge gelten (1976, S. 159).

Mit diesen aus der Komik-Diskussion gewonnenen Bestimmungen sind Ansätze gefunden, das parodistische Prinzip der „antithematischen Behandlung" noch weiter zu erläutern.

Zunächst einmal steht für uns außer Frage, daß es sich auch bei der Komik der parodistischen Schreibweise um eine — wie W. Preisendanz (1975, S. 552) sagt — „erzeugte, arrangierte, veranstaltete", „in kommunikativer Absicht provozierte" und darin „reflexive Komik" handelt. Das halten wir selbst bei den — in der Regel institutionenkritischen — Schülerparodien für zutreffend. Mag in solchen Fällen das „Reflexive" auf der Textebene auch noch so reduziert zum Vorschein kommen, es ist gleichwohl das Ergebnis einer — artistisch vielleicht noch so fragwürdigen — Elaboration. Denn sie bringen in kommunikativer Absicht Beziehungen zwischen dem offiziell Geltenden und dem offiziell Nichtigen heraus, die mit H. R. Jauß beschreibbar sind: die kognitive Funktion des Lachens muß entgegen der Auffassung J. Ritters nicht „notwendig (...) dem Akt des Lachens selbst entspringen", sondern kann auch „aus einer durch ihn ausgelösten anschließenden Reflexion hervorgehen" (1975, S. 554). Darauf kommen wir später noch einmal zurück.

Sodann können wir die Beobachtungen zur komischen Verarbeitung aufnehmen, um die Richtung der antithematischen Behandlung in der Parodie als *Herabsetzung* zu bestimmen. Dabei nimmt eine zentrale Bedeutung zweifellos das Schicklichkeitsmodell ein, dem bereits J. Ritter in dem zweiten, der Theorie des Komischen und des Lachens gewidmeten Teil seiner Studie einen grundlegenden Stellenwert beimißt — und zwar insofern, als er die komische Wirkung aus einem

Spiel hervorgehen sieht, in welchem „in der Maske des Anständigen und Zulässigen" eben „der Lebensbereich des „Nichtanständigen"" zu Wort kommt (1974, S. 74). Das mag auf den ersten Blick verwundern, weil damit der Verdacht nahegelegt ist, hier werde eine historisch überwundene, in der antiken Rhetorik formulierte und von ihr entscheidend mitbestimmte Literaturkonzeption ausdrücklich oder implizit zum normativen Ausgangspunkt für die Theorie des literarischen Komischen — und die generöse Bemerkung W. Preisendanz', die Komik der Kunst dispensiere gezielt „von der Beachtung des aptum", scheint jenen Verdacht eher zu bestärken als zu entkräften.

Allerdings muß man auf den zweiten Blick eine solche Befürchtung ganz entschieden problematisieren, d. h. genauer: auf ihre unterschiedlichen Prämissen untersuchen. Legt man J. Ritter das antik-rhetorische Schicklichkeitsmodell unter, so würde das zur Anerkennung dessen verpflichten, was R. Alewyn über die literarischen Gattungen des Barock gesagt hat und was im Grunde für die Literatur insgesamt bis weit ins 18. Jh. gilt:

(. . .) eine Gattung (ist) ein deutlich umrissenes Modell, in dem nicht nur ein obligater Komplex von Stoffen, Motiven und Personen, nicht nur eine obligate Sprache und Technik, sondern auch ein vorgeschriebenes Weltbild und ein vorgeschriebener Gedankengehalt so zusammengehören, daß keiner seiner Bestandteile verrückbar oder auswechselbar ist (1963, S. 22).

Indes ist mit dieser kanonischen Einheit von Gegenstand, Stilebene, Thema, Gattung und Weltverständnis das Schicklichkeitsmodell J. Ritters nicht zu erfassen und zu vergleichen (siehe dazu ›Über das Lachen‹, 1974, S. 71). Andererseits wäre es aber abwegig und unsinnig, mit der genieästhetischen Epoche das Schicklichkeitsmodell als völlig überholtes und ferner nicht wirksames Fundament zu betrachten. Eine solche Annahme widerspräche — das zeigen die weitgestreuten Äußerungen unterschiedlichster Herkunft hoffentlich deutlich genug — dem faktischen Rezipientenverhalten ebenso wie den entsprechenden Antizipationen der Literatur- und Kunstproduzenten. Das Schicklichkeitsmodell hält sich — allerdings ohne irgendwelche ontologische Garantie — in der Form von Sprachspielregeln durch, die auf der Teilhabe an einem gemeinsamen soziokulturellen Kontext beruhen.

In diesem Rahmen kann die antithematische Behandlung der Vorlage mit dem Sprachspiel J. Ritters als ein Prozeß beschrieben werden, bei dem einerseits das Unziemliche und Unpassende, das Nicht- und Unanständige „ausgespielt", andererseits im „Ausspielen" und „Hineinspielen" zugleich dem Geziemenden und Anständigen, dem Zu-

lässigen und Schicklichen auf eine ungehörige Weise „mitgespielt"
wird.

Was nun aber dieses „Zulässige", „Anständige", „Unpassende" und
„Unanständige" bei Vorlage und Parodie ist, läßt sich — und damit
wird natürlich auch die Übernahme des Vokabulars problematisch —
nicht substantiell definieren oder gar aus Kinder-, Tisch- und Ehe-
zuchten gewinnen. Daran ändert selbst die Tatsache nichts, daß zumindest das Obszön-Unanständige häufig im Repertoire der Parodisten zu finden ist; auch dieses Unschickliche kann nämlich in jenem
anderen Sinne unschicklich sein! Nicht einmal die höchst allgemeine
Gleichsetzung des „Zulässigen" mit dem „offiziell Geltenden" scheint
uns in diesem Fall legitim, weil damit wiederum die Gefahr besteht,
daß die Parodie ausschließlich zum „progressiven" oder gar „system-
verändernden" Instrument erklärt wird. Demgegenüber glauben wir,
daß es hier gar nicht primär um faktische Geltung als vielmehr um den
Anspruch auf Geltung geht — ein Anspruch, der auch von dem
(Noch-)Nicht-Geltenden erhoben werden kann und gewiß mit jedem
Text erhoben wird.

Dabei ist hiermit sehr Unterschiedliches gemeint; in jedem Fall ist
es zunächst einmal die Forderung, sich überhaupt in adäquater Weise
auf den Text einzulassen, d. h. die Sinnkonstitution des Textes seiner
Struktur und seinem Kontext gemäß zu vollziehen. Daneben sind es
natürlich auch Ansprüche, die mit und über dem Text artikuliert werden, und zwar bis hin zu seiner Funktion als weltanschauliches Substrat für bestimmte Rezipientengruppen.

Wenn aber, wie wir annehmen wollen, das „Zulässige" von jedem
Text neu und anders bestimmt wird, darf auch das „Unpassende" und
„Unzulässige" nur jeweils *in Relation* zu diesem definiert werden.
Hier liegt für uns auch der Grund, weshalb wir meinen, daß die parodistische Schreibweise allein im Rahmen der Komik und nicht des
Humors zu beschreiben ist. Allerdings bedürfte es dazu überhaupt erst
eines einheitlichen Humorbegriffs, über den wir indes ebensowenig
historisch wie systematisch gesichert verfügen. Geht man gleichwohl
bei der humoristischen Schreibweise im Unterschied zur komischen mit
W. Preisendanz davon aus, daß für sie das Moment der „Totalität",
d. h. des „Ganze[n] des Weltverhältnisses" (1977, S. 57 f.) zu fordern
ist, so erfüllt die Parodie eine solche Bestimmung gerade nicht; ihre
Bezugnahme bleibt partiell auch dann, wenn sie aufgrund ihres metonymischen Charakters mit der Vorlage zugleich den 'dahinter' liegenden
Text- und Kulturmodellen „mitspielt".

„Mitspielen" aber heißt nicht einfach „abweichen"; insofern können wir W. Karrer nur zustimmen, daß die Parodieforschung „mit dem einfachen Fallenlassen" der aptum-Lehre einen unverzeihlichen Verzicht täte (1977, S. 57).

Für die geglückte Kommunikation — für die das Erkennen von Gattungen oder Schreibweisen zweifellos eine elementare Voraussetzung ist — reicht es im Falle der Parodie eben nicht aus, daß ein Hörer oder Leser lediglich die Spielregeln der Vorlage erfaßt und die Abweichungen der Adaption registriert. Was in jedem Fall noch hinzukommen muß, ist die Fähigkeit, die Abweichung zu *qualifizieren*, d. h. ihre — wie wir vorhin sagten — „Richtung" anzugeben. Nicht das Akzeptieren eines verbindlichen Kanons von Themen und Verfahren ist demnach gefordert, wohl aber die Kompetenz — und sie ist sicherlich Teil einer umfassenden pragmatischen Kompetenz —, aufgrund eines gegebenen set von Regeln Abweichungen auch als das schlichtweg Unziemliche und Unpassende zu erkennen.

(2) Paradigmen der Rezeption

Zweifellos ist mit „Komik und Kritik" ein für jede Parodie-Theorie unumgängliches Thema bezeichnet, auch wenn es häufig nur unter dem Stichwort „Komik *oder* Kritik" in den Parodie-Diskussionen aufgetaucht ist — und zwar vor allem im Zusammenhang mit der Unterscheidung zwischen einer „bloß komischen" und einer „kritischen" — gelegentlich auch „satirischen" — Parodie.

In der Geschichte der Parodie-Theorie ist die Unterscheidung nahezu topisch tradiert; wir finden sie in C. F. Flögels Kombinatorik ebenso wie in F. Grillparzers ›Zerstreute Gedanken über das Wesen der Parodie‹ (1808) oder bei A. Liede und E. Rotermund. Die ›Aesthetik‹ F. Th. Vischers — das ist zur Vermeidung von Fehlinterpretationen sogleich zu betonen — kann man hierfür allerdings nicht reklamieren. Darin wird zwar die „reine Komik" abgehandelt, mit der „bloßen Komik" darf sie aber keinesfalls gleichgesetzt werden. Denn „einzelne gegebene Formen und Erzeugnisse der Poesie ins Komische zu ziehen, sei es durch Unterschiebung eines kleinen Subjekts unter die Prädikate des großen und heroischen im *parodierten*, sei es durch Belassung des Subjekts und Vertauschung der großen Prädikate mit kleinen und ungereimt modernen im *travestierten* Original" (F. Th. Vischer, 1923, Bd. 6, S. 362; Hervorhebungen dort), sind für ihn gerade die Kennzeichen der noch immer vom „stoffartigen Unwillen" bestimmten nichtfreien Komik, während der „echte Komiker (. . .) stattdessen die Literatur mit einer neuen Form" beschenkt (1923, S. 362). Es dürfte deutlich sein, daß F. Th. Vischer mit dieser Argumentation das von Ju. M. Lotman formulierte Kriterium der „positiven Struktur" bereits vorwegnimmt; freilich scheint das Argument bei einigen Forschern, die Cervantes' ›Don Quichote‹ zur Parodie erklären — und gerade an diesem Werk expliziert F. Th. Vischer seine Überlegungen —, in Vergessenheit geraten zu sein.

Zumindest im Hinblick auf das Rezipientenverhalten ist die Unterscheidung nun aber keineswegs so selbstverständlich, wie sie auf den ersten Blick scheinen mag. Wir wollen in diesem Zusammenhang noch einmal an den schon im bewertungsgeschichtlichen Kapitel (III.1) zitierten Text G. G. Röllers erinnern:

> Ja, ich hass' ihn, liebes Männchen.
> So das Schöne zu entweihn!
> Immer fällt das Kaffeekännchen
> Mir bey Schillers Glocke ein   (1818, 11).

Interessanterweise ist nämlich der Grund dieser sehr konkreten Entweihung eine schon vom Autor selbst „spielerisch" und als „Spaß" gemeinte „Parodie", die tatsächlich an Harmlosigkeit kaum noch zu überbieten ist:

> In der Walze Form gebrochen
> Liegt die Trommel da von Blech.
> Jetzo will ich Kaffe kochen,
> Mägde, lauf' mir keine weg.
> (G. G. Röller, ›Der Kaffee‹, in: Z. Funck, 1840, I, 29 ff.).

Der Vorwurf der „Beschädigung", den G. G. Röller selbst thematisiert, um ihn im weiteren dann als ein Mißverständnis des Rezipienten darzustellen, ist nicht singulär, sondern läßt sich an zahllosen Beispielen der Almanach-Tradition nachweisen. Die merkwürdige Ambivalenz der Argumentation — einerseits Betonung des „Frevelhaften", „Minderwertigen" und „Zerstörerischen", andererseits zugleich Verharmlosung als „Ulk" oder „Spiel" — läßt darauf schließen, daß die Rezeption entgegen idealisierenden Beschreibungen faktisch eher mit einer gewissen mechanischen Zwanghaftigkeit abläuft, und zwar so, wie jenes „Frieda, wann kommste wieda" prompt beim Hören der ›Unvollendeten‹ F. Schuberts „miteinfällt".

Für diese Annahme gibt es durchaus Beispiele aus der Rezeptionsgeschichte:

Caroline Pichler, die in ihrem Aufsatz von 1807 gegen die Auffüh-

rung der Theaterparodien und -travestien zu Felde zieht, weiß nämlich
nicht nur zu berichten: „Das Volk läuft haufenweise in diese Stücke,
die Casse wird gefüllt, der Autor bezahlt, und der Zweck der Kunst
erreicht" (1970, S. 154); sie beklagt auch den verderblichen Einfluß
des angeblich in solchen Stücken verkörperten „ökonomisch-egoisti-
schen Zeitgeistes" auf die Schaubühne und die „hohe" Literatur insgesamt:

Der Jüngling, der in den Schulen seinen Homer und Vergil mit glühender
Seele las, und die Göttergestalten treu in der reinen Brust bewahrte, der
vielleicht die Anregung zu mancher guten That, wenigstens zu manchem edlen
Vorsatz aus dem vertrauten Umgange mit jenen Geistern erhielt, das Mädchen,
dem aus der alten Geschichte, aus dem Telemach, in einer Alceste, Antigone,
Penelope, ein Urbild höherer weiblicher Würde vorschwebte, sehen nun auf
der Bühne ihre verehrten Muster als lächerliche Fratzen erscheinen. Der Nim-
bus verschwindet (. . .), der Heros sinkt zur gewöhnlichen Menschheit, oft
noch unter sie herab, und unwillkürlich kettet, selbst wenn ein besseres Ge-
müth von diesen Eindrücken nicht vergiftet wurde, eine komische Idee, ein
lächerlicher Zug, ein drolliger Ausdruck sich geheim, aber unabtrennbar, an
das ehemals reine, verklärte Bild (1970, S. 155).

Auch wenn gegenüber der reichlich „glühenden" Beschreibung der
Lektüre der Alten Skepsis angebracht ist — wir erinnern an die schon
zitierte Jugenderinnerung H. Blümners über die Plackerei der ›Aeneis‹-
Lektüre und das Vergnügen an der Travestie A. Blumauers; die Beobachtung einer zwischen Muster und Herabsetzung changierenden
Wahrnehmung im Akt des Lesens bzw. Zuschauens — W. Iser hat dies
als „Kipp-Phänomen" zu beschreiben versucht (1976, S. 398 ff.) —
ist dennoch sehr interessant. Nicht zuletzt deshalb, weil sie auf einer
Erfahrung beruht, die C. Pichler in ihren Memoiren beschrieben hat.
Darin gibt sie den Eindruck wieder, den die Lektüre „ernste[r] Bücher"
wie J. G. Herders ›Ideen zur Philosophie der Geschichte der Menschheit‹, aber auch die Lektüre lateinischer Klassiker auf sie gemacht hat.
Daß sie dabei gegen den Strich der traditionellen Lesart den Turnus
in der ›Aeneis‹, wie den Hektor in der ›Ilias‹, in ihr Herz geschlossen
hat, erklärt sie u. a. damit:

Vielleicht war der Umstand, daß ich Blumauers Travestie früher als das Original gelesen, viel schuld an meiner Abneigung gegen den frommen Helden,
aber ich konnte nicht umhin, diesen Mann (. . .) bei jeder Gelegenheit steif
und fade zu finden und immer in ihm den Äneas ganz von Butter zu sehen,
wie ihn Blumauer auf einer Torte darstellt (1914, I, S. 134 f.).

Was in den Bemerkungen C. Pichlers eine rezeptionspsychologisch
durchaus plausible Erklärung findet, wird in einer Äußerung aus der-

selben Zeit zur Grundlage einer „frech-frivolen" Forderung. Wie wir schon angeführt haben, dankte F. Schleiermacher in einer postwendenden Reaktion A. W. Schlegel für die ›Kotzebuade‹, sie habe bei gemeinsamer Lektüre mit L. Tieck „unauslöschliche[s] Gelächter" provoziert. F. Schleiermacher ging in seinem Brief aber noch einen Schritt weiter; denn er fügte hinzu: „und es steht zu hoffen, daß manche Stücke gar nicht werden gegeben werden können, ohne daß jedermann an Ihre göttlichen Parodien denkt und lautes Gelächter das ganze Haus ergreift" (1922, S. 199).

Erinnert man sich, welcher Art diese Parodien nun tatsächlich sind, wird die von E. Rotermund suggerierte Vorstellung einer lange geschichtliche Dauer beanspruchenden „goldenen" Parodie doch erheblich revidiert. Zudem zeigt das Zitat, daß E. Rotermund eine etwas entstellende Kontamination der Formulierungen Schleiermachers mit jener K. Kerényis über Th. Mann vornimmt (vgl. die Einleitung zu ›Gegengesänge‹, 1964, S. 36).

In einer gewissen Weise gehen die Hoffnungen F. Schleiermachers nun auch noch in einem theatergeschichtlichen Ereignis auf, worauf uns ein Hinweis W. Preisendanz' brachte: In der Biographie des Schauspielers A. F. Mitterwurzer berichtet J. J. David über ein selbst für die heutige Theaterpraxis ungewöhnliches Geschehnis. Als sich der in seiner Zeit gefeierte Mime in der dritten Phase der Tätigkeit am Burgtheater von 1894 bis 1897 erneut an der schwierigen Rolle des Holofernes in F. Hebbels ›Judith‹ „mit großem Ernste" versuchte — die Judith spielte übrigens Adele Sandrock —, geschah folgendes:

Mitterwurzer „war ganz Stil, ganz assyrischer Feldhauptmann, schien entschlossen, alle seine Kraft an diese Aufgabe zu setzen. Und zunächst war unter den Zuschauern eine gewisse Neugier und Spannung, und der Dichtername Hebbels machte denn auch seine Wirkung. Je weiter der Abend aber vorrückte, desto mehr gewann das vergnügliche Erinnern die Oberhand, desto minder wollten Stimmung und Ergriffenheit rege werden; da und dort jenes Schmunzeln, das so gefährlich ansteckend wirkt. Mitterwurzer merkte das wohl. Kurz entschlossen und wie ein richtiger Feldherr änderte er die Front. Friedrich Hebbels Banner sank, das Johann Nestroys stieg auf. Er spielte den Holofernes parodistisch zu Ende" (J. J. David, o. J., S. 39 f.).

Übrigens weiß auch E. Hanslick von einem verblüffend ähnlichen Ereignis mit J. N. Nestroy und dem Wiener Publikum zu berichten: „Noch etwas recht Komisches ereignete sich in dieser Première. Man hat in Wien die ›Tannhäuser-Parodie‹ früher kennen gelernt, als die Oper selbst. Abend für Abend stürmte das Publikum ins Carltheater, wo (mit Nestroy als Landgraf, Treuman als Tannhäuser) diese köstliche Travestie die Zuhörer erheiterte. Eine der drolligsten Scenen spielte der Komiker Knaack. Er saß als 'Hirtenknabe' auf einem entlaubten Baume, sang oder meckerte vielmehr das Mailied und blies das Ritornell anstatt auf der Oboë, auf dem Fagott. Die Wirkung war unbeschreiblich. Als nun in der ersten Aufführung des wirklichen ›Tannhäuser‹ im Operntheater der Hirtenknabe auf dem Hügel sein Mailied anstimmte, ging eine schwer zu bändigende Heiterkeit durch das ganze Haus. Alles mußte an Knaack und sein impertinentes Fagott denken. Der treffliche Stuttgarter Tenorist Grimminger, welcher den Tannhäuser sang, ging in stummem Spiel auf der Bühne hin und her und besah sich, immer unruhiger und verlegener, von oben bis unten, in der Meinung, irgend ein lächerlicher Verstoß in seiner Toilette sei die Ursache der allgemeinen Heiterkeit. Dies alles vernahm Wagner mit Interesse (. . .)" (1894, 2. Bd., S. 4 f.).

Die Äußerungen über die Folgen der ›Aeneis‹-Version A. Blumauers, der ›Kotzebuade‹ A. W. Schlegels oder von J. N. Nestroys ›Judith und Holofernes‹ bzw. ›Tannhäuser‹-Travestie dürften deutlich gemacht haben, daß für ¸die Seite der Rezipienten die immer wieder getroffene Unterscheidung zwischen einer „bloß komischen" und einer „kritischen" Parodie äußerst fragwürdig ist. Sie bestätigen zudem die 'rezeptionslogische' Annahme Jean Pauls in § 33 der ›Vorschule der Ästhetik‹, daß das Komische so wenig dem Pathetischen vorarbeitet „als die Abspannung jemals der Anspannung, sondern umgekehrt" (1963, S. 130). Auch lassen sie die schon kritisierte Überlegung Ju. Tynjanovs, wenn „die Parodie einer Tragödie eine Komödie wird, so kann die Parodie einer Komödie eine Tragödie sein" (1971, S. 371), als eine ausschließlich aus der Theorie abgeleitete Überlegung sichtbar werden.

(3) „Bloß komisch" und „kritisch komisch"

Immerhin wäre es denkbar, daß wir nur Beispiele aus einem Kapitel unglücklicher Rezeptionsgeschichte zitiert haben und daß für den Produzenten solche Unterscheidungen sehr wohl relevant sind, mithin auch für das Gelingen der Kommunikation eine Rolle spielen.

Nun sind aber die Aussagen der Parodie-Autoren zu diesem Thema leider keineswegs eindeutig; während beispielsweise F. Grillparzer drei Typen aufzählt: „die bloß ergötzende", „die zugleich auch belehrende", „die persiflierende" und dabei freilich den zweiten Typ als „die edelste Art der Parodie" lobt (1963, S. 294), formuliert F. Mauthner im Vorwort zu ›Nach berühmten Mustern‹ (1897): „alle Parodie müsse Kritik sein, oder sie dürfe gar nicht sein" (S. 6). Ebenso hat R. Neumann die Rolle der Parodie als Instrument der Kritik betont, wobei freilich seine Beschreibung des Verfahrens mit einem auffällig subversiven Vokabular erfolgt („in den Panzer einschleichen", „unter falscher Flagge segeln", „von innen in die Luft sprengen" etc.). Erschwerend kommt noch hinzu, daß man bei solchen Äußerungen nicht immer genau weiß, ob sie deskriptiv oder präskriptiv sind. F. Mauthners Formulierung ist sicherlich nur als Postulat zu verstehen, während man bei R. Neumanns vorgeblicher Deskription nie genau weiß, ob er im Grunde nicht lediglich die *gelungene* Parodie meint.

Bevor wir versuchen wollen, dennoch eine Vermittlung der divergierenden Meinungen zu erreichen, scheint uns eine gewisse Explikation der Termini angebracht zu sein: Als „bloß komisch" sollen danach jene Texte gelten, die keine tatsächlichen Mängel der Vorlage aufdecken, sondern sie lediglich lächerlich machen, beispielsweise über das häufig hierzu verwendete Verfahren des Kalauers. Im Rahmen der Argumentation C. F. Flögels würde dies heißen, daß der Bezug zur Vorlage nur durch „Nebenideen" besteht. Hiervon wäre dann eine solche Form der Parodie zu unterscheiden, die sich — im Sinne der „Hauptideen" C. F. Flögels — auf vermeintlich gegebene Mängel des Originals bezieht. Indem die Entscheidung, ob eine Parodie „bloß komisch" oder „kritisch komisch" bzw. „satirisch" ist, nur in Relation zur Vorlage zu treffen ist, dürfte deutlich sein, daß mit diesen Prädikaten nicht einfach materiell vorfindbare Textmerkmale bezeichnet werden können.

Wir erinnern in diesem Zusammenhang noch einmal daran, daß ja auch die durchaus kritisch gemeinte Parodie A. W. Schlegels auf F. Schillers ›Würde der Frauen‹ zumindest auf den ersten Blick eher als Bierzeitungs-Ulk erscheint! Daher kann neben den oben zitierten Rezipientenaussagen gerade dieses Beispiel als gutes Argument gegen den Versuch dienen, die Frage der Wirksamkeit einseitig zugunsten eines der beiden Arten zu entscheiden — etwa nach dem Schema: „bloß komisch" = „harmlos", „komisch-satirisch" = „wirkungsvoll". Es wäre nämlich ein erfolgloses Bemühen, „Hauptideen" in diesem Text A. W. Schlegels zu suchen; er ist — hier trifft P. Rühmkorfs Bezeichnung genau zu — „lyrische Kurzware", und seine Verfahren sind überdies an jenem „Hinunternumerieren" orientiert, das R. Neumann so verächtlich ablehnt. Gleichwohl hat aber A. W. Schlegel die Wirksamkeit seiner Parodie — und ihre Rückwirkung — in einer Weise eingeschätzt, die ihn zeitlebens von einer Veröffentlichung Abstand nehmen ließ.

Ganz entsprechend betont auch E. Rotermund, daß bei einigen der Parodien H. v. Gumppenbergs „die parodistische Wirkung" nur „durch banale Kunstgriffe" entstehe, gleichwohl aber „sehr stark" sei (1963,

S. 53). E. Rotermund führt dies auf die „disharmonische" Struktur zurück, die er auch bei diesen Texten beobachtet. Uns scheint eine solche monokausale Erklärung allerdings unzureichend zu sein; wir vermuten eher, daß hier ein ganzes Relations-Bündel zu berücksichtigen ist, und zwar insbesondere jene Faktoren, die gemeinhin unter der Bezeichnung „pragmatischer Kontext" zusammengefaßt werden: also beispielsweise die Einschätzung der parodierten Vorlage entsprechend der Mentalität einer Gruppe, einer Schicht oder gar einer Nation; die Gefahr von Sanktionen, der Einengung von Spielräumen komischer Textverarbeitung auch durch den Autor (vgl. etwa F. Schillers ›Gedanken über den Gebrauch des Gemeinen und Niedrigen in der Kunst‹ oder S. Georges ›Blätter für die Kunst‹); das Akzeptieren solcher Spielräume durch das jeweilige Publikum; die Einschätzung und Praxis des Parodierens im Rahmen der jeweils herrschenden Ästhetik etc.

(4) Parodie und Satire

Allein von der Wirkung her dürfte es demnach schwerfallen, eine solche Unterscheidung zu legitimieren. Wie überhaupt zu vermuten ist, daß hierfür weniger der Wunsch nach Klassifikation als vielmehr nach Disziplinierung zumindest eines Teils der Parodien entscheidend war.

Dafür spricht zweifellos die auch heute noch gängige Orientierung an einer bestimmten Vorstellung von Satire, insbesondere auch an der Forderung nach Realisierung des satirischen Maßstabes, des „Ideals", mit dem das Kritisierte konfrontiert wird.

Zwar räumt E. Rotermund, der diese Forderung nochmals explizit aufstellt (vgl. dazu auch die Nachweise bei M. Bührmann, 1933, S. 170), durchaus ein, daß mit „Ideal" nicht „ein ewiges Maß der Satire gemeint [ist], sondern das positive Bild der Dichtung, der Gesellschaft, des Staates, wie es in der Subjektivität des Satirikers als Wunsch oder Forderung besteht" (1963, S. 27) — abgekürzt könnte man auch sagen: seine Weltanschauung; dennoch halten wir eine Korrektur zu weitgehender Postulate für dringend erforderlich — und zwar nicht nur im Interesse der parodistischen Schreibweise!

Bereits F. Th. Vischer hat eine wichtige Einschränkung gemacht, indem er, Bemerkungen F. Schillers aufnehmend, die Parodie der „indirekten Satire" zuordnet: „Die Idee, der Maßstab der Dinge, wie sie sein sollen, wird nicht mehr ausdrücklich fixiert und für sich hingestellt, sondern als eine verhüllte Macht, als verschwiegen wirkende Folie den Dingen untergeschoben; nun wird nicht mehr direkt gesagt: so sollte die Welt sein und so ist sie doch nicht, sondern die geschilderten Gegenstände selbst müssen dies durch ihre Widersprüche, ihre Mißgestalt bekennen" (1923, Bd. 6, S. 361).

So wichtig diese Einschränkung schon ist, sie kann andererseits logisch kaum plausibel machen, wie aus der negativierenden Überzeichnung noch die positive Formulierung, das „Ideal", gewonnen werden könnte; und auch der Versuch, über das Ensemble der Parodien eines Autors wenigstens dessen Idiosynkrasien zu präzisieren, verspricht nur wenig Erfolg, da ein solches Korpus zumeist sehr heterogen und damit wenig signifikant ist. Will man daher als jeweiliges „Ideal" nicht lediglich eine Platitüde angeben — etwa: „Kampf dem Mittelmäßigen" bei R. Neumann u. a. —, sollte man ganz auf dieses Postulat, vor allem als Kriterium der Beurteilung verzichten. Entgegen der schon von F. Schiller erhobenen Forderung, daß das Ideal zumindest „im Gemüte zu erwecken" sei, sollte sich eine Funktionsbestimmung damit begnügen, daß der Grund für die Parodie — auch dann, wenn man sie als Satire versteht — sehr wohl „eine bloß sinnliche Quelle haben", daß sie mithin auch auf dem „Widerstreit" der Vorlage „mit unserer Neigung" beruhen kann — also genau in jenem Interesse begründet ist, das F. Schiller noch abwertend als rein „materielles" dem „gemeinen Satiriker" zuschreibt (vgl. ›Über naive und sentimentalische Dichtung‹ 12. Bd. S. 193 ff.).

Der Verzicht auf ein dermaßen postuliertes Ideal scheint uns um so notwendiger zu sein, als W. Preisendanz in einer Untersuchung ›Nestroys komisches Theater‹ zu dem Ergebnis gelangt: „Überdies ist es mindestens seit Freud obsolet, das Komische auf den Abstand zwischen Ideal und Wirklichkeit, Utopie und Empirie zurückzuführen und die *vis comica* vom Verfügen über ein Korrektiv im Sinn eines Ideals, einer Utopie abhängig zu machen" (1969, S. 22). Damit ist nicht bloß die in der Regel an literarhistorisch weiter zurückliegenden Mustern orientierte Forderung an den Satiriker nach Präsentation des „Ideals" auf der Textebene aufgegeben, sondern selbst die diesbezügliche, freilich noch immer der klassischen Kunstdoktrin verhaftete Einschränkung F. Th. Vischers — für ihn stellte Nestroys Theater ja eine „Verrohung des ästhetischen Gefühls" dar — aufgehoben, indem auch die Vergewisserung und Garantie satirischer Kritik in einem „Ideal" zurückgenommen wird.

In einem Statement ›Negativität und Positivität im Satirischen‹ zieht W. Preisendanz hieraus die Konsequenz, in der Forderung nach einem positiven Gegenbild „ein bloßes dummy element" der Satire-Theorie zu sehen. Denn es sei — insbesondere in neueren Literaturbeispielen — nicht das positive Gegenbild, das zum Vorschein kommt, sondern eine „Negativität", die sich in ihrer Potentialität schlechterdings an keine „definitive Gegenbildlichkeit" mehr rückbinden lasse (1976, S. 413 ff.).

Geht damit W. Preisendanz gerade auch im Hinblick auf C. Sternheims Stücke ›Aus dem bürgerlichen Heldenleben‹ noch über S. Vietta und H.-G. Kemper hinaus, für die bei Sternheim zwar keine „positive Anthropologie" mehr vorausgegeben ist, dessen „Satiren" aber immer noch „eine Kritik" darstellten, „die das Positive (. . .) als Negativbild des Kritisierten andeutend entwirft" (1975, S. 102), so hat man auf die Begründung seiner Theorievorschläge zu achten. W. Preisendanz appliziert Überlegungen W.-D. Stempels zur ›Ironie als Sprechhandlung‹ (1976): „Wenn das Wissen und Wollen des Guten, das dem satirischen Angriff Basis und Stoßrichtung verschafft, latent bzw. implizit bleibt", dann gilt — ähnlich der ironischen Rede — für die satirische, „daß der Sprecher das Gegensatzpotential vom Adressaten bezieht". Es sei mithin fruchtlos, „darüber nachzusinnen, was dieses latente, unausgesprochene, außerhalb des Dargestellten existierende Gegenbild wohl sei, das die satirische Indignation begründet". Die Latenz des Gegenbildes ist vielmehr eine Negativität, die „gewiß nur im Hinblick auf das [ist], was negiert wird, aber ungewiß bezüglich dessen, was an seiner Stelle gelten soll, denn die Potentialität des non-a läßt sich nicht auf einen einfachen Gegensatz bringen". Damit aber sind die unterschiedlichsten Konkretisierungen des Satirischen freigegeben: von der des Satirischen als Humoristischen im Sinne des Jean Paulschen Begriffs der „humoristischen Totalität" über Zwischenstufen affirmativer Rezeption (Brecht-Beispiel) bis hin zur Frustration durch das Außerkraftsetzen der „konversationellen Implikatur" (1976, S. 413 ff.) — also jenes von H. P. Grice konstruierten „Netz[es] von Treu- und Glaubenshaltungen", das erfolgreiche Kommunikation garantieren soll (W.-D. Stempel, 1976, S. 210 ff.).

Genau von hier aus lassen sich Beziehungen zur Parodie herstellen. So ist vor allem der Aspekt eines Außerkraftsetzens der „konversationellen Implikatur" wichtig. Er erfaßt zumindest für einen Teilbereich der Satire das, was wir für die Funktion der antithematischen Behandlung der Vorlage durch die Parodie generell meinen annehmen zu können. Denn sowenig „parodistischer Mutwille" sich einem Gerechtigkeitspostulat beugt — wir kommen gleich darauf zurück —, sowenig sind die Verfahren der parodistischen Schreibweise darauf angelegt, „daß ihre Negativität für ein positives Gegenbild transparent wird" (W. Preisendanz, 1976, S. 415).

(5) Parodie und diskursive Kritik

Noch wesentlich restriktiver als das in Analogie zur Satire-Theorie aufgestellte Postulat eines „positiven Gegenbildes" ist die Forderung nach „Gerechtigkeit" gegenüber dem Original, die gleichfalls im Zusammenhang mit der Unterscheidung zwischen „bloß komischer" und „kritischer" Parodie erhoben worden ist. Denn während jenes als ein impliziter Maßstab begriffen wird, der durchaus von der Subjektivität des Autors bestimmt sein darf, kann „Gerechtigkeit" letzten Endes nur heißen, daß der Parodie allein die Herabsetzung solcher Züge eines Textes gestattet wird, die ohne Not als Mangel zu begreifen sind. Und zwar offenbar von einer Instanz her, die unabhängig von den Regeln parodistischer Textverarbeitung ist.

In diesem Sinne fragt beispielsweise E. Rotermund in seinem Beitrag zum Stefan George-Kolloquium — es hatte sich die Sichtung des Werkes des Dichters „aus kritischer Distanz" zum Ziel gesetzt — danach, ob die George-Parodien „wesentliche Züge des Georgeschen Werks kritisch zur Erscheinung bringen. Wie groß ist ihr Erkenntniswert? Leisten sie fundierte Kritik oder tragen sie nur Vulgärkritik im sprachlichen Medium des Parodierten vor?" (1971, S. 213). Und „von dem Versuch einer Fundierung der parodistischen Satire im Werk des Parodierten" (ebd., S. 217) macht E. Rotermund ihre jeweilige Bewertung abhängig, für die er zudem Entsprechungen in der George-Philologie (ebd., S. 220) sucht. Und dementsprechend hatte er bereits in seinem Buch gefordert, daß dem Original „Gerechtigkeit" widerfahre und daß die „parodistische Wirkung" nicht — und sei sie „sehr stark" — durch „banale Kunstgriffe" entstehe (1963, S. 53).

Die hier deutlich werdende Vorstellung, daß dem Parodisten Restriktionen im Interesse des „Künstlerisch-Sittlichen" aufzuerlegen seien, bestimmt — damit wenigstens eine Stimme aus der Geschichte dieser Auffassung zu Wort kommt — implizit schon 1776 die Auseinandersetzung J. M. R. Lenz' mit F. Nicolais Travestie ›Die Freuden des jungen Werthers‹. Im 4. Brief „über die Moralität" des Originals enragiert er sich:

Nicolais Parodie ein Meisterstück? — Eine Schande seines Herzens und seines Kopfs (. . .) Es hätte Sie zu lachen gemacht? Mich auch, aber wie Demokriten mit Hohngelächter (. . .) Der ganze Wisch ist so unwitzig, so furchtsam, so hergestottert für eine Pasquinade, die Erfindung mit der Blutblase so armselig, die Scheidungen Werthers und Lottens so wenig in ihren Charakter hineingedacht (. . .) Soll er da vielleicht das Meisterstück bewiesen haben, da er die ganze Geschichte so schön durcheinanderzettelt, daß das Hinterste zu-

vorderst kommt, Szenen die nach der Verheuratung vorgingen, vor die Verheuratung setzt und damit möcht ich sagen die Seele der ganzen Rührung
herauszieht und alles zur elendesten Karikatur macht? (. . .) Und wie alles
sogleich elende jämmerliche Fratze wird, was sonst das Angesicht eines leiden-
den Engels war, sobald diese Bedingung (sc. diese heilige moralische Empfin-
dung der Unverletztlichkeit des ehelichen Verhältnisses) wegfällt (. . .) In der
Tat ein Meisterstück eines parodierenden Pasquillanten, wenn er nur sonst
Witz und Herz genug hätte Pasquillant zu sein (. . .) (1971, S. 864 f.).

J. M. R. Lenz' Vorwurf mangelnder Einfühlung, banaler Substitutionen, disproportionaler Dekomposition läßt sich mit E. Rotermunds
Forderung nach „einer Fundierung der parodistischen Satire im Werk
des Parodierten" völlig in Einklang bringen.

Dabei stellt sich die Frage, welche Regeln erfüllt sein müssen, daß
eine Nachahmung ein „Meisterstück eines parodierenden Pasquillanten" genannt zu werden verdient, heute so gut wie vor 200 Jahren.

Lautet doch eine Stellungnahme zur Inszenierung von J. Genets ›Der Balkon‹
in den Münchner Kammerspielen: „Die Provokation dieses Schauspiels (. . .)
bleibt auch dann erhalten, wenn man auf Zitate aus dem katholischen Gottesdienst verzichtet" (zit. nach ›Süddeutsche Zeitung‹ v. 18./19. 12. 1976, S. 15)
— was R. Goldschmit unter dem Titel ›Genets Provokation‹ zu dem Kommentar veranlaßte: „Provozierend, kirchliche Zeremonien und Symbole parodie-
rend, Gefühle der Moral und Religion beleidigend — das alles ist Jean Genets
Schauspiel ›Der Balkon‹ durchaus, und zwar mit Vorsatz (. . .) Auf Straf-
anzeigen wegen Religionsbeschimpfung (. . .) ist nun noch eine protestierende
Erklärung des erzbischöflichen Ordinariats gefolgt. Sie scheint maßvoll und
nicht verständnislos im Ton (. . .) Aber in der Sache ist die Erklärung fest
und streng. Doch hier ist Widerspruch anzumelden. Wenn das Ordinariat
meint, die Provokation dieses Schauspiels könne auch dann erhalten bleiben,
wenn die Aufführung auf Anspielungen auf den katholischen Gottesdienst
verzichte, so ist das nicht richtig. Gerade in solchen Anspielungen besteht ja
ein Teil der Provokation Genets. Die totale Provokation und die Schonung
von Gefühlen — das läßt sich schwer vereinen (. . .)" (ebd., S. 4).

Gerade der normative Anspruch in unserem letzten Beispiel weist
auf einen Konflikt zurück, der auch für C. F. Flögels Unterscheidung
von Haupt- und Nebenideen von entscheidender Bedeutung war. Denn
diese Unterscheidung verdankt ihre Formulierung ja gleichfalls nicht
einem rein deskriptiven, sondern einem vorwiegend normativen Interesse. Und zwar ist es der Wunsch, trotz der Einsicht, daß alle „Dinge"
lächerlich gemacht werden können, noch einen Katalog schutzwürdiger
Dinge zu postulieren, die an sich ohne Fehl sind und mithin auch nicht
der Lächerlichkeit preisgegeben werden sollten.

Unter diesem Aspekt wird die zur Konfliktlösung angebotene Unterscheidung zum Mittel der Disziplinierung: Die „kritische" Parodie ist nun im Grunde normenkonform, da sie lediglich das der Vorlage inhärente Lächerliche preisgibt, während die „bloß komische" entweder als besonders frevelhaft gilt oder aber — wenn sie sich an einer zum Parodieren freigegebenen Vorlage versucht — verharmlost wird als Spiel, Ulk etc.

Sieht man einmal von der solchen Überlegungen zugrundeliegenden Ontologie ab, findet man, sofern man nicht pure Hysterie unterstellen will, die Einstellung noch in K. Kraus' erbittertem Kampf gegen die „Klassikaner" wieder, wobei K. Kraus — übrigens selber Parodie-Autor — explizit von der Besudelung eines „nationalen Heiligtums" und von seiner Beschmutzung durch die „Humore" spricht.

Nun sollte nicht vergessen werden, daß wir bei unseren bisherigen Überlegungen nur *eine* mögliche Explikation von „bloß komisch" bzw. „satirisch-komisch" berücksichtigt haben, von der wir allerdings annehmen, daß sie noch am ehesten plausibel gemacht werden kann und daß sie zudem mindestens für die mit K. Müchler, C. F. Solbrig und G. G. Röller beginnende Almanach-Tradition repräsentativ ist. Denn der Blick in einen solchen Almanach läßt schnell deutlich werden, daß dort gerade jene Formen der Parodie als harmlos, spielerisch oder bloß komisch gelten, die vorwiegend mit dem Verfahren der Untererfüllung arbeiten und bei denen die Beziehung zur Vorlage im Grunde nur sehr locker, oftmals nur durch ein Wortspiel oder einen Kalauer geknüpft ist („Das Lied von der Glocke" — „Das Lied vom Rocke"; „Letzte Rose" — „Letzte Hose"; „Gefährlich ist's, den Leu zu wecken" — „Gefährlich ist es, Leim zu lecken"; „Du bist die Ruh" — „Du Biest gib Ruh" etc.).

Man kann hier sicherlich sagen, daß der Kalauer der Vorlage nicht „anhaftet" und nur auf einer „Nebenidee" beruht, während das Verfahren der Übererfüllung tatsächlich stets auf die Wiedererkennbarkeit von Zügen der Vorlage angewiesen ist. In der Regel — von der sogleich B. Brechts und P. Rühmkorfs Parodien in eindrucksvoller Weise abweichen — ist die mit Untererfüllung arbeitende Parodie auch die artistisch anspruchslosere und wird daher zumeist — worauf E. Heimeran hinweist — als „Sonderform des Gelegenheitsgedichtes" (1943, S. 12) oder aber als allen Ansprüchen sich versagende Schüler-Parodie auftreten. Besonders signifikant für die Einschätzung der „bloß komischen" und der „kritisch-komischen" Parodie ist ein Brief B. von Münchhausens, den E. Heimeran im Vorwort seiner Parodie-

Anthologie veröffentlicht und den wir wenigstens auszugsweise zitieren möchten:

Ich bin ein erbitterter Feind aller derjenigen Parodien, die eine Veralberung und Verunglimpfung eines großen Kunstwerkes bedeuten, und habe mich darüber ja in dem Schiller-Aufsatz meiner „Meisterballaden" heftig genug ausgesprochen. So konnte man etwa zwanzig Jahre lang nicht vom Erlkönig sprechen, ohne daß sofort einige der Anwesenden ins Lachen gerieten und anfingen, einem eine ekelhafte sächsische Veralberung dieses großen Kunstwerkes unseres Volkes herzusagen. Ähnlich ist es manchen Schillerschen Balladen gegangen, z. B. dem Handschuh, in dem die Schüler jeder Zeile abwechselnd zwei an sich belanglose Wörter anhingen, die immer von Zeit zu Zeit dem Gedichte einen unanständigen Inhalt unterlegten. Durch solche Parodien werden große Kunstwerke unseres Volkes beschmutzt, nicht anders, als eine Marmorstatue, der die Gassenbuben gewisse Körperteile anmalen, oder die Reproduktionen wertvoller Bilder in den Journalzirkeln, die von bösartigen Laffen durch aufgemalte Schnurrbärte, etwa an Leonardos wundersamem Mädchenbildnis, beschimpft werden. Wer mir eine Mark aus der Tasche stiehlt, der wird mit Gefängnis bestraft, wer aber ein großes Gedicht, d. h. einen der höchsten und seltensten Kulturschätze unseres Volkes durch eine solche Parodie verunglimpft, geht straffrei aus, obgleich die zwangsläufige Erinnerung an den Unfug einem das Werk auf Jahre hinaus unmöglich macht. — Neben diesen bösartigen Parodien, die sich immer auf ein einzelnes Werk beziehen, steht eine zweite Art, die streng davon zu unterscheiden ist. Sie verunglimpft nicht ein einzelnes Gedicht, sondern sucht ein neues Werk zu schaffen, das die Eigenart des Dichters zur Manier steigert. Es handelt sich hier also um eine beinahe wissenschaftliche Aufgabe: Alle Eigentümlichkeiten des Dichters übertreibend so zusammenzufassen, daß ein humoristischer Eindruck entsteht. Bei den bösartigen Verunglimpfungen ist es ganz gleichgültig, ob der Täter künstlerische Fähigkeiten besitzt oder nicht, — wer mir den Dolch zwischen die Schultern stößt, mag das kunstgerecht wie ein Metzger oder Chirurg tun, oder aber kunstlos wie der Straßenräuber, — das ist gleichgültig gegenüber der Tatsache der Körperverletzung. Wer aber eine Parodie der zweiten Art schreibt, der muß nicht nur ein feiner Kenner des gesamten Werkes, ja beinahe Philologe sein, sondern auch über eine hohe dichterische Gabe, mindestens dichterische Technik verfügen, wenn das Werk einem Gebildeten gefallen soll (1943, S. 7 f.).

B. von Münchhausens Brief bestätigt nicht nur unsere Annahme einer nahezu mechanischen Rezeptionsstörung durch die Parodie — oder zumindest durch eine bestimmte Art —, sondern ist zugleich auch ein Beleg für die Persistenz jener Vorstellung von absolut schutzwürdigen Dingen. Darüber hinaus macht er deutlich, an welchem Modell von Textverarbeitung sich das Gerechtigkeitspostulat orientiert. Es heißt nämlich im weiteren Verlauf:

Parodien dieser zweiten Art werden jedem gesunden und selbstbewußten
Künstler eine herzliche Freude sein, niemand wird so fröhlich darüber lachen
wie er. Denn jeder echte Könner kennt ja natürlich ganz genau auch seine
Schwächen, und nur die Steifleinenen (wie der humorlose George), oder die
gesellschaftlich Unsicheren, vertragen solche Neckereien nicht (1943, S. 8).
Die Proklamation eines Humors mit sehr beschränktem Spielraum
— am Ende des Briefes wird E. Heimeran sogar ersucht, „von solchen
[albernen] Parodien doch lieber abzusehen" — orientiert sich ganz
offensichtlich am Modell der diskursiven Kritik und ist damit für eine
ganze Reihe von Parodie-Theorien charakteristisch — allerdings auch
nicht weniger fragwürdig, als es jene in dieser Hinsicht sind.

Vor allem G. de Bruyn hat gegenüber einer solchen Orientierung und den
daraus abgeleiteten Postulaten Bedenken angemeldet, insbesondere in seinen
Bemerkungen zur Brecht-Parodie K. Tucholskys: „Da schreibt Tucholsky 1928
eine Kritik über Brechts Gedichte der ›Hauspostille‹. 'Sie vermitteln den stärk-
sten Eindruck, den unsereiner in der letzten Zeit in deutscher Lyrik gefunden hat.' Er macht nur eine Ausnahme: die 'wildromantischen songs. An
die glaube ich nicht.' Es folgen Zeilen schärfster Kritik und dann Seiten en-
thusiastischen Lobes der anderen Gedichte. Kurz danach schreibt er eine Parodie — auf diese exotischen songs, die für ihn 'schwächster Brecht' sind, und
kein Wort davon, daß er Brecht (neben Benn) für die größte lyrische Begabung Deutschlands hält. Mit Recht! Literaturparodie gehorcht anderen Gesetzen als Literaturkritik" (1972, S. 225).

Daß die Parodie tatsächlich anderen Gesetzen gehorcht als denen
der Literaturkritik — ganz abgesehen davon, daß sie ja oft auch einen
ganz anderen Gegenstandsbereich hat —, ist allein die Konsequenz aus
den für sie konstitutiven Verfahren. Denn als eine Form indirekter
Bezugnahme kennt die parodistische Schreibweise weder besondere
Nuancierungen noch abgewogene Urteile oder gar Begründungsver-
pflichtungen. Ob das Kritisierte oder Attackierte für die parodierte
Vorlage zentral oder bloß peripher ist, kann in der Schreibweise selbst
nicht mehr übermittelt werden. Zudem entsteht auch bei der „kritischen" Parodie die Evidenz der antithematischen Behandlung nicht
einfach nur durch das Erkennen von irgendwelchen der Vorlage „an-
haftenden" Fehlern; in einer Umformulierung der Bemerkungen
S. Freuds kann man vielmehr sagen, daß auch dort, wo keineswegs
„Schwächen" offenbar sind, die Parodie unbedenklich durch Übertreibung solche *schafft* und daß ihr Effekt „durch solche Verfälschung der
Wirklichkeit nicht wesentlich beeinträchtigt wird" (1940, S. 229).
Im Gegensatz zum Gerechtigkeitspostulat, das man an diese Form
der Parodie stellen zu können glaubt, ist ihre Evidenz — wie bei

Literatur überhaupt — mit allen Kunstgriffen und Tricks konstruiert; Goethe — auch in diesem Fall sich nicht versagender Kronzeuge — hat im 9. Buch von ›Dichtung und Wahrheit‹ schon darauf hingewiesen:

... denn es läßt sich bemerken, daß Knaben, denen ja doch alles zum Scherze dienen muß, sich am Schall der Worte, am Fall der Silben ergetzen und durch eine Art von parodistischem Mutwillen den tiefen Gehalt des edelsten Werks zerstören (24. Bd., S. 56)

— woraus nicht geradewegs gefolgert werden sollte, Goethe habe sagen wollen, Parodistisches appelliere „an Schülermentalität" (vgl. z. B. K. Schmidt, 1953, S. 7). Vielmehr scheint uns die Wendung vom „parodistischen Mutwillen" deshalb glücklich zu sein, weil sie die beiden von uns gemeinten Momente des Vorsätzlichen und Willkürlichen — keineswegs aber des Beliebigen — aufs genaueste trifft.

Ob der „Gehalt" der Vorlage allerdings wirklich zerstört wird, dürfte als eine der bislang unbeantworteten Fragen der Parodie-Theorien gelten. Wundern kann sich darüber nur, wer die diversen Äußerungen der Parodisten zu diesem Thema nicht kennt: Da hofft F. Th. Vischer offenbar durchaus ernsthaft, Goethe würde seine ›Faust II‹-Parodie als Ulk goutieren; was G. G. Röller zum harmlosen Spiel erklärt, hypostasiert B. v. Münchhausen zur „Verunglimpfung"; F. Mauthner widerruft seine scheinbar liebevolle Widmung; R. Neumann, assistiert von F. Torberg, erklärt die Parodie zum Kampfinstrument gegen das Mittelmäßige, währenddessen F. Deneke wiederum bemerkt, daß man „zumeist" nur jene Vorlagen parodieren kann, die man „innerlich bejaht und respektiert".

Wir wollen die Aufzählung hier abbrechen, auch wenn sie sich noch erheblich verlängern ließe, da schon jetzt deutlich genug ist, daß es keine einheitliche Einstellung der Parodisten gegenüber ihren Vorlagen gibt und daß die Regeln der Schreibweise offenbar auch unterschiedliche Möglichkeiten erlauben. Statt einseitige Präferenzen zu formulieren, empfiehlt es sich daher, den kleinsten gemeinsamen Nenner der Produzenten- wie der Rezipientenaussagen zu suchen, und zwar unabhängig davon, ob die Parodien mit „Haupt"- oder „Nebenideen" operieren. Dieser kleinste gemeinsame Nenner liegt für uns in der Annahme, daß die Parodie — sofern sie sich auf Texte, Textklassen, Genres etc. bezieht — in jedem Fall *die Rezeption der Vorlage erschwert*, indem sie den Rezipienten in eine Distanzhaltung bringt. Denn als nachträglich geschaffener Kontext erzwingt die partielle Identität einerseits die ständige Beziehung zur Vorlage, während zugleich durch die Über- bzw. Untererfüllung ihr absoluter Anspruch zurückgewiesen wird.

Nun könnte allerdings der Eindruck entstehen, wir wollten mit dieser Annahme doch wieder eine der aufgezählten Einstellungen favorisieren. Ein solcher Einwand wäre aber unserer Meinung nach nur dann zutreffend, wenn wir die Rezeptionserschwerung zum Endresultat erklären und die Möglichkeit des von H. R. Jauß erwähnten nachträglichen Reflexionsprozesses negieren wollten. Im Gegensatz zu einer statischen Auffassung der parodistischen Funktion scheint es uns nämlich unumgänglich zu sein, sie im Rahmen eines umfassenderen Kommunikationsvorganges zu sehen, der prinzipiell die Korrektur nach beiden Seiten zuläßt, also auch die Korrektur gegen das mechanische „Einfallen" und zugunsten der Vorlage. Sollte diese Hpyothese zutreffen, wäre immerhin eine plausible Erklärung für den zunächst widerspruchsvollen Vorgang gegeben — übrigens ganz entsprechend dem von Shaftesbury verwendeten Bild vom Probierstein —, daß einerseits ein Autor seine nun wirklich geliebten Originale einer derartigen Belastung aussetzt, daß ein anderer Autor aber eben diese Belastung mit der Hoffnung verbindet, die Miserabilität oder Mittelmäßigkeit der Vorlage zu demonstrieren.

Freilich dürfte die Bereitschaft zur Reflexion wie auch ihre Abwehr je nach Rezipientengruppe verschieden sein und zudem in erheblichem Ausmaß von dem jeweils herrschenden Institutionendruck abhängen. Bei dem von uns vorgestellten Typ der Schülerparodie noch eine solche Reflexionsbereitschaft anzunehmen, wäre wohl zu optimistisch; in diesem Fall ist die Rezeptionserschwernis eher gleichbedeutend mit einer Legitimationserschwernis von Literatur und ihrer Vermittlung — selbst wenn diese Erschwerung noch immer im Medium der Literatur vollzogen wird.

(6) Parodie als kritische Textverarbeitung

Mit der Bestimmung der parodistischen Schreibweise als eines spezifischen Verfahrens der Textverarbeitung, das zwar prinzipiell in nicht-affirmativer Weise auf die jeweilige Vorlage Bezug nimmt, gleichwohl aber weder einseitig auf Innovation oder gar Emanzipation noch auf eine rein destruktive Funktion festzulegen ist, scheint uns auch die Rolle der Parodie im Rahmen der literarischen Evolution adäquater beschrieben zu sein, als dies im Russischen Formalismus oder in weiteren, von ihm inspirierten Theorien versucht worden ist. Indem gerade der Verarbeitungsaspekt besonders betont wird, läßt sich zudem jene merkwürdig mechanistische Auffassung der Evolution korrigieren, wie sie vor allem in ›Kunst als Verfahren‹ (V. Šklovskijs Aufsatz von 1916) vorherrscht. Seiner Berufung auf „die allgemeinen Gesetze der Wahrnehmung", denen zufolge alle Handlungen, „wenn man sich an sie gewöhnt hat, automatisch werden" (1971, S. 11), ist in dieser Allgemeinheit zwar nicht zu widersprechen; da es V. Šklovskij aber bei diesem recht globalen Hinweis beläßt, weckt er zumindest den Anschein eines Prozesses, der mit absoluter Notwendigkeit und ohne Zutun der Beteiligten gleichsam automatisiert abläuft. Die Kunst bekommt hierin die Funktion zugewiesen, den „Gegenstand durch verschiedene Mittel aus dem Automatismus der Wahrnehmung" herauszulösen (1971, S. 15), wobei es freilich nur konsequent ist, daß auch „das Leben eines dichterischen Werks (...) vom Sehen zum Wiedererkennen" führt, mithin selber der Automatisierung verfällt und damit zur reinen Sisyphus-Arbeit wird.

Diese Position ist zwar vor allem durch Ju. Tynjanovs ›Über die literarische Evolution‹ (1927) insofern korrigiert worden, als dort explizit die Notwendigkeit einer Korrelation von literarischer und „sozialer" Reihe betont wird. Freilich — darauf hat u. a. J. Striedter hingewiesen — ist dies weitgehend Postulat geblieben, was insofern nicht verwundert, als auch bei Ju. Tynjanov nicht ganz klar wird, wer eigentlich das Subjekt dieses Evolutionsprozesses ist.

Nun hat aber schon P. N. Medvedev in einer frühen Kritik bemerkt, daß „Automatismus (. . .) kein objektives Kennzeichen eines Werks" ist (1973, S. 124), daß es sich vielmehr um eine Bewertung durch die Rezipienten handelt, die — so kann man hinzufügen — in ganz entscheidender Weise von Textverarbeitungsvorgängen wie Interpretation, Kritik, Übersetzung, Aufführung und eben auch Parodieren mitbestimmt wird. Dabei haben einige unserer Beispiele, insbesondere die Parodie A. W. Schlegels, vielleicht deutlich gemacht, wie eng selbst jene vermeintlich so literaturintern orientierte Schreibweise mit den „außerliterarischen Fakten" korreliert sein kann.

Mag die literarische Evolution auch jenen „allgemeinsten Wahrnehmungsgesetzen" folgen, konkret jedenfalls vollzieht sie sich aufgrund umfassender Textverarbeitung derjenigen, die diese Texte brauchen, gebrauchen und verbrauchen.

LITERATUR

A. Primärliteratur „Parodie" (Einzeltexte und Anthologien)

Ach, M. / M. Bosch (Hrsg.), Gegendarstellungen. Autoren korrigieren Autoren. Lyrische Parodien, Andernach 1974.

Blumauer, A., Virgils Aeneis travestirt. Mit e. Einl. über die Parodie und die Parodisten u. m. Anm., hrsg. v. E. Grisebach, Leipzig 1872.

Brecht, B., Gesammelte Werke in 20 Bänden, Frankfurt a. M. 1967.

Bruyn, G. de (Hrsg.), Das Lästerkabinett. Deutsche Literatur von Auerbach bis Zweig in der Parodie, Leipzig 1972 (S. 219—229: Nachwort).

Eulenberg, H., In den elysäischen Feldern, in: ders., Gegen Shaw. Eine Streitschrift, Dresden 1925.

Friedell, E., Wozu das Theater? Essays, Satiren, Humoresken, hrsg. und eingeleitet v. P. Haage, München 1965.

Funck, Z. (Hrsg.), Das Buch deutscher Parodieen und Travestieen, 2 Bde., Erlangen 1840—1841.

Gumppenberg, H. v., Das teutsche Dichterroß. In allen Gangarten vorgeritten. M. e. Vorw. v. A. Eichholz u. e. Einl. v. J. Hofmiller, München 1971 (zuerst 1901).

Heimeran, E. (Hrsg.), Hinaus in die Ferne mit Butterbrot und Speck. Die schönsten Parodien auf Goethe bis George, München 1943.

Henelius, N. / A. Senftleben, Phaselus Catulli, & Ad eundem Parodiarum a diversis auctoribus scriptarum Decades quinque . . . Notae Philologicae Andreae Senftlebi. Ex Bibliothecâ Nicolai Henelii, Leipzig 1642.

Holz, A., in: Buch der Zeit. Lieder eines Modernen, 2., verm. Aufl., Berlin 1892, S. 153—155.

Pseudo-Homer, Der Froschmäusekrieg. Theodoros Prodomos, Der Katzenmäusekrieg, gr. u. dt. v. H. Ahlborn, Berlin 1968.

Hünich, F. A. (Hrsg.), Werther-Sammlung, Leipzig 1924.

Immermann, K., Tulifäntchen, in: Werke, hrsg. v. H. Maync, Leipzig, Wien o. J., Bd. 5, S. 16—106 (dazu die Einl. des Hrsg., S. 7—12).

Mauthner, F., Nach berühmten Mustern. Parodistische Studien, Stuttgart [8]1878.

—, Nach berühmten Mustern. Parodistische Studien (Gesamtausgabe). Stuttgart, Berlin, Leipzig o. J. (1897). — Hierin auch ein Auszug aus dem Vorwort zur ›Neuen Folge‹ von 1879.

—, Nach berühmten Mustern. Totengespräche / Verse. Narr und König, in: ders., Ausgewählte Schriften, Bd. I, Stuttgart, Berlin 1919 (Nachwort S. 359—373).

214   Literatur

Meyer, R. M. (Hrsg.), Deutsche Parodien. Deutsches Lied im Spottlied von Gottsched bis auf unsere Zeit, München 1913.

Müchler, K. (Hrsg.), Parodieen. Neue Ausg., Berlin 1820.

Müller, A. (Hrsg.), Satiren und Parodien, Darmstadt 1970 (DLE, Reihe Romantik, Bd. 9) = Repr. d. Ausg. Leipzig 1935 (S. 129—165: Texte A. W. Schlegels; dazu die Einführung, S. 5—12).

Neumann, R., Vorsicht Bücher. Parodien — samt einem Lese-Leitfaden für Fortgeschrittene, München 1969 [a].

—, Dämon Weib oder die Selbstverzauberung durch Literatur, samt technischen Hinweisen, wie man dorthin gelangt, München 1969 [b].

Nicolai, F., Freuden des jungen Werthers. Leiden und Freuden Werthers des Mannes (1775); Faks. im Anhang zu: K. R. Scherpe, Werther und Wertherwirkung, Bad Homburg v. d. H., Berlin, Zürich 1970.

Röller, G. G. (Hrsg.), Almanach der Parodieen und Travestien. Zweyter Almanach, Leipzig 1818.

Rommel, O. (Hrsg.), Ein Jahrhundert Alt-Wiener Parodie, Wien, Leipzig 1930.

Rotermund, E. (Hrsg.), Gegengesänge. Lyrische Parodien vom Mittelalter bis zur Gegenwart, München 1964.

Rühmkorf, P., Auf eine Weise des Josef Freiherrn von Eichendorff, in: konkret. Die unabhängige Deutsche Studentenzeitung für Kultur und Politik, Hamburg, Heft 6 (20. März) 1961, Schlußseite. Dass. in: Kunststücke. Fünfzig Gedichte nebst einer Anleitung zum Widerspruch, Reinbek b. Hamburg 41967, S. 85.

—, Über das Volksvermögen. Exkurse in den literarischen Untergrund, Reinbek b. Hamburg 1971 (zuerst 1969; 7. Aufl. 1976).

Schatter, H. R. (Hrsg.), Scharf geschossen. Die deutschsprachige Parodie von 1900 bis zur Gegenwart, Bern, München, Wien 1968.

Schlegel, A. W., Sämmtliche Werke, hrsg. v. E. Böcking, 2. Bd., Leipzig 1846 (S. 172: ›Schillers Lob der Frauen. Parodie‹, S. 203: ›An die Dichter der Xenien [Monostrophische Ode in dem Silbenmaß ›Ehret die Frauen‹]‹, S. 211 f.: ›Das Lied von der Glocke‹; vgl. auch S. 205: ›Schiller im Spiegel seiner Theorie‹ und S. 206: ›An Schiller‹; S. 257—342; ›Ehrenpforte und Triumphbogen für den Theaterpräsidenten von Kotzebue‹ sowie Appendix S. 1—4 ›Festgesang‹).

Solbrig, C. F. (Hrsg.), Almanach der Parodieen und Travestien, Leipzig 1816.

Torberg, F., PPP. Pamphlete. Parodien. Post scripta, München 1964.

Umlauft, F. (Hrsg.), Das Buch der Parodien und Travestien aus alter und neuer Zeit, 3. Aufl., Wien 1928.

Vergilius, P., Maro, Sabinus ille, in: Landleben. Bucolica—Georgica—Catalepton, ed. J. u. M. Götte, lat. u. dt., Würzburg 1970.

—, Catalepton. Pars altera, ed. R. E. H. Westendorp Boerma, Assen 1963.

Vischer, F. Th., Faust. Der Tragödie dritter Teil. Treu im Geiste des zweiten Teils des Goetheschen Faust gedichtet von Deutobold Symbolizetti Allegoriowitsch Mystifizinsky (1862; mit dem ›Nachspiel‹ der 2. Fassung von 1886 und mit der zuerst in der Zeitschr. ›Das humoristische Deutschland‹ 1885 veröffentlichten Erweiterung ›Höchst merkwürdiger Fund aus Goethes Nachlaß: Einfacherer Schluß der Tragödie ›Faust‹. Mitgeteilt vom redlichen Finder.‹) in: Dichterische Werke, 4. Bd., Leipzig 1917.

B. Sonstige Primärliteratur (Einzeltexte und Anthologien)

Anonym, Des bapst pater noster, in: Briefsammlung aus dem Besitz des Wolfgang Rychard (ca. 1530), heute Staatsbibl. Hamburg: Sup. ep. 4°49, fol. 252r.

Arnim, L. A. v. / C. Brentano, Des Knaben Wunderhorn. Alte deutsche Lieder, München 1966 (S. 71 f.: ›Müllers Abschied‹).

Benn, G., Gesammelte Werke in acht Bänden, hrsg. v. D. Wellershoff, Wiesbaden 1960.

Blei, F., Das große Bestiarium der Literatur, Berlin 1924.

Catullus, C. Valerius, Phasellus ille, in: Gedichte, lat. u. dt. v. R. Helm, 2. Aufl. v. F. Jürß, Berlin 1971.

Eichendorff, J. v., Das zerbrochene Ringlein, in: Werke, hrsg. v. W. Rasch, München 1966, S. 309.

Fried, E., Die Freiheit den Mund aufzumachen, Berlin 1972.

Geibel, E., Gesammelte Werke, 1. Bd., Stuttgart 1883.

Goethe, J. W. v., Faust. Zweiter Teil, in: Sämtliche Werke. Jubiläums-Ausg., hrsg. v. E. von der Hellen, Stuttgart, Berlin o. J., 14. Bd.

—, Dichtung und Wahrheit, ebd., 22.—24. Bd.

Grillparzer, F., Mein Traum (1805), in: Sämtliche Werke, hrsg. v. P. Frank / K. Pörnbacher, Bd. 1, München 1960, S. 12—18 u. Anm. 1206 f.

Heine, H., Reisebilder. Die Nordsee, Dritte Abteilung, in: Sämtliche Werke, hrsg. v. E. Elster, Leipzig, Wien o. J., 3. Bd.

Holthusen, H. E. / F. Kemp (Hrsg.), Ergriffenes Dasein. Deutsche Lyrik 1900—1950, München, ⁹1962.

Kraus, K., Die letzten Tage der Menschheit. Tragödie in fünf Akten mit Vorspiel und Epilog (Akt-Ausgabe), Wien 1919.

Krause, M. / G. F. Schaudt (Hrsg.), Computerlyrik, Düsseldorf 1967.

Lehmann. W., Sämtliche Werke in drei Bänden, Gütersloh 1962, 3. Bd. (S. 597: ›In Solothurn‹; S. 477: ›An einen früheren Dichter‹).

Mann, Th., Lotte in Weimar, in: Gesammelte Werke 1960, Bd. II, S. 365—765 (hier: ›Das siebente Kapitel‹).

Morgenstern, C., Gesammelte Werke, 11. Aufl., München 1974.

Musil, R., Wer hat dich, du schöner Wald . . .?, in: Prosa. Dramen. Späte Briefe, hrsg. v. A. Frisé, Hamburg 1957, S. 498—502 (zuerst in: Nachlaß zu Lebzeiten, 1936, in der „Satiren"-Gruppe ›Unfreundliche Betrachtungen‹).

Nicolai, Ph., Ein Geistlich Brautlied, in: A. Schöne (Hrsg.), Das Zeitalter des Barock. Texte und Zeugnisse, München 1963, S. 178 f.

Nietzsche, F., Jenseits von Gut und Böse. Vorspiel einer Philosophie der Zukunft, in: Gesammelte Werke, Band XV (Musarion-Ausgabe), München 1925, S. 1—265,

Richter, H. W. (Hrsg.), Almanach der Gruppe 47 — 1947-1962, Reinbek b. Hamburg 1962, S. 359—364: Gedichte P. Rühmkorfs.

Schiller, F. (Hrsg.), Musen-Almanach für das Jahr 1796, Repr. Hildesheim 1969 (S. 186—192: ›Würde der Frauen‹, S. 171: ›Der Metaphysiker‹).

—, Musen-Almanach für das Jahr 1797, Repr. Hildesheim 1969 (S. 197—302: ›Xenien‹, darunter ›Neuste Kritikproben‹ [S. 274] u. ›Schillers Würde der Frauen‹ [S. 275]; ferner Schillers Elegie ›Die Geschlechter‹ [S. 59—62] u. seine Epigramme ›Macht des Weibes‹, ›Tugend des Weibes‹, ›Weibliches Urtheil‹, ›Forum des Weibes‹, ›Das weibliche Ideal‹ [S. 88—91]).

—, Musen-Almanach für das Jahr 1800, Repr. Hildesheim 1969 (S. 243—264: ›Das Lied von der Glocke‹).

Schlegel, F., Kritische Friedrich-Schlegel-Ausgabe, hrsg. v. E. Behler unter Mitw. v. J.-J. Anstett u. H. Eichner, 5. Bd., 1. Abtlg.: Dichtungen, hrsg. u. eingel. v. H. Eichner, München, Paderborn, Wien 1962 (S. 507—508: ›Epigramme‹ auf F. Schiller).

Swift, J., Gulliver's Travels (1726), ed. by H. Davis, with Introduction by H. Williams, Oxford 1965.

—, Gullivers Reisen in unbekannte Länder. Ungekürzte Ausg. hrsg. nach der Übers. v. F. Kottenkamp (1843), Nürnberg 1948.

Tucholsky, K., Gesammelte Werke, 1. Bd. 1907—1924 (1960), hrsg. v. M. Gerold-Tucholsky / J. J. Raddatz, Reinbek b. Hamburg 1960—1962.

Vergilius, P., Maro, Aeneis, in: Opera, rec. F. A. Hirzel, Oxford 1959.

—, —, übers. und hrsg. v. W. Plankl, Stuttgart 1959.

Der lose Vogel. Eine Monatsschrift. 1. Jg. Leipzig 1912, Nachdr. Nendeln 1970.

Wiese v. B. (Hrsg.), Die deutsche Literatur. Texte und Zeugnisse. 19. Jahrhundert, München 1965 (Texte zur „Parodie" von K. Immermann, A. Platen, H. Heine, J. N. Nestroy S. 971—1010; dazu die Vorbemerkungen S. XIX—XXI).

Wolff, O. L. B., Poetischer Hausschatz des deutschen Volkes. Vollständigste Sammlung deutscher Gedichte nach den Gattungen geordnet, begleitet von einer Einl., die Gesetze der Dichtkunst im Allgemeinen, so wie der einzelnen Abtheilungen insbesondere enthaltend, nebst einer kurzen Übersicht ihrer Bildungsgeschichte (. . .) und biographischen Angaben über die Dichter (. . .) Ein Buch für Schule und Haus, 4. Aufl., Leipzig 1842.

C. Sekundärliteratur zur „Parodie"

Ahlborn, H., Untersuchungen zur pseudo-homerischen Batrachomyomachia, Diss. Göttingen 1959.

Becker-Cantarino, B., Aloys Blumauer and the Literature of Austrian Enlightenment, Bern, Frankfurt a. M. 1973.

Blümner, H., Über Travestie und Parodie in der klassischen Literatur, in: Nord und Süd XIX (Dez. 1881), 57. Heft, S. 379—397.

Brockett, O. G., The Fair Theatres of Paris in the Eighteenth Century: The Undermining of the Classical Ideal, in: M. J. Anderson (Hrsg.), Classical Drama and its Influence. Essays presented to H. D. F. Kitto, London 1965, S. 249—270.

Broich, U., ›Batrachomyomachia‹ und ›Margites‹ als literarische Vorbilder, in: H. Meller / H.-J. Zimmermann (Hrsg.), Lebendige Antike. Symposion f. R. Sühnel, Berlin 1967, S. 250—257.

—, Studien zum komischen Epos. Ein Beitrag zur Deutung, Typologie und Geschichte des komischen Epos im englischen Klassizismus 1680—1800, Tübingen 1968.

Bührmann, M., Johann Nepomuk Nestroys Parodien, Kiel 1933.

Delepierre, O., La Parodie chez les Grecs, chez les Romains, et chez les Modernes, London 1870.

Dietrich, M., Jupiter in Wien. Oder Götter und Helden der Antike im Altwiener Volkstheater, Graz, Wien, Köln 1967 (S. 19—66 mit einer Liste der wichtigsten Inszenierungen von „Antike-Travestien" 1783—1846 und literaturkritischen Urteilen sowie ein Anhang mit dem Abdruck dreier Texte von J. Richter, J. Perinet, K. Meisl).

Ebeling, F. W., Geschichte der komischen Literatur in Deutschland seit der Mitte des 18. Jahrhunderts, Leipzig 1869; Repr. Hildesheim, New York 1971 (III. Bd., S. 450—452: über A. Blumauer).

Flögel, C. F., Geschichte der komischen Litteratur, 4 Bde., Liegnitz, Leipzig 1784—1787.

—, Geschichte des Grotesk-Komischen, neu bearb. u. erw. v. F. W. Ebeling, Leipzig 1862.

Fuzelier, L. (anonym), Les Parodies du Nouveau Théâtre Italien, 4 Bde., Paris ²1738; Repr. in 2 Bdn., Genf 1970 (Tom. I: ›Discours à l'occasion d'un discours de M‹onsieur› D‹e› L‹a› M‹otte› sur les Parodies‹, S. XIX— XXXV. — Die Zuweisung der Schrift bei V. B. Grannis, s. d., S. 421).

Gast, W. (Hrsg.), Parodie. Deutsche Literatur- und Gebrauchsparodien mit ihren Vorlagen, Stuttgart 1975 (Arbeitsheft für den Unterricht).

Gilman, S. L., The Parodic Sermon in European Perspective. Aspects of Liturgical Parody from the Middle Ages to the Twentieth Century, Wiesbaden 1974.

—, Nietzschean Parody. An Introduction to Reading Nietzsche, Bonn 1976.

Gnüg, H., Terminogeleien. Verweyens Theorie der Parodie, Rezension (von Verweyen 1973) in: Frankfurter Allgemeine Zeitung Nr. 233 (8. 10. 1974), Literaturbeilage S. 8.

Görschen, F., Die Vergiltravestien in Frankreich, Diss. Dresden 1937.

Grannis, V. B., Dramatic Parody in Eighteenth Century France, New York

1931 (mit einer umfänglichen Liste der Titel von Trauerspiel-, Theater- und Opernparodien, S. 408—420).

Grillparzer, F., Zerstreute Gedanken über das Wesen der Parodie (1808), in: Sämtliche Werke, hrsg. v. P. Frank / K. Pörnbacher, Bd. 3, München 1963, S. 292—298.

Gugitz, G., Alois Blumauer, in: Jahrb. d. Grillparzer-Ges. 18 (1908), S. 27— 135.

Hempel, W., Parodie, Travestie und Pastiche. Zur Geschichte von Wort und Sache, in: Germ.-Roman. Monatsschr. N. F. XV (1965), S. 150—176.

Hofmann-Wellenhof, P. v., Alois Blumauer. Literarhistorische Skizze aus dem Zeitalter der Aufklärung, Wien 1885.

Holland, R., Vergils Sabinus- und Catulls Phaselusgedicht, in: Philolog. Wochenschr. 45 (1925), S. 59—63.

Pseudo-Homer, Die homerische Batrachomachia (sic) des Karers Pigres, hrsg. und erl. v. A. Ludwich, Leipzig 1896.

Householder, F. W., Parodia, in: Classical Philology 39 (1944), S. 1—9 (Sammlung und Analyse des lexikalischen Materials zur Wortgruppe „parodos, parodeo, parode, parodia").

Hüttner, J., Literarische Parodie und Wiener Vorstadtpublikum vor Nestroy, in: Maske und Kothurn 18 (1972), S. 99—139.

Jantz, H., Kontrafaktur, Montage, Parodie: Tradition und symbolische Erweiterung, in: W. Kohlschmidt / H. Meyer (Hrsg.), Tradition und Ursprünglichkeit. Akten des III. Intern. Germanistenkongresses 1965 (in Amsterdam), Bern, München 1966, S. 53—65.

Karrer, W., Parodie, Travestie, Pastiche, München 1977.

Kerényi, K., Die goldene Parodie. Randbemerkungen zu den ›Vertauschten Köpfen‹, in: Die Neue Rundschau 67 (1956), S. 549—556.

Kleinknecht, H., Die Gebetsparodie in der Antike, Stuttgart, Berlin 1937.

Koller, H., Die Parodie, in: Glotta 35 (1956), S. 17—32.

Korff, H. A., Voltaire im literarischen Deutschland des XVIII. Jahrhunderts Ein Beitrag zur Geschichte des deutschen Geistes von Gottsched bis Goethe, 1. Halbbd., Heidelberg 1917 (S. 257—259: über A. Blumauer).

Kraus, K., Goethes Volk, in: Die Fackel, Nr. 454—456 (1917), S. 1— 4.

—, Made in Germany, in: Die Fackel, Nr. 697—705 (1925), S. 63—71.

Kuhn, H., Was parodiert die Parodie?, in: Neue Rundschau 85 (1974), S. 600—618.

Lehmann, P., Die Parodie im Mittelalter, Stuttgart ²1963.

Lelièvre, F. J., The Basis of Ancient Parody, in: Greece & Rome Ser. 2/Vol. 1 (1954), S. 66—81.

Lough, J., Paris Theatre Audiences in the Seventeenth and Eighteenth Centuries, London ²1965.

Markiewicz, H., On the Definitions of Literary Parody, in: To Honour Roman Jacobson. Essays on the Occasion of his 70th Birthday, 3 Bde., Den Haag, Paris 1967, S. 1264—1272.

Meyer, R. M., Parodiestudien, in: Aufsätze literarhistorischen und biographischen Inhalts, 1. Bd., Berlin 1911, S. 35—77.

Neumann, R., Zur Ästhetik der Parodie, in: Die Literatur. Monatsschrift für Literaturfreunde 30 (1927/28), S. 439—441.

—, Zur Ästhetik der Parodie, in: ders., Die Parodien. Gesamtausgabe, Wien, München, Basel 1962, S. 551—563.

Pape, W., Joachim Ringelnatz. Parodie und Selbstparodie in Leben und Werk, Berlin, New York 1974.

Picard, R., De l'Apocryphe comme genre littéraire, in: Revue des sciences humaines 9 (1963), S. 137—151.

Pöhlmann, E., Parodia, in: Glotta 50 (1972), S. 144—156.

Revzin, I. I., Das Schema einer Sprache mit endlich vielen Zuständen und die Möglichkeiten, es in der Poetik anzuwenden (Zum Mechanismus der Parodie) (1966), in: J. Ihwe (Hrsg.), Literaturwissenschaft und Linguistik. Ergebnisse und Perspektiven, Bd. II, 2, Frankfurt a. M. 1971, S. 587—602.

Riccoboni, L., Observations sur la Comédie et sur le Genie de Molière, Paris 1736, Livre quatrième: „Observations sur la Parodie", S. 275—348.

Riewald, J. G., Parody as Criticism, in: Neophilologus 50 (1966), S. 125—148.

Riha, K., Durch diese Hohle Gasse muß er kommen ... Zur deutschen Klassiker-Parodie, in: Germ.-Roman. Monatsschr. N. F. XXIII (1973), S. 320 ff.

Röhrich, L., Gebärde—Metapher—Parodie. Studien zur Sprache und Volksdichtung, Düsseldorf 1967.

Roemer, A., Philologie und Afterphilologie im griechischen Altertum, in: Philologus 67 (1908), S. 238—278.

Rose, M. A., Die Parodie: Eine Funktion der biblischen Sprache in Heines Lyrik, Meisenheim 1976.

—, Parody/Meta-Fiction. An Analysis of Parody as a Critical Mirror to the Writing and Reception of Fiction (erscheint Anfang 1979).

Rosenstrauch-Königsberg, E., Freimaurerei im Josephinischen Wien. Aloys Blumauers Weg vom Jesuiten zum Jakobiner, Wien, Stuttgart 1975.

Rotermund, E., Die Parodie in der modernen deutschen Lyrik, München 1963.

—, Einleitung zu: Gegengesänge, München 1964, S. 11—36.

—, George-Parodien, in: E. Heftrich / P. G. Klussmann / H. J. Schrimpf (Hrsg.), Stefan George Kolloquium, Köln 1971, S. 213—225.

—, Affekt und Artistik. Studien zur Leidenschaftsdarstellung und zum Argumentationsverfahren bei Hofmann von Hofmannswaldau, München 1972 (hier S. 230 ff.).

Rühmkorf, P., Abendliche Gedanken über das Schreiben von Mondgedichten. Eine Anleitung zum Widerspruch, in: ders., Kunststücke, s. d., 89—134.

—, Auf eine Weise des Joseph Freiherrn von Eichendorff, in: H. Domin (Hrsg.), Doppelinterpretationen, Frankfurt a. M. 1969, S. 236—241.

Sallier, L'Abbé, Discours sur l'origine et sur le caractère de la Parodie (von

1726), in: Histoire de l'Académie Royale des Inscriptions et Belles Lettres, avec les Mémoires de Littérature, Tom. VII, Paris 1733, S. 398—410.

Schäfer, E., Deutscher Horaz. Conrad Celtis — Georg Fabricius — Paul Melissus — Jacob Balde. Die Nachwirkung des Horaz in der neulateinischen Dichtung Deutschlands, Wiesbaden 1976.

Schindler, K., Eichendorff-Parodien, in: Aurora. Eichendorff-Almanach 22 (1962), S. 97—99.

—, Eichendorff-Parodien, ebd. 30/31 (1970/71), S. 146—147.

Schmidt, K., Vorstudien zu einer Geschichte des komischen Epos, Halle 1953.

Schmieder, H. H., Anmerkungen zu einem Urteil, in: PARDON 11 (1972), S. 30—31 (zum Disney-Urteil des Bundesgerichtshofes).

Schröter, R., Horazens Satire 1,7 und die antike Eposparodie, in: Poetica 1 (1967), S. 8—23.

Shlonsky, T., Literary Parody. Remarks on its Method and Function, in: Proceedings of the IVth Congress of the International Comperative Literature Association (ed. F. Jost), Den Haag, Paris 1966, S. 797 ff.

Šklovskij, V., Der parodistische Roman. Sternes ›Tristram Shandy‹ (1921), in: J. Striedter (Hrsg.), s. d., S. 245—299.

Spiegel, N., Die Vaganten und ihr „Orden", Speyer 1892.

Stackelberg, J. v., Literarische Rezeptionsformen. Übersetzung—Supplement—Parodie, Frankfurt a. M. 1972.

Tynjanov, J., Dostojewskij und Gogol (Zur Theorie der Parodie) (1921), in: J. Striedter (Hrsg.), s. d., S. 301—371.

Verweyen, Th., Eine Theorie der Parodie. Am Beispiel Peter Rühmkorfs, München 1973.

Zimmer, D. E., Auf eine Weise des Joseph Freiherrn von Eichendorff, in: H. Domin (Hrsg.), Doppelinterpretationen, Frankfurt a. M. 1969, S. 242—245.

Zimmermann, F., Virgil und Catull, in: Philolog. Wochenschr. 52 (1932), S. 1119—1130.

Žmegač, V., Konvention, Modernismus und Parodie. Bemerkungen zum Erzählstil Thomas Manns, in: P. Pütz (Hrsg.), Thomas Mann und die Tradition, Frankfurt a. M. 1971, S. 1—13.

D. Literaturtheorie und -geschichte, Rhetorik, Poetik, Ästhetik, Kritik

Adorno, Th. W., Zur Schlußszene des Faust (1959), in: ders., Noten zur Literatur II, Frankfurt a. M. 1965, S. 7—18.

Alewyn, R., Eichendorffs Dichtung als Werkzeug der Magie, in: Neue deutsche Hefte 43 (1957/58), S. 977—985; wiederabgedr. in: P. Stöcklein (Hrsg.), Eichendorff heute, Darmstadt ²1966, S. 7—18.

—, Der Roman des Barock, in: H. Steffen (Hrsg.), Formkräfte der deutschen Dichtung vom Barock bis zur Gegenwart, Göttingen 1963, S. 21—34.

Aristoteles, Poetik, eingel., übers. u. erl. v. M. Fuhrmann, München 1976.

Arntzen, H., Dementi einer Tragödie. Zu Hebbels und Nestroys ›Judith‹, in: studi germanici (nuova serie) X (1972), S. 405—423.

Athenaios (Athenaeus), The Deipnosophists. With an English Transl. by Ch. B. Gulick, 7 Bde., London 1961 (enthält 697 f—699 c das interessanteste Fragment einer Darstellung der griech. Eposparodie).

Bachtin, M., Literatur und Karneval. Zur Romantheorie und Lachkultur, München 1969.

Bahr, E., Die Ironie im Spätwerk Goethes. Studien zum ›West-östlichen Divan‹, zu den ›Wanderjahren‹ und zu ›Faust II‹, Berlin 1972.

Barner, W., Barockrhetorik. Untersuchungen zu ihren geschichtlichen Grundlagen, Tübingen 1970.

Baumgart, R., Das Ironische und die Ironie in den Werken Thomas Manns, München 1964.

Benjamin, W., Literaturgeschichte und Literaturwissenschaft (1931), in: ders., Angelus Novus. Ausgew. Schriften 2, Frankfurt a. M. 1966, S. 450—456.

Beyer, C., Deutsche Poetik, 2 Bde., Stuttgart 1882—1883.

Biese, A., Deutsche Literaturgeschichte, 7. Aufl., Bd. 1, München 1914.

Boileau-Despréaux, N., L'Art poétique. Die Dichtkunst. Frz. u. dt. übers. u. hrsg. v. U. u. H. L. Arnold, Stuttgart 1967.

Borinski, K., Geschichte der deutschen Literatur, 2 Bde., Stuttgart, Berlin, Leipzig 1921.

Bouterwek, F., Aesthetik, 2 Bde., Göttingen ³1825; Repr. Brüssel 1969.

Cholevius, C. L., Geschichte der deutschen Poesie nach ihren antiken Elementen, 2 Tle., Leipzig 1854—56.

Cousin, J., Etudes sur Quintilien, Bd. II, Paris 1936.

Croce, B., Ästhetik als Wissenschaft des Ausdrucks und allgemeine Linguistik, Leipzig 1905.

Curtius, E. R., Europäische Literatur und lateinisches Mittelalter, Bern, München ⁴1963.

Diogenes Laertios, Leben und Meinungen berühmter Philosophen, übers. u. erl. v. O. Apelt, 2 Bde., Leipzig 1921.

Dubois, J. u. a., Allgemeine Rhetorik, München 1974.

Dürrenmatt, F., Theaterprobleme, Zürich 1955.

Eberhard, J. A., Handbuch der Aesthetik, Zweyter Tl., Halle 1803.

Engel, E., Geschichte der deutschen Literatur, 25. Aufl., 2 Bde., Wien, Leipzig 1918.

Eschenburg, J. J., Entwurf einer Theorie und Literatur der schönen Wissenschaften. Zur Grundlage bey Vorlesungen, Berlin, Stettin 1783, Kap. IV, 15, S. 87 f.

Freud, S., Der Witz und seine Beziehung zum Unbewußten, in: Gesammelte Werke. Chronologisch geordnet. Bd. VI, Frankfurt a. M., London 1940, ³1961.

Frisch, M., Tagebuch 1946—1949, Frankfurt a. M. 1965, S. 221 ff.: „Zur Lyrik".

Gerber, G., Die Sprache als Kunst, 2. Aufl. Berlin 1885; Repr. Hildesheim ³1961.

Goethe, J. W. v., Annalen oder Tag- und Jahreshefte als Ergänzung meiner sonstigen Bekenntnisse, in: Sämtliche Werke. Jubiläums-Ausg., hrsg. v. E. von der Hellen, Stuttgart, Berlin o. J., 30. Bd.

—, Byrons ›Don Juan‹ (1821), ebd., 37. Bd., S. 188—191.

—, Über die Parodie bei den Alten (1824), ebd., 37. Bd., S. 290—293.

—, Noten und Abhandlungen zu besserem Verständnis des West-östlichen Divans, ebd., 5. Bd., S. 223—225.

Goldschmit, R., Genets Provokation, in: Süddeutsche Zeitung v. 18./19. 12. 1976, S. 4.

Gottsched, J. C., Versuch einer Critischen Dichtkunst, Leipzig ⁴1751; Repr. Darmstadt 1962.

Hasselblatt, D., Lyrik heute. Kritische Abenteuer mit Gedichten, Gütersloh o. J. (1963).

Hegel, G. W. F., Ästhetik, hrsg. v. F. Bassenge, 2 Bde., Frankfurt a. M. o. J.

Heine, H., Die Romantische Schule, in: Sämtliche Werke, hrsg. v. E. Elster, Leipzig, Wien o. J., 5. Bd.

Heißenbüttel, H., Neue Linke und die bundesdeutsche Literatur nach 1945, in: ders., Zur Tradition der Moderne. Aufsätze und Anmerkungen 1964—1971, Neuwied, Berlin 1972, S. 152—160.

Helmers, H., Lyrischer Humor. Strukturanalyse und Didaktik der komischen Versliteratur, Stuttgart 1971.

Hempfer, K. W., Gattungstheorie, München 1973.

Hillebrand, J., Die deutsche Nationalliteratur im 18. u. 19. Jahrhundert. 3. Aufl., Bd. 2, Gotha 1875.

Holz, A., Briefe. Eine Auswahl, hrsg. v. Anita Holz u. M. Wagner. Mit e. Einf. v. H. H. Borcherdt, München 1948.

Horatius, Q., Flaccus, Briefe, erl. v. A. Kiessling, 5. Aufl., bearb. v. R. Heinze, Berlin 1957.

—, De Arte Poetica Liber. Die Dichtkunst, lat. u. dt., Einf., Übers. u. Erl. v. H. Rüdiger, Zürich 1961.

—, Ars Poetica. Die Dichtkunst, lat. u. dt., Übers. m. e. Nachw. hrsg. v. E. Schäfer, Stuttgart 1972.

Humboldt, W. v., Über den Geschlechtsunterschied und dessen Einfluß auf die organische Natur, in: F. Schiller (Hrsg.), Die Horen, Tübingen 1975; Repr. Darmstadt 1959, 2. Stück, Kap. V, S. 99—132.

—, Über die männliche und weibliche Form, ebd., 3. Stück, Kap. IV, S. 80—103 u. 4. Stück, Kap. II, S. 14—40.

Ihwe, J., Linguistik in der Literaturwissenschaft. Zur Entwicklung einer modernen Theorie der Literaturwissenschaft, München 1972.

Iser, W., Der implizite Leser. Kommunikationsformen des Romans von Bunyan bis Beckett, München 1972, S. 300—358.

—, Das Komische: ein Kipp-Phänomen, in: W. Preisendanz / R. Warning (Hrsg.), Das Komische, s. d., S. 398—402.

Jauß, H. R., Reflexives Lachen, in: H. Weinrich (Hrsg.), Positionen der Negativität, s. d., S. 552—554.

—, Theorie der Gattungen und Literatur des Mittelalters, in: ders. / E. Köhler (Hrsg.), Grundriß der romanischen Literaturen des Mittelalters, Bd. I (Généralites), Heidelberg 1972, S. 107—138.

—, Über den Grund des Vergnügens am komischen Helden, in: W. Preisendanz / R. Warning (Hrsg.), Das Komische, s. d., S. 103—132.

Jens, W., Von deutscher Rede, München 1969, S. 16—45.

Jolles, A., Die literarischen Travestien. Ritter—Hirt—Schelm, in: Blätter für deutsche Philosophie 6 (1932/33), S. 281—294.

Just, K. G., Zwischen verlorenem Paradies und Utopie, in: ders., Übergänge. Probleme und Gestalten der Literatur, Bern, München 1966, S. 42—57.

Kant, I., Kritik der Urteilskraft, in: Werke in 10 Bdn., hrsg. v. W. Weischedel, Bd. 8, Darmstadt 1957.

Keller, G., Gesammelte Briefe, hrsg. v. C. Helbling, III/1, Bern 1952, Nr. 396, S. 146—148: zu F. Th. Vischers ›Faust‹-Studien.

Kesten, H., Joseph von Eichendorff, in: ders., Meine Freunde die Poeten, München 1959, S. 461—474; Franz Schoenberner, ebd., S. 237—254.

Kieslich, G., Das „Historische Volkslied" als publizistische Erscheinung. Untersuchungen zur Wesensbestimmung und Typologie der gereimten Publizistik zur Zeit des Regensburger Reichstages und des Krieges der Schmalkaldener gegen Herzog Heinrich den Jüngeren von Braunschweig 1540—1542, Münster o. J. (1958).

Kinder, H., Poesie als Synthese. Ausbreitung eines deutschen Realismus-Verständnisses in der Mitte des 19. Jahrhunderts, Frankfurt a. M. 1973.

Kleinpaul, E., Poetik. Die Lehre von der deutschen Dichtkunst . . . Ausgeführt für Dichter und alle Freunde der Poesie, 8. Aufl., 3. Teil: „Die Dichtungsarten", Leipzig 1880.

Kleßmann, E., Caroline. Das Leben der Caroline Michaelis-Böhmer-Schlegel-Schelling 1763—1809, München 1975.

Kluckhohn, P., Die Auffassung der Liebe in der Literatur des 18. Jahrhunderts und in der deutschen Romantik, Halle/S. ²1931.

Koberstein, A., Geschichte der deutschen Nationalliteratur, 5. Aufl. v. K. Bartsch, 3. Theil, Leipzig 1873.

Körner, J., Romantiker und Klassiker. Die Brüder Schlegel in ihren Beziehungen zu Schiller und Goethe, Berlin 1924.

Konrad, K., Der Streit um Inhalt und Form. Marxistische Bemerkungen zum neuen Formalismus (1934), in: H. Günther (Hrsg.), Marxismus und Formalismus. Dokumente einer literaturtheoretischen Kontroverse, München 1973, S. 131—161.

Kramberg, K. H., Leslie Meier, lyrisches Subjekt. Peter Rühmkorf im Vollbesitz seiner Zweifel, in: Süddeutsche Zeitung v. 19./20. 6. 1976, S. 82.

Kraus, K., Kerrs Enthüllung, in: Die Fackel, Nr. 811—819 (1929), S. 129—132.

Kurz, H., Geschichte der deutschen Literatur mit ausgewählten Stücken aus den Werken der vorzüglichsten Schriftsteller, 4. Aufl., Bd. 3, Leipzig 1864.

Lämmert, E., Eichendorffs Wandel unter den Deutschen. Überlegungen zur Wirkungsgeschichte seiner Dichtung, in: H. Steffen (Hrsg.), Die deutsche Romantik. Poetik, Formen und Motive, Göttingen 1967, S. 219—252.

Lausberg, H., Handbuch der literarischen Rhetorik, München 1960.

—, Elemente der literarischen Rhetorik, München 1963, ⁴1971.

Lehmann, R., Deutsche Poetik, München 1908.

Lenz, J. M. R., Briefe über die Moralität der Leiden des jungen Werthers, in: Sturm und Drang. Dichtungen und theoretische Texte, ausgew. u. m. e. Nachw. vers. v. H. Nicolai, München 1971, Bd. 1, S. 861—876.

Lockemann, W., Textsorten versus Gattungen, oder: Ist das Ende der Kunstwissenschaft unvermeidlich? Fragen an die Einführungsbände für Studierende der Literaturwissenschaft, in: Germ.-Roman. Monatsschr. N. F. XXIV (1974), S. 284—304.

Lotman, Ju. M., Die Struktur literarischer Texte, München 1972.

Luck, R., Gottfried Keller als Literaturkritiker, Bern, München 1970.

Mann, Th., Die Entstehung des Doktor Faustus, Amsterdam 1949.

—, Von der Tugend, in: ders., Betrachtungen eines Unpolitischen (1918). Gesammelte Werke, Frankfurt a. M. 1960, Bd. 12, S. 375—427.

—, Das Lieblingsgedicht, ebd., Bd. 10, S. 921—923.

Marquard, O., Exile der Heiterkeit, in: W. Preisendanz / R. Warning (Hrsg.), Das Komische, s. d., S. 133—151.

Mayer, H., Bertolt Brecht und die Tradition, München 1965.

Medvedev, P. N., Das Kunstwerk als außerhalb des Bewußtseins liegendes Faktum, in: H. Günther / K. Hielscher (Hrsg.), Marxismus und Formalismus. Dokumente einer literaturtheoretischen Kontroverse, Frankfurt a. M., Berlin, Wien 1976, S. 116—130.

Mertens, D., Zu Heidelberger Dichtern von Schede bis Zincgref, in: Zeitschrift für deutsches Altertum 103 (1974), S. 200—241.

Meyer, H., Das Zitat in der Erzählkunst. Zur Geschichte und Poetik des europäischen Romans, Stuttgart 1961.

Meyer, R. M., Deutsche Stilistik, München ²1913.

Müller, G., Bemerkungen zur Rolle des Häßlichen in Poesie und Poetik des klassischen Griechentums, in: H. R. Jauß (Hrsg.), Die nicht mehr schönen Künste. Grenzphänomene des Ästhetischen, München 1968 (= Poetik und Hermeneutik III), S. 13—21.

Müller-Marein, J., Joseph Freiherr von Eichendorff: Heimweh, in: D. E. Zimmer (Hrsg.), Mein Gedicht. Begegnungen mit deutscher Lyrik, Wiesbaden 1961, S. 58—60.

Nadler, J., Literaturgeschichte der deutschen Stämme und Landschaften, III. Bd., Regensburg 1918.

Nagl, J. W. / J. Zeidler / E. Castle, Deutsch-Österreichische Literaturgeschichte. 2. Bd., 1. Abtlg., Wien 1914 (S. 310—345: Über A. Blumauer).

Oesterley, H., Die Dichtkunst und ihre Gattungen, Breslau 1870.

Paul, J., Vorschule der Ästhetik, hrsg. u. komm. v. N. Miller, Nachw. v. W. Höllerer, München 1963.

Pichler, C., Über die Travestirungen (1807), in: K. Adel (Hrsg.), Caroline Pichler. Auswahl aus dem Werk, Wien 1970, S. 150—158.

—, Denkwürdigkeiten aus meinem Leben, hrsg. v. E. K. Blümml, 1. Bd., 1. Buch: 1769—1798, München 1914.

Pichois, C. / A. M. Rousseau, Vergleichende Literaturwissenschaften, Düsseldorf 1971.

Plessner, H., Lachen und Weinen, in: Philosophische Anthropologie, hrsg. u. m. e. Nachw. v. G. Dux, Frankfurt a. M. 1970, S. 11—171.

Preisendanz, W., Humor als dichterische Einbildungskraft. Studien zur Erzählkunst des poetischen Realismus, München ²1976.

—, Der Funktionsübergang von Dichtung und Publizistik bei Heine, in: H. R. Jauß (Hrsg.), Die nicht mehr schönen Künste. Grenzphänomene des Ästhetischen (= Poetik und Hermeneutik III), München 1968, S. 343—374.

—, Nestroys komisches Theater, in: H. Steffen (Hrsg.), Das deutsche Lustspiel II, Göttingen 1969, S. 7—24.

—, Beitrag zur 5. Diskussion über „Mittelalter und Renaissance: Zitat und Wiederkehr des Mythischen", in: M. Fuhrmann (Hrsg.), Terror und Spiel. Probleme der Mythenrezeption (= Poetik und Hermeneutik IV), München 1971, S. 631.

—, Reflexive Komik, in: H. Weinrich (Hrsg.), Positionen der Negativität, s. d., S. 551—552.

—, / R. Warning (Hrsg.), Das Komische, München 1976 (= Poetik und Hermeneutik VII).

—, Zum Vorrang des Komischen bei der Darstellung von Geschichtserfahrung in deutschen Romanen unserer Zeit, ebd., S. 153—164.

—, Zur Korrelation zwischen Satirischem und Komischem, ebd., S. 411—413.

—, Negativität und Positivität im Satirischen, ebd., S. 413—416.

—, Die umgebuchte Schreibart — Heines literarischer Humor im Spannungsfeld von Begriffs-, Form- und Rezeptionsgeschichte, in: ders., Wege des Realismus, München 1977, S. 47—67.

Quintilianus, M. Fabius, Institutionis oratoriae libri XII, hrsg. u. übers. v. H. Rahn, 2 Tle., Darmstadt 1972—75.

Ritter, J., Über das Lachen, in: ders., Subjektivität, Frankfurt a. M. 1974, S. 62—92.

Rubiner, L., Die Anonymen (1912), in: ders., Der Dichter greift in die Politik. Ausgew. Werke 1908—1918, Leipzig 1976.

Rühmkorf, P., Das lyrische Weltbild der Nachkriegsdeutschen, in: H. W. Richter (Hrsg.), Bestandsaufnahme. Eine deutsche Bilanz 1962, München, Wien, Basel 1962, S. 447—476; wiederabgedr. in: P. R., Die Jahre die Ihr kennt. Anfälle und Erinnerungen, Reinbek b. Hamburg 1972, S. 88—110.

Scaliger, J. C., Poetices Libri Septem, Faksimile-Neudr. d. Ausg. v. Lyon 1561 m. e. Einl. v. A. Buck, Stuttgart—Bad Cannstatt 1964.

Schäfer, H. D., Wilhelm Lehmann. Studien zu seinem Leben und Werk, Bonn 1969.

—, Zur Periodisierung der deutschen Literatur seit 1930, in: N. Born u. J. Manthey (Hrsg.), Literaturmagazin 7. Nachkriegsliteratur, Reinbek b. Hamburg 1977, S. 95—115.

Schenda, R., Volk ohne Buch. Studien zur Sozialgeschichte der populären Lesestoffe 1770—1910, Frankfurt a. M. 1970 (S. 425—436: „Parodie").

Schiller, F., Über naive und sentimentalische Dichtung (1795), in: Sämtliche Werke. Säkular-Ausg., hrsg. v. E. von der Hellen, Stuttgart, Berlin o. J., 12. Bd., S. 161—263.

—, Gedanken über den Gebrauch des Gemeinen und Niedrigen in der Kunst (1802), ebd., 12. Bd., S. 283—290.

—, Vorrede zu: Die Zerstörung von Troja im zweiten Buch der Aeneide, ebd., 16. Bd., S. 110—113.

—, Briefe, hrsg. u. m. Anm. vers. v. F. Jonas, Krit. GA, 5. Bd., Stuttgart, Leipzig, Berlin, Wien 1895.

Schlegel, A. W., Rez. zu: Homers Iliade. Travestirt nach Blumauer ‹von K. A. v. Boguslawsky›, Weißenfels und Leipzig 1796, in: ders., Sämmtliche Werke, hrsg. v. E. Böcking, 10. Bd., Leipzig 1846, S. 262—264.

—, Vorlesungen über schöne Litteratur und Kunst, 2. Teil (1802/1803) (Geschichte der klassischen Litteratur), Heilbronn 1884 (Deutsche Litteraturdenkmale des 18. und 19. Jahrhunderts, Bd. 19).

Caroline Schlegel, Briefe aus der Frühromantik, nach G. Waitz verm. hrsg. v. E. Schmidt, 2 Bde., Leipzig 1913/1921; Repr. Bern 1970.

Schlegel, F., Kritische Ausgabe, hrsg. v. E. Behler, 1. Abtlg., 2. Bd.: Charakteristiken und Kritiken I (1796—1801), hrsg. u. eingel. v. H. Eichner, München, Paderborn, Wien 1967 (S. 3—9: Rez. von F. Schillers Musenalmanach für 1796).

—, Seine prosaischen Jugendschriften, hrsg. v. J. Minor, 2 Bde., Wien 1882 (Bd. 1, S. 46—74: ›Über die Diotima‹).

—, Kritische Schriften, hrsg. v. W. Rasch, München ²1964.

Schleiermacher, F., Schleiermacher als Mensch. Sein Werden und Wirken, 2 Bde., hrsg. v. H. Meisner, Bd. 1: Familien- und Freundesbriefe 1783—1804, Gotha 1922.

Schmidt, S. J., Computerlyrik: eine Aufforderung zur Kooperation von Ästhetik, Linguistik und Informatik, in: ders., Elemente einer Textpoetik, München 1974, S. 130 ff.

Schoenberner, F., Die Nazis und Eichendorff (1944), in: ders., Der Weg der Vernunft und andere Aufsätze, Icking, München 1969, S. 181—182.

Schöne, A., Säkularisation als sprachbildende Kraft. Studien zur Dichtung deutscher Pfarrersöhne, Göttingen ²1968, S. 181—224: „Weltliche Kontrafaktur. Gottfried August Bürger".

Schuhmann, K., Der Lyriker Bertolt Brecht 1913—1933, München 1971.

Schulz, J. C. F., Litterarische Reise durch Deutschland, Leipzig 1786 (4. Heft, S. 10—13 über A. Blumauer).

Segebrecht, W., Das Gelegenheitsgedicht. Ein Beitrag zur Geschichte und Poetik der deutschen Lyrik, Stuttgart 1977.

Shaftesbury, A. A. C., Ein Brief über den Enthusiasmus. Die Moralisten, übers. v. M. Frischeisen-Köhler, Leipzig 1909 (Philosophische Bibliothek, Bd. 111).

Singer, H., E. T. A. Hoffmann. Kater Murr, in: B. v. Wiese (Hrsg.), Der deutsche Roman, Bd. I, Düsseldorf 1965, S. 301—328.

Šklovskij, V., Die Kunst als Verfahren (1916), in: J. Striedter (Hrsg.), s. d., 1971, S. 3—35.

—, Der Zusammenhang zwischen den Verfahren der Sujetfügung und den allgemeinen Stilverfahren (1916), in: J. Striedter (Hrsg.), s. d., S. 37—121.

Spitzer, L., Stilstudien, 1. Teil: „Sprachstile", München 1928; Repr. Darmstadt 1961, S. 144.

Stempel, W.-D., Gibt es Textsorten?, in: E. Gülich / W. Raible (Hrsg.), Textsorten. Differenzierungskriterien aus linguistischer Sicht, Frankfurt a. M. 1972, S. 175—179 (u. Diskussion).

—, Ironie als Sprechhandlung, in: W. Preisendanz / R. Warning (Hrsg.), s. d., 1976, S. 205—235.

Striedter, J. (Hrsg.), Russischer Formalismus. Texte zur allgemeinen Literaturtheorie und zur Theorie der Prosa, München 1971.

—, Zur formalistischen Theorie der Prosa und der literarischen Evolution, Einleitung, ebd., S. IX—LXXXIII.

Sulzer, J. G., Allgemeine Theorie der Schönen Künste, 2 Tle., Leipzig 1773—1775, 2. Teil, S. 394—395: Art. „Parodie".

Tynjanov, Ju., Über die literarische Evolution (1927), in: J. Striedter (Hrsg.), s. d., S. 433—461.

Unger, R. (Hrsg.), Briefe von Dorothea und Friedrich Schlegel an die Familie Paulus, Berlin-Steglitz 1913 (= Dt. Literatur-Denkmale des 18. und 19. Jahrhunderts, Nr. 146, 3. Folge, Nr. 26).

Vietta, S. / H.-G. Kemper, Expressionismus, München 1975.

Vilmar, A. F. C., Geschichte der Deutschen Nationalliteratur. Mit e. Fortsetzung v. A. Stern, 27. Aufl. bearb. v. H. Löbner / K. Reuschel, Marburg 1911 (¹¹1845).

Vischer, F. Th., Aesthetik oder Wissenschaft des Schönen, Bd. VI, hrsg. v. R. Vischer, München ²1923.

—, Zum zweiten Teile von Goethes Faust (1861), in: ders., Kritische Gänge, hrsg. v. R. Vischer, 2. Aufl., München 1922, 2. Bd., S. 320—348.

—, Pro domo (1873), ebd., S. 349—364.

—, Goethes Faust, 2., erw. Aufl. m. e. Anhang v. H. Falkenheim, Stuttgart, Berlin 1920 (enthält: ›Goethes Faust. Neue Beiträge zur Kritik des Gedichts. 1875‹ u. ›Zur Verteidigung meiner Schrift ›Goethes Faust‹. 1881‹);

Wais, R., Lyrikanthologien für den Deutschunterricht an höheren Schulen im

19. Jahrhundert, in: J. Bark u. D. Pforte (Hrsg.), Die deutschsprachige Anthologie, Bd. 2: Studien zu ihrer Geschichte und Wirkungsform, Frankfurt a. M. 1969, S. 267—297.

Warning, R., Ritus, Mythos und geistliches Spiel, in: M. Fuhrmann (Hrsg.), Terror und Spiel. Probleme der Mythenrezeption, München 1971 (= Poetik und Hermeneutik IV), S. 211—239 u. Diskussion S. 625—635.

—, Funktion und Struktur. Die Ambivalenzen des geistlichen Spiels, München 1974.

Weinrich, H. (Hrsg.), Positionen der Negativität, München 1975 (= Poetik und Hermeneutik VI).

Wieland, C. M., Eine Probe der Blumauerischen travestierten Aeneis, in: Der Teutsche Merkur, Nr. 9, Sept. 1783, S. 266—278.

—, Brief an A. Blumauer am 25. Sept. 1783, in: ders., Auswahl denkwürdiger Briefe, hrsg. v. L. Wieland, 2. Bd.,Wien 1815, S. 83—86.

—, Rez. zu Virgils Aeneis, travestiert von Blumauer, dritter Band. Wien . . . 1788, in: Der Teutsche Merkur, Nr. 3, März 1788, Anzeiger, S. XIX—XX.

Wienold, G., Textverarbeitung. Überlegungen zur Kategorienbildung in einer strukturellen Literaturgeschichte, in: Zeitschrift für Literaturwissenschaft und Linguistik 1/2 (1971), S. 59—89.

—, Aufgaben der Textsortenspezifikation und Möglichkeiten der experimentellen Überprüfung, in: E. Gülich / W. Raible (Hrsg.), Textsorten, Frankfurt a. M. 1972, S. 144—154 (u. Diskussion; vgl. auch die Replik v. E. Coseriu, ebd., S. 74 f.).

—, Semiotik der Literatur, Frankfurt a. M. 1972.

Witting, G., Literarische Sprachverwendung, Masch. Diss. Konstanz 1975.

Zijderveld, A. C., Humor und Gesellschaft. Eine Soziologie des Humors und des Lachens, Graz, Wien, Köln 1976.

E. Sonstige Sekundärliteratur

Bornemann, B., Theorie der Karikatur. Zum Wesen der Karikatur, in: Kunsthaus Zürich, Ausstellung „Karikaturen" (16. 9.—19. 11. 1972), Katalog, S. 5—23.

Coseriu, E., Thesen zum Thema 'Sprache und Dichtung', in: W.-D. Stempel (Hrsg.), Beiträge zur Textlinguistik, München 1971, S. 183—188 (u. Diskussion S. 279 ff.).

David, J. J., Mitterwurzer, Berlin, Leipzig o. J. (Das Theater, Bd. XIII).

Gabriel, G., Definitionen und Interessen. Über die praktischen Grundlagen der Definitionslehre, Stuttgart-Bad Cannstatt 1972.

Gebauer, G., Wortgebrauch, Sprachbedeutung. Beiträge zu einer Theorie der Bedeutung im Anschluß an die spätere Philosophie Ludwig Wittgensteins, München 1971.

Hanslick, E., Aus meinem Leben, 2 Bde., Berlin 1894.

Hönig, J., Ferdinand Gregorovius. Der Geschichtsschreiber der Stadt Rom, Stuttgart 1921.

Kummer, W., Grundlagen der Texttheorie. Zur handlungstheoretischen Begründung einer materialistischen Sprachwissenschaft, Reinbek b. Hamburg 1975.

Kutschera, F. von, Sprachphilosophie, München ²1975.

Lyons, J., Einführung in die moderne Linguistik, München 1971.

Mauthner, F., Beiträge zu einer Kritik der Sprache, 3 Bde., Bd. 1: Zur Sprache und zur Psychologie, 3. verm. Aufl. Leipzig 1923.

Melot, M., Die Karikatur. Das Komische in der Kunst, Stuttgart, Berlin, Köln, Mainz 1975.

Schlawe, F., Friedrich Theodor Vischer, Stuttgart 1959, S. 286—288: über die ›Faust‹-Parodie.

Wittgenstein, L., Tractatus logico-philosophicus. Tagebücher 1914—1916. Philosophische Untersuchungen, Frankfurt a. M. 1960.

Wright, G. H. v., Erklären und Verstehen, Frankfurt a. M. 1974.

Wunderlich, D., Sprechakte, in: U. Maas / D. Wunderlich, Pragmatik und sprachliches Handeln. Mit einer Kritik am Funkkolleg „Sprache", Frankfurt a. M. ³1974 (a), S. 69 ff.

—, Mannheimer Notizen zur Pragmatik, ebd., ³1974 (b), S. 279 ff.

—, Grundlagen der Linguistik, Reinbek b. Hamburg 1974.

F. Enzyklopädien, Lexika, Wörterbücher, Handbücher

Best, O. F., Handbuch literarischer Fachbegriffe, Frankfurt a. M. 1972 u. ö.

Diderot, D. / J. d'Alembert (Hrsg.), Encyclopédie ou Dictionnaire raisonné des sciences, des arts et des métiers. Nouvelle impression en facsimilé de la première édition de 1751—1780, Vol. 12 (1765), Stuttgart-Bad Cannstatt 1967, S. 73—74: Art. „Parodie"; Vol. 21 (= Supplément, Tom IV, 1777), S. 240—241: Art. „Parodie" von J. F. Marmontel.

Eckstein, F. A., Art. „Parodie", in: J. S. Ersch / J. G. Gruber, Allgemeine Encyklopädie der Wissenschaften und Künste, 3. Sect., Th. 12, Leipzig 1839, S. 266—272.

Falk, R. P. / W. Beare, Art. „Parody", in: Encyclopaedia of Poetry and Poetics, Princeton 1965, S. 600—602.

Fend, H., Gesellschaftliche Voraussetzungen und Folgen einer Curriculumreform in sozialisationstheoretischer Sicht, in: K. Frey (Hrsg.), Curriculum-Handbuch, München 1975, S. 92—103.

Finscher, L. / G. v. Dadelsen, Art. „Parodie und Kontrafaktur", in: Die Musik in Geschichte und Gegenwart, Bd. 10, Kassel, Basel, London, New York 1962, Sp. 815—834.

Fordyce, C. J., Art. „Parody, Latin", in: Oxford Classical Dictionary, Oxford ²1970, S. 784.

Grellmann, H., Art. „Parodie", in: Reallexikon der deutschen Literaturgeschichte, II. Bd., 1926/1928, S. 630—653.

Gugitz, G., in: Neue deutsche Biographie, II. Bd., Berlin 1955, S. 326—327 (Art. über A. Blumauer).

Hanslik, R., Art. „Parodie", in: Lexikon der Alten Welt, Zürich, Stuttgart 1965, Sp. 2224—2226.

Jördens, K. H., Lexikon deutscher Dichter und Prosaisten, 1. Bd., Leipzig 1806; Hildesheim, New York 1970, S. 99—108 (über A. Blumauer).

Larousse, P., Grand Dictionnaire universel du XIXe siècle, 12. Bd., Paris 1874, S. 313: Art. „Parodie".

Liede, A., Art. „Parodie", in: Reallexikon der deutschen Literaturgeschichte, 2. Aufl., III. Bd., 1. Lfg., Berlin 1966, Sp. 12—72.

Funkkolleg Literatur, Studienbegleitbrief 13 (Gesamtglossar), Weinheim, Basel 1977, s. v. „Parodie".

Maas, P., Art. „Parodos", in: Paulys Realencyclopädie der Classischen Altertumswissenschaft, Bd. 18, 2, Stuttgart 1949, Sp. 1684—1686.

Mittelstraß, J., Vom Nutzen der Enzyklopädie, in: Meyers Enzyklopädisches Lexikon, Bd. 1, Mannheim, Wien, Zürich 1971, S. IX—XIX.

Preisendanz, W., Art. „Humor", in: Historisches Wörterbuch der Philosophie, Bd. 3, Basel, Stuttgart 1974, Sp. 1232—1234.

—, Art. „Komische (das), Lachen (das)", ebd., Bd. 4, 1976, Sp. 889—893.

Allgemeine deutsche Real-Encyclopädie für die gebildeten Stände, 7. Bd., Leipzig ⁶1824, S. 294: Art. „Parodie".

Rese, Art. über Blumauer, in: J. S. Ersch / J. G. Gruber, Allgemeine Encyclopädie der Wissenschaften und Künste, 1. Sect., Th. 11, Leipzig 1823, S. 49—50.

Rieks, R., Art. „Aeneis", in: Kindlers Literatur-Lexikon, Bd. 1, Zürich 1965, Sp. 221—225.

Stephanus, H. / C. B. Hase / W. Dindorf / L. Dindorf (Hrsg.), Thesaurus Graecae Linguae, Paris ³1842—1847, Bd. 6, S. 560: Art. „Parodeo".

Sühnel, R., Art. „Satire, Parodie", in: W.-H. Friedrich / W. Killy (Hrsg.) Literatur (Das Fischer-Lexikon), 3 Bde., Frankfurt a. M. 1964/1965, Bd. 2, 2, S. 507—519.

Sulzer, J. G., Art. „Parodie", in: Allgemeine Theorie der Schönen Künste, Theil 2, Leipzig 1775, S. 394—395.

Weiß, K., Art. über A. Blumauer, in: Allgemeine deutsche Biographie, 2. Bd., Leipzig 1875, S. 741—744.

Wilpert, G. v., Sachwörterbuch der Literatur, Stuttgart ²1959, Art. „Parodie", „Travestie".

—, Art. über A. Blumauer, in: Deutsches Dichterlexikon, Stuttgart 1963, S. 60.

Wolff, O. L. B., Encyclopädie der deutschen Nationalliteratur oder biographisch-kritisches Lexikon der deutschen Dichter und Prosaisten, 1. Bd., Leipzig 1835, S. 262 ff. (Art. über A. Blumauer).

REGISTER

Ach, M. 102
Adam, J. 118—123
Adorno, Th. W. 172
Ahlborn, H. 161
Aitolos, A. 8. 11
d'Alembert, J. B. 20
Alewyn, R. 177. 178. 193
Allmers, H. 87
Ammer, K. L. 140
Aristophanes 8. 46. 49
Aristoteles 8 f. 10. 11. 13. 49 f.
Arnim, A. v. 177
Arntzen, H. 109
Athenaios 7. 8. 9
Auerbach, B. 75

Bachtin, M. 40. 189 ff.
Bahr, E. 17
Baker, J. 129 f. 133
Barner, W. 16
Baumgart, R. 111
Beare, N. 13
Becher, F. 42
Benjamin, W. 30
Benn, G. 115 ff. 208
Berni, F. 34
Best, O. F. 89
Beyer, C. 26
Biese, A. 31
Blei, F. 132 f. 134
Bleibtreu, K. 181
Blümner, H. 13. 43. 52. 163. 197
Blumauer, A. 28—37. 38. 39. 42. 43.
  197. 199
Boguslawsky, K. A. v. 33
Boileau, N. 27. 68
Boiotos v. Syrakus 8
Boldrini, N. 90

Borinski, K. 31
Bornemann, B. 90
Bosch, M. 102
Bouterwek, F. 35. 79 f.
Brecht, B. 51. 53. 99. 140—147. 150.
  203. 206. 208
Brentano, C. 177
Brjusov, V. 94
Brockett, O. G. 27
Brod, M. 132
Broich, U. 161
Bruyn, G. de 81. 208
Buck, A. 12
Bührmann, M. 37. 201
Bürger, G. A. 32. 36. 91. 146
Byron, G. G. 35

Catullus, C. Valerius 12. 13.
  22 f.
Celtis, C. 21
Cervantes Saavedra, M. de 196
Cholevius, C. L. 30
Christiansen, B. 62
Claudius, M. 77. 96. 113. 160
Conradi, H. 181
Coseriu, E. 59. 103
Cousin, J. 6
Croce, B. 104. 106
Curtius, E. R. 15

Dadelsen, G. v. 16
Dante Alighieri 165
David, J. J. 198
Dehmel, R. 132
Delepierre, O. 18
Deneke, F. 209
Diderot, D. 20
Dietrich, M. 21. 48